山东省示范马克思主义学院——山东中医药大学马克思主义学院学术著作出版基金资助

王小强　李英姿　著

二战后初期
英美货币关系研究

A Study on Anglo-American
Currency Relations in
the Early Post-World War II Period

社会科学文献出版社
SOCIAL SCIENCES ACADEMIC PRESS (CHINA)

摘　要

19 世纪中后期，国际货币关系已经成为国际对抗特别是大国博弈的重要领域。在国际货币竞争的舞台上，不同国家根据自身的实力地位和所处的国际政治结构，采取了不同的货币战略，这些战略特别是那些大国的战略选择，最终决定了特定时期的国际货币秩序。英美货币关系史就是英美合作和矛盾的发展史。二战结束后到 1956 年的 11 年中，英美货币关系不仅深刻影响了当时的英美双边关系，也对 20 世纪 50 年代中期之后国际政治和经济格局的形成和演进产生了重大和深远的影响。

布雷顿森林体系虽然初步确立了美元在国际货币流通领域的霸权地位，为美元霸权的确立奠定了制度基础，但是此时美元的霸权地位还是不稳固的，它的首要对手是英镑。在国际货币领域，英镑虽然失去了国际货币霸主的地位，但英镑的地位仍是不可低估的：英镑区和帝国特惠制依然存在；因为战争，英国停止了英镑的自由兑换，英镑外汇持有者除了继续持有和使用外别无他法，他们不能将其自由兑换为黄金或其他货币；同时，国际贸易的 40% 左右还用英镑结算，英镑仍是主要的国际储备货币之一，伦敦依旧是重要的国际金融中心。美国并没有实现美元在资本主义世界一统天下的目标，美元的流通霸权还是不完全的。同时，英国国内还没有批准《布雷顿森林协定》，美元的霸权地位在法律上还没有获得英国的承认。在美元霸权初步确立之后，美国便开始趁势扩大战果。美国突然停止了租借援助，这使得本已受战争摧残的英国经济步履维艰，财政濒临崩溃，其不得不再次向美国求援。美国则充分利用财政谈判之机提出了苛刻的条件，迫使英国不断妥协、退让，包括英国必须承认美国在国际货币体系中的领导权，并恢复英镑和美元的自由兑换。结果导致英镑区各国纷纷提取存款兑换美元，不到 1 个月的时间，英国的黄金和美元储备就流失了 10 亿美元。随着英国美元的大量流失和财政危机的加深，英国实行的 1947 年英镑自由兑换政策失败。自此，英国元气大伤，英镑彻底失去了与美元抗衡的能力。

战后初期，美国持续加大对英国的投资力度。1947 年，美国开始对欧洲推行马歇尔计划，不仅对包括英国在内的欧洲国家进行援助以协助其战后经济复苏，而且创造了广泛的美元需求，甚至出现了"美元荒"。在帮助复兴欧洲经济的同时，美国推动美元取代英镑成为欧洲国际贸易和金融活动的主要货币，美元由此逐步发展成为世界主导货币。美国一方面通过马歇尔计划改造英国经济的造血功能，让英国有能力抵御共产主义的渗透，更好地为美国的欧洲战略服务；另一方面利用与英国签订双边协定之机攫取更多利益，为干涉英国经济发展创造条件，加深了英国对美经济依赖，有效扩大了美元的流通地域和影响力。美国将从英国手中夺取的国际经济霸权发挥到极致，干预英国国内货币政策，借无形之手迫使英镑贬值。在马歇尔计划实施后的第二年，英国再度出现的财政危机甚至造成英镑贬值，这是英国始料不及的。迫于美国的压力和令其一筹莫展的国内财政危机，英国于 1949 年 9 月 18 日宣布英镑兑美元汇率从 1 英镑兑换 4.03 美元下调至 2.80 美元，贬值 30.5%。

尽管英国经济实力因战争受到严重削弱，但其仍然利用自己精心构建的英镑区和以帝国特惠制为基础的双边贸易体系继续维持英镑在英镑区内的自由兑换，并对区外实行外汇管制与贸易管制，以此尽力延续英镑的国际主导地位。为了使美元成为世界金融和贸易的主要货币，美国必须破除横亘在自己面前的这两个堡垒。美国凭借战后超强的综合实力，进一步缩小英镑的势力范围。其通过拆解英镑区，确立了美元的中心地位；通过建立多边自由贸易体系，逐渐瓦解了以帝国特惠制为基础的双边贸易体系。但实际上，美国通过马歇尔计划大幅度援助西欧，把英国纳入美国的经济政治势力范围内，在此过程中英镑区和帝国特惠制逐渐消失，大英帝国也因此被抽掉了最后一丝元气，走向衰败。

英美的货币权力之争也在向国际组织领域延伸，第二次世界大战后形成的以国际货币基金组织为主要治理平台的国际货币金融体系和以《关税与贸易总协定》为主要治理平台的国际贸易体系就是英美之间经济外交较量的结果。美国利用其在国际货币基金组织和国际复兴开发银行运行中的控制权，对两个机构短期信贷和长期贷款的对象进行筛选，并附带苛刻的政治经济条件，使其具有干预他国内政的机会，从而对其他国家进行经济殖民。在日内瓦和哈瓦那等会议上，英美关于自由贸易与充分就业、特惠贸易与非歧视贸易、国际货币体系与国家主权货币以及赤字国与盈余国调整责任等问题的争论与分歧一直存在。虽然英国在形式上保持了帝国特惠制，所享受的特惠关税因种种原因仍然被保留下来，但英帝国特惠体系最终被打开了重大缺口，其完整性已不复存在，美国的国际贸易霸主地位也逐渐确立起来。

1956年苏伊士运河危机期间，美国抓住当时英镑危机爆发的有利时机，利用其在国际货币体系中的优势地位，不仅控制了英国进入自己的市场的渠道，还控制了国际货币基金组织和世界银行，对英国实施金融制裁，在经济上三管齐下：故意抛售英镑，引起英镑在短期内显著贬值；否决英国向国际货币基金组织的贷款申请；停止向英国的经济援助。美国因此成功地迫使英国停火和撤军。这大大动摇了英镑在国际金融领域的地位，并把英国势力排挤出中东。苏伊士运河事件是美英权力交接的终点，也是英镑最终向美元移交权力的象征，更是国际货币权力具体运用的经典案例。

关键词： 货币关系　货币权力　英国　美国　英美矛盾

目　录

绪　论

一　问题的提出与选题意义

货币作为国际经济活动的重要载体和中介物，在全球化的今天，不只是一个国家的主权象征，还能表现出一国超越国界、渗透他国市场而对外发挥的影响力。权力是国际政治活动中的重要概念，指的是"国际关系行为体对其他行为体实施影响的能力"[1]。权力在政治学中的具体表现就是对外发挥影响力、对内保持自主性。从权力关系（影响力）的角度来看，国际货币权力的内涵既包括经济方面的实力，也包含市场的调整弹性，还包括国际权力政治。国际货币权力作为国家施加经济影响的工具之一[2]，其强弱不只受限于国家货币政策的自主性与影响力，还受制于"为了影响其他国家的政策而实行的有意的货币关系操控"[3]的货币权术（Monetary Statecraft），国家以此实现

---

[1]　李少军:《国际政治学概论（第三版）》，上海人民出版社，2009，第 122 页。

[2]　Jonathan Kirshner, *Currency and Coercion: The Political Economy of International Monetary Power*, Princeton: Princeton University Press, 1995, p. 46.

[3]　David M. Andrews (ed.), *International Monetary Power*, Ithaca: Cornell University Press, 2006, p. 1.

本国货币的国际地位和政治经济目标。因此，在国际货币体系中，国际货币权力可以体现为一国的行为变化受到的由该国与其他国家之间的货币关系造成的影响。[①]

货币权力是对国家之间货币关系不对称的深刻反映，也是大国博弈的重要层面。与政治和安全关系一样，大国利益纷争下的国际货币领域交替演绎着货币竞争与合作的历史活剧。自16世纪至今，葡萄牙、西班牙、荷兰、法国和英国等崛起国家的货币权力竞争就从未停止过，各国货币权力的纷争与合作见证了它们的兴衰荣辱。尤其到19世纪中后期，国际货币关系已经成为世界经济竞争特别是大国博弈的重要领域。因此，一个国家想要成功实现本国的货币国际化，在全球权力平衡中发挥核心作用，必须打破旧有的非对称货币关系，利用自己的经济实力，推动和塑造有利于本国或改变对本国货币国际化不利的国际货币游戏规则，在遏制其他国家实施不利于本国货币国际化的各种行动的同时，力图主导通过和制定有利于本国货币走向国际化的国际货币金融协议，从而进一步实现货币权力带给本国的在国际货币舞台上的地位提升，这不仅影响他国在国际货币金融体系中的经济利益，也会对本国货币金融政治和安全战略的制定和实施产生重大影响。

历史是现实的投影，现实是历史的延续。回顾历史，美国无疑是将货币权力运用得最为淋漓尽致的国家。1944年7月，布雷顿森林体系建立，形成了美元与黄金挂钩、其他国家货币与美元挂钩的国际货币体系。美元凭借布雷顿森林体系成为国际货币体系中的本位货币，在战后国际货币体系中占据了中心地位，成了黄金的"等价物"，美国也随之正式取代英国成为国际货币体系中的核心国家。二战后初期，美国利用货币权力瓜分、蚕食和凌辱英国，两国在思想、利益、外交技巧等方面进行博弈，其中债务

[①] David M. Andrews (ed.), *International Monetary Power*, p. 1.

国与债权国、国际收支赤字国与盈余国、贸易集团与多边贸易体系的矛盾，以及关于国际储备货币和汇率体系的争论，对今天世界经济体系的变革仍然具有启示。

　　布雷顿森林体系建立后，美元在国际货币体系中长期占据着国际主导货币的位置，美国凭借美元的国际本位货币地位和优势，长期侵蚀他国货币主权，侵占和掠夺他国财富，操纵他国货币政策。国际货币体系中的其他国家，尤其是持有大量美元储备的国家，长期受到美国的经济剥削，却很难摆脱这一困境。正如著名国际关系理论家、新现实主义开创者肯尼思·华尔兹（Kenneth N. Waltz）所言："对于一个国家或国家集团而言，想要在一个充满怨恨与争端的世界中阻止他国运用权力，想要在一个充满斗争的世界里结束冲突，权力与智慧缺一不可。"①本书以二战后初期英美的货币关系为突破点，探究三个问题：新兴超级大国美国为什么能够获得凌驾于因战争和危机大伤元气的超级大国英国之上的货币权力？美国如何运用手中的货币权力拆解英镑区和瓦解帝国特惠制？货币权力给美国和英国带来什么影响？二战后初期的英美货币关系不仅深刻影响了当时的英美双边关系，对于20世纪50年代中期之后世界政治和经济格局的形成与发展也产生了重大和深远的影响。重现这一时期英美货币竞争和合作的历史图景，分析英国和美国的货币权力变迁规律，对于理解国际货币关系的性质，认识和了解货币竞争背后两国国内外政治、经济等因素的博弈，对一个国家的货币国际化具有重要的理论价值和现实意义。

　　从货币本身来说，货币的强弱反映了国家的沉浮。研究英美战后初期的货币外交的斗争和矛盾，以史为鉴，不仅能还原历史的完整性，有利于深化二战后初期英美两国货币关系的史学研究，有利于为美国美元霸权变迁的理论分析提供基础，而且从新的视角剖析了战后英美特殊关系的演变。

---

① Kenneth N. Waltz, *Theory of International Politics*, Reading, Massachusetts: Addison-Wesley Publishing Company, 1979, p. 201.

在光鲜的同盟背后，为了维护各自的国家利益，两国的分歧和摩擦不断，存在着复杂的斗争，从而再次证明了"每个国家都是它自身利益的最终评判者"① 这一论断，国家利益是影响对外关系的决定性因素，也是国际竞争与合作演化的深层驱动力。

二　国内外研究现状

（一）国内外研究述评

就笔者所及，目前国内外学术界将战后初期英美货币关系作为研究对象进行专门系统研究的成果尚不多见。对于这一时期英美关系的研究多以英美同盟关系为依托，集中论述英美以建立政治同盟和寻求军事合作为目的的政策取向，从整体上分析两国特殊关系形成的原因和在政治、军事等方面的表现，而两国在货币领域的关系没有得到足够的重视，因此，在二战结束到1956年这个时间段内，在英美货币关系这个问题上没有直接可以参考的著作。

对英美货币关系的论述所涉及的学术领域可能包括以下三个方面：第一是对战后英美经济的研究；第二是对战后英美特殊关系的考察，对战后英美特殊关系的考察有利于我们更清楚地了解英美两国的关系；第三是对战后初期成立的一系列国际经济组织中英美主导国际经济和贸易制度之争的考察。因此以下拟就这三个方面的研究做出一些评介。

1.战后英美经济研究述评

战后英美经济研究主要涉及战后英美两国经济和经济政策、战略及美元霸权和英镑衰落等。

---

① 〔美〕肯尼思·N.华尔兹：《人、国家与战争——一种力量分析》，倪世雄等译，上海译文出版社，1991，第138页。

（1）关于战后英美经济和经济政策、战略等方面的研究

国外学者自 20 世纪 50 年代就已开始关于战后英美经济和经济政策、战略等的研究[1]。代表性著作是 1952 年出版的由牛津大学莫德林学院的沃斯威克（G. D. N. Worswick）和牛津大学圣安学院的艾迪（P. H. Ady）合编的《英国经济：1945—1950》一书，这部论文集从工业、农业、商业、生产率等方面全面论述了战后初期的英国经济概况，对财政、金融、银行等方面的经济发展和政策以及英国和英镑区进行了专题研究，为后来的研究提供了很好的背景资料。[2]1985 年出版的英国格拉斯哥大学校长、牛津大学圣彼得学院前院长艾利克·凯恩克罗斯（Alec Cairncross）所著的《复兴的年代：英国经济政策（1945—1951）》将个人参与和深入研究相结合，对 1945~1951 年工党政府促使英国经济从战争向和平过渡进行了首次全面研究，该书有专门章节阐述 1947 年的英镑兑换危机和 1949 年的英镑贬值[3]，为笔者理解英国战后经济政策起到了重要作用。

美国密苏里大学经济学教授迈克尔·哈德森（Michael Hudson）的《超级帝国主义：美国主导世界的缘起和根本要素》虽然是一部全面介绍美国政治和金融统治的起源、战后经济战略的著述，但是其中的部分章节在整体战

[1] Alan Booth, *The British Economy in the Twentieth Century*, Houndmills: Palgrave, 2001; Roger Middleton, *The British Economy since 1945: Engaging With the Debate*, London: The Macmillan Press, 2000; Roy Harrod, *The British Economy*, Westport: Greenwood Press, 1977; John H. Wood, *A History of Central Banking in Great Britain and the United States*, Cambridge: Cambridge University Press, 2008; Jesse W. Markham, *The American Economy*, New York: George Braziller, Inc., 1963; Alan P. Dobson, *United States Economic Statecraft for Survival, 1933-1991: Of Sanctions and Strategic Embargoes*, New York: Routledge, 2002.

[2] G. D. N. Worswick and P. H. Ady, *The British Economy, 1945-1950*, Oxford: The Clarendon Press, 1952.

[3] Alec Cairncross, *Years of Recovery: British Economic Policy, 1945-51*, New York: Methuen, 1985. 其他著作如 J. C. R. Dow, *The Management of the British Economy, 1945-1960*, Cambridge: Cambridge University Press, 1964。

略框架下对 1917~1946 年美国主导的世界秩序中的英国、美国针对英国的经济措施等进行了探讨，研究了美英在国际会议中关于英镑贬值、帝国特惠制和英镑区等的谈判及其背后的竞争策略。[①]

国外对英美经济外交的研究集中在英美在经济领域出现的经济分歧和矛盾上，主要包括贸易、金融、投资等领域的经济摩擦，也包括两国在经济政策问题上出现的合作和纷争，涉及英美双边货币关系的文献并不多。而对战后英美经济关系中的具体问题进行研究，必然要考察英美两国的具体经济政策问题。这一时期发生的一系列影响世界局势的重大事件，对战后英美货币关系都有深刻影响，如：美国之外的主要资本主义国家都不同程度地出现"美元荒"，特别是英国在战后初期出现严重的国际收支危机；马歇尔计划经过大西洋两岸的不断协商后正式实施；杜鲁门当局推动"第四点"计划；苏伊士运河危机中英美进行货币博弈。

对马歇尔计划[②]和苏伊士运河危机等进行研究的国外论著很多。冷战初期美国对欧洲各国实施"马歇尔计划"，通过对这些国家提供贷款和援助，不仅实现了扶欧抗苏的政治目的，达到对其进行渗透和控制的目的，也实现了以美元替代英镑成为欧洲主要国际货币的经济目的。有从英国角度对马歇尔计划进行研究的专著，如剑桥大学圣约翰学院亨利·佩灵

---

① Michael Hudson, *Super Imperialism: The Origin and Fundamentals of U.S. World Dominance*, London: Pluto Press, 2003.

② G. S. Prentzas, *The Marshall Plan*, New York: Chelsea House, 2011; Robert E. Wood, *From Marshall Plan to Debt Crisis: Foreign Aid and Development Choices in the World Economy*, Berkeley: University of California Press, 1986; Barry Machado, *In Search of a Usable Past: The Marshall Plan and Postwar Reconstruction Today*, Lexington: George C. Marshall Foundation, 2007; Rhiannon Vickers, *Manipulating Hegemony: State Power, Labour and the Marshall Plan in Britain*, Houndmills: The Macmillan Press, 2000; Eliot Sorel and Pier Carlo Padoan, *The Marshall Plan: Lessons Learned for the 21st Century*, Paris: OECD Publications, 2008; Martin Schain, *The Marshall Plan: Fifty Years After*, New York: Palgrave, 2001; John Agnew and J. Nicholas Entrikin, *The Marshall Plan Today: Model and Metaphor*, London: Routledge, 2004; Benn Steil, *The Marshall Plan: Dawn of the Cold War*, New York: Simon & Schuster, 2018.

（Henry Pelling）的《英国与马歇尔计划》，作者根据英美两国的资料，分析了这一时期两国的经济关系，叙述了该计划的起源、形成、实施与结束，指出英美之间以及两国内部在援助计划的方式与目的上存在明显的分歧，这有时导致严重的摩擦。①俄亥俄州立大学霍根（Michael J. Hogan）的《马歇尔计划：美国、英国和西欧的重建》一书更全面地论述了马歇尔计划，其对这一重大经济政策的丰富历史叙述为战后经济外交研究领域提供了精彩的介绍。②美国国务院高级官员约瑟夫·琼斯（Joseph M. Jones）所写的《十五个星期（1947年2月21日至6月5日）》一书，对马歇尔计划出台前后发生的重要事件和相关会议的资料进行了详细记述，为进一步总结重要事件的影响奠定了基础。③

苏伊士运河危机爆发后，美国利用其在联合国和国际货币体系中的优势地位，运用货币权力这个武器，对英国实施金融制裁，最终成功地迫使英国停火和撤军。苏伊士运河事件是美英权力交接的终点，更是国际货币权力具体运用的经典案例。④耶鲁大学的黛安娜·昆茨（Diane B. Kunz）利用美国和英国的政治和金融档案资料，根据许多主要参与者的个人访谈进行推断，描述了美国在1956年至1957年的苏伊士运河危机期间如何利用经济外交来影响各国之间的关系。昆茨认为，这个令人尴尬的结局是20世纪历史上最令人困惑的事件之一，因为英国政府"采取了几乎不可理喻的愚蠢行为"；由于英国没有其他资金来源，美国不仅控制了英国进入自己的市场的渠道，还控制了国际货币基金组织和世界银行，这"使美国政府有机会利用其经济

---

① Henry Pelling, *Britain and the Marshall Plan*, London: The Macmillan Press, 1988.

② Michael J. Hogan, *The Marshall Plan: American, Britain and the Reconstruction of Western Europe, 1997-1952*, Cambridge: Cambridge University Press, 1987.

③ Joseph M. Jones, *The Fifteen Weeks (February 21-June 5, 1947)*, New York: The Viking Press, 1955.

④ Jonathan Kirshner, *Currency and Coercion: The Political Economy of International Monetary Power*, 1995.

实力来侮辱和击败英国”。①

美国阿肯色大学教授兰德尔·贝纳特·伍兹（Randall Bennet Woods）则直接将《换岗：1941—1946年的英美关系》作为书名，集中分析了二战期间和战后初期美英之间的金融和商业关系。伍兹认为，“美国和英国的对外经济政策都是它们国内社会和经济政策的回应或表现”，英国极力维持帝国和英镑区的完整，在国际政治中重新拾起传统的均势原则，要求在保证国内就业和国际收支平衡的基础上加入多边贸易体系，然而，二战后的英国已经不再是昔日的大英帝国，它只有得到美国的援助才可能实现自己的目标。美国愿意向英国提供援助，但必须“保证美国控制二战时期奠定的货币稳定和贸易规则机制”。②另一方面，英国是美国的二战盟友和冷战时期的重要伙伴，美国还必须维持英国的大国地位，不能过分地削弱英国。美英战时有关商业政策的谈判更是讲述了这类“一个超级大国痛苦地诞生和另一个超级大国不幸地死去的故事”。需要指出的是，英国战后地位的削弱还表现在它和自治领的关系上，以至于“帝国特惠制”这条连接英联邦国家的重要经济纽带在战后不得不被“重新定义”。加拿大多伦多大学历史系的弗朗辛·麦肯兹（Francine McKenzie）在其博士学位论文基础上出版的专著《重新定义英联邦的纽带（1939—1948）：特惠的政治》论述了这期间英国与其自治领之间的贸易关系，该书对于帝国特惠制和英美贷款谈判、日内瓦谈判和哈瓦那会议以及《关税与贸易总协定》谈判等进行了论述，得出“英联邦和帝国特惠制的生死存亡紧密联系在一起”的结论。③这些著作对《租借法案》的停止、《英美财政协定》、英国

---

① Diane B. Kunz, *The Economic Diplomacy of the Suez Crisis*, Chapel Hill: The University of North Carolina Press, 1991.

② Randall Bennett Woods, *A Changing of the Guard: Anglo-American Relations, 1941-1946*, Chapel Hill: The University of North Carolina Press, 1990.

③ Francine McKenzie, *Redefining the Bonds of Commonwealth, 1939-1948: The Politics of Preference*, Basingstoke: Palgrave Macmillan, 2002.

兑换制的实施与中止等均有论述，对我们了解战后初期英美经济关系很具有启发作用。

　　同样，英国也曾利用其国际制度体系来延缓英镑衰落的步伐。第一次世界大战打击了英国领导的国际金本位制，英镑开始走向衰落。此后，在20世纪30年代大萧条的冲击下，英国再度退出了国际金本位制，这使英镑的国际地位丧失了国际认可的制度基础。但是英国随即在其殖民体系内部建立了分享贸易特惠的帝国集团和实行共同货币政策的英镑集团。英国格拉斯哥大学国际经济史凯瑟琳·申克（Catherine R. Schenk）教授认为，英镑经历了由全球霸权货币衰落为区域中心货币的重要转折，但也正是以英帝国体系为框架的英镑集团构成了维持英镑地位的区域制度基础，从而部分锁定了英镑在区域层面的国际地位，保卫了英镑作为区域货币的角色。[1]

　　就国内学术界而言，关于战后初期英美货币关系的研究依然是一个有待深入发掘的领域。国内关于战后英美货币关系的论述，多散见于近年来一些学者有关两国的外交政策、经济政策和经济关系等方面的通史性著作[2]、资料集[3]、

---

[1]　Catherine R. Schenk, *The Decline of Sterling: Managing the Retreat of an International Currency, 1945-1992*, Cambridge: Cambridge University Press, 2010.

[2]　王绳祖总主编《国际关系史：第 7 卷（1945—1949）》，世界知识出版社，1995；王绳祖总主编《国际关系史：第 8 卷（1949—1959）》，世界知识出版社，1995；杨生茂主编《美国外交政策史 1775—1989》，人民出版社，1991；陈乐民主编《战后英国外交史》，世界知识出版社，1994；资中筠主编《战后美国外交史——从杜鲁门到里根》（上、下），世界知识出版社，1994；周琪、王国明主编《战后西欧四大国外交（英、法、西德、意大利）：1945 年—1980 年》，中国人民公安大学出版社，1992；陈晓律等：《当代英国——需要新支点的夕阳帝国》，贵州人民出版社，2000；陈国庆：《英国金融制度》，中国金融出版社，1992；《战后美国经济》编写组：《战后美国经济》，上海人民出版社，1974；吴学成：《战后英国经济》，中国对外经济贸易出版社，1990；等等。

[3]　法学教材编辑部《国际关系史资料选编》编选组：《国际关系史资料选编》（上、下），武汉大学出版社，1983；齐世荣主编《当代世界史资料选辑》（第 2 分册），首都师范大学出版社，1996；上海市国际关系学会编《战后国际关系史料》，上海市国际关系学会，1979；《战后世界历史长编》编委会：《战后世界历史长编》（1945.5—1958），上海人民出版社，1975~2000；等等。

外文作品的中译本 ① 和文章 ② 中，由于受到研究主题和篇幅的限制，这些成果对英美货币关系的研究也只是点到为止。值得一提的是，张振江的《从英镑到美元：国际经济霸权的转移（1933—1945）》一书是近年来英美经济政策与经济关系研究的代表作。该书主要从经济霸权转换的角度出发，论述了从 1933 年到 1945 年一个蒸蒸日上的新兴大国和一个日益没落的昔日霸主在国际经济领域演绎的新旧霸权交替的历史片段。作者通过挖掘美英双方的第一手文献，重现美英金融、贸易、援助谈判等重大事件，展现了美英同盟在战后国际贸易和金融秩序形成的背后的利益之争，还原了历史本来的面貌，③

---

① 〔英〕杜德：《英国和英帝国危机》，苏仲彦等译，世界知识出版社，1954；〔苏〕特鲁汗诺夫斯基：《第二次世界大战后的英国外交政策》，研西译，世界知识出版社，1959；〔苏〕列明：《第二次世界大战后的英美矛盾》，张扬等译，世界知识出版社，1956；〔苏〕鲍加恰夫斯基：《资本主义总危机时期的美英财政》，王传纶译，中国人民大学出版社，1957；〔苏〕米列伊科夫斯基等：《第二次世界大战后的英国经济与政治》，叶林、方林译，世界知识出版社，1960；〔苏〕柯切特柯夫：《英美在西欧市场的竞争》，王济庚等译，世界知识社，1954；苏联科学院经济研究所《第二次世界大战后资本主义国家的经济》，徐可南、钱雪门译，立信会计图书用品社，1954；〔苏〕米哈列夫斯基：《第二次世界大战后资本主义体系中的黄金》，黄达等译，中国财政经济出版社，1965；〔日〕林直道：《战后国际通货危机与世界经济危机》，朱绍文译，商务印书馆，1976；〔苏〕叶甫列伊斯科夫：《资本主义货币制度的危机》，刘德芳、韩奎章、陈庆颢译，金融出版社，1958；〔英〕伊顿：《英国经济问题的分析》，关梦觉译，世界知识社，1953；〔英〕梅德利特：《英国现代史（1914—1964）》，张毓文等译，商务印书馆，1990；〔英〕阿伦·斯克德、〔英〕克里斯·库克：《战后英国政治史》，王子珍、秦新民译，世界知识出版社，1985；〔英〕林赛、〔英〕哈林顿：《英国保守党 1918—1970 年》，复旦大学世界经济研究所译，上海译文出版社，1979；〔英〕J. L. 汉森：《货币理论与实践》，陈国庆译，中国金融出版社，1988；等等。

② 《美元和英镑》，《世界知识》1949 年第 6 期；非昔：《英镑与美元的正面冲突》，《世界知识》1949 年第 6 期；水：《英镑与美元的斗争》，《世界知识》1952 年第 48 期；黄素菴：《战后英镑同美元的斗争》，《国际问题研究》1963 年第 4 期；金越：《美元和英镑的矛盾与勾结》，《世界知识》1965 年第 19 期；侯厚吉：《英美在货币领域中的矛盾》，《中南财经政法大学学报》1958 年第 2 期；金资：《美元与美元区》，《世界知识》1965 年第 6 期；滕茂桐：《战后的英镑》，《安徽大学学报》1979 年第 4 期；青禾：《日益分崩离析的英镑区》，《世界知识》1966 年第 5 期；丁川：《英镑和英镑区》，《世界知识》1965 年第 5 期；金资：《什么是英镑区》，《中国金融》1965 年第 13 期；于：《"英帝国"、"英联邦"、"英镑区"》，《世界知识》1955 年第 6 期；文元：《略论英镑危机》，《国际问题研究》1965 年第 3 期；金国基：《从英国国际收支的恶化看英镑危机》，《经济研究》1965 年第 10 期；〔英〕弗·依苏波夫：《英国当前的外汇情况——英镑危机》，宛因译，《世界经济文汇》1958 年第 6 期；王仆人：《大英帝国的没落及其目前处境》，《国际问题研究》1959 年第 S3 期；孙宝珊：《试论大英帝国的衰落》，《中国民航学院学报》1990 年第 4 期；等等。

③ 张振江：《从英镑到美元：国际经济霸权的转移（1933—1945）》，人民出版社，2006。

为笔者了解二战前的英美经济外交提供了丰富资料。该书的时间截止到
1945年底，而这正是本书开始的时间，这些也为本书提供了很好的思路和
启迪。这些已出版的著作、资料集、外文作品的中译本和文章，为笔者后
期开展进一步有针对性的探索奠定了研究基础。

随着研究领域的拓宽、研究方向的多元化发展，近年来国内也陆续有关
于英美经济政策与经济关系以及大国多边经济外交等研究的成果。符荆捷回
顾了1941年至1950年美国与英国开展的"英镑美元外交"，这是大国开展
多边经济外交的经典案例，其结果是设立了所谓的"布雷顿森林—关贸总协
定体制"，建立了多边主义的国际经济秩序。[①] 赵柯则是从经济外交视角出发，
论述了英美在战后形成的以国际货币基金组织为主要治理平台的国际货币金
融体系和以《关税与贸易总协定》为主要治理平台的国际贸易体系中展开较
量，最终美国夺得了战后建立基于本国利益的多边自由贸易体系的领导权。[②]
两篇文章通过回顾和分析这段历史，总结了国际经济关系的主要矛盾以及多
边经济外交的基本规律，为本书的写作提供了很好的思路和启发。

以经济事件为研究背景，重点讨论经济外交政策的论文有二，卢丽丽和
雪梅均将研究重点放在了战后英美经济关系中的冲突与合作上，这两篇论文
为本书的写作提供了一定的借鉴。[③] 尚彦军论证了英帝国特惠制的衰败与美
国对英援助政策的关系。[④] 此外，一些期刊论文[⑤]以单个事件为背景探讨了

---

① 符荆捷：《国际经济关系的基本矛盾与中国的多边经济外交——从"英镑美元外交"谈起》，
《复旦国际关系评论》2014年第1期。

② 赵柯：《试论大国经济外交的战略目标——美国经济外交与大英帝国的崩溃》，《欧洲研究》
2014年第4期。

③ 卢丽丽：《从租借法案的终止到马歇尔计划的实施——战后英美关系的经济视角》，硕士学位
论文，首都师范大学，2004；雪梅：《美国对英国经济政策初探（1941—1951）》，硕士学位
论文，西北师范大学，2011。

④ 尚彦军：《经济援助的力量——评英帝国特惠制衰败过程中的一个外在因素》，《首都师范大学
学报》（社会科学版）2007年第S1期。

⑤ 陆钢：《战后金融外交与美国金融霸权》，《华东师范大学学报》（哲学社会科学版）2000年第5
期；金卫星：《马歇尔计划与美元霸权的确立》，《史学集刊》2008年第6期；丁祖煜、贺五一：
《马歇尔计划与开放性国际经济秩序塑造》，《近现代国际关系史研究》2014年第2期；等等。

美国对英国的经济政策问题，同样很有借鉴价值。

目前国内外关于《布雷顿森林协定》、英美财政与贸易谈判及马歇尔计划等的研究虽然各有偏重，但已初有进展，这些都为本书从经济角度出发继续探讨美国对英国经济政策及两国关系提供了借鉴。

（2）关于美元霸权[①]和英镑衰落等方面的研究

美元霸权并非新概念，在国内外的文献中屡屡出现。布雷顿森林体系虽然初步确立了美元在国际货币流通领域的霸权地位，但是此时的美元霸权地位还是不稳固的，因为在国际货币领域，英镑虽然失去了国际货币霸主的地位，但其地位仍是不可低估的。英镑区和帝国特惠制依然存在，国际贸易的40%左右还用英镑结算，英镑仍是主要的国际储备货币之一，伦敦依旧是重要的国际金融中心。美国并没有实现美元在资本主义世界一统天下的目标，美元的流通霸权还是不完全的。同时，英国国内还没有批准《布雷顿森林协定》，美元的霸权地位在法律上还没有获得英国的承认。在美元霸权初步确立之后，美国便开始趁势扩大战果，凭借超强的综合实力，进一步缩小英镑的势力范围，同时利用二战后世界范围内的"美元荒"导致的美元需求，通过马歇尔计划、对外军事开支以及援助等手段向世界大量输出美元，不断扩大美元的流通范围，进一步加强了美元的流通霸权。

西方学者主要是从国际金融霸权和国际货币体系等角度进行研究的[②]，

---

① 严格地讲，美元霸权和金融霸权、货币霸权具有同质性，都属于经济霸权领域。美元霸权是货币霸权的一种表现形式，在美元霸权之前也曾存在过英镑霸权时期，而货币霸权又是金融霸权的一种集中体现。但无论是西方学者还是中国学者，因为美元霸权成为货币霸权和金融霸权领域的主导，一般都不对三者做出严格的区分，在某种程度上金融霸权、货币霸权、美元霸权是等同的，都明显指向一个中心国即美国。

② 〔美〕巴里·埃森格林:《嚣张的特权：美元的兴衰和货币的未来》，陈召强译，中信出版社，2011；〔美〕本·斯泰尔:《布雷顿森林货币战：美元如何统治世界》，符荆捷、陈盈译，机械工业出版社，2014；〔美〕罗伯特·特里芬:《黄金与美元危机——自由兑换的未来》，陈尚霖、雷达译，商务印书馆，1997；〔美〕廖子光:《金融战争：中国如何突破美元霸权》，林小芳等译，中央编译出版社，2008；〔美〕威廉·恩道尔:《金融海啸：一场新鸦片战争》，顾秀林、陈建明译，知识产权出版社，2009；〔美〕乔纳森·科什纳:《货币与强制——国际货币权力的政治经济学》，李巍译，上海人民出版社，2013；〔美〕巴里·艾肯格林:《资本全球化——国际货币体系史（第二版）》，彭兴韵译，上海人民出版社，2009；等等。

对国际金融霸权的研究初始于布雷顿森林体系瓦解前后。20世纪70年代早期，西方开始关注霸权问题。这个问题立足的现实基础是对美国霸权是否已经衰退进行的争论。相当一部分学者认为布雷顿森林体系瓦解是美国霸权衰落的显著标志。在目前所见到的英文资料中，关于金融霸权的理论研究成果较少。最早从国际金融领域研究霸权的学者当推美国自由派经济学家、麻省理工学院的经济史学家查尔斯·金德尔伯格（Charles Kindleberger），他在其早期专著《1929—1939年世界经济萧条》中，通过研究20世纪30年代大危机"找到了萧条为什么如此广泛、深刻和持久的答案"，这是因为国际金融体系缺乏一个国际性的最后贷款人。当时英国权力已经衰落，无力承担领导责任，而美国却不愿承担领导责任。金德尔伯格在这里没有直接用"金融霸权"这个概念，但从该书中作为体系稳定力量的英国和美国国际领导地位更替的语境来看，他所用的"国际性的最后贷款人"一词实际上指的就是金融霸权国家。①

美国经济学大师米尔顿·弗里德曼（Milton Friedman）与安娜·J.施瓦茨（Anna Jacobson Schwartz）的《美国货币史（1867—1960）》以货币存量为主线，研究了美国1867~1960年近一个世纪的货币发展历程及其对美国一系列重大历史事件的影响。此书被公认为是弗里德曼影响最为深远和最突出的成就之一，是20世纪具有里程碑意义的经典著作。此书不仅是经济学者不可或缺的研究参考文献，而且对于各国宏观经济政策的制定，特别是对理解全球金融动荡及其政策走向具有重要借鉴意义。②

在《黄金、美元与权力：国际货币关系的政治（1958~1971）》一书中，美国罗伯特施特劳斯中心主任、得克萨斯大学奥斯汀分校汤姆斯利克国际事务教授弗朗西斯·加文（Francis J. Gavin），运用经济分析和国际关系理论，

---

① Charles P. Kindleberger, *The World in Depression, 1929-1939*, Berkeley: University of California Press, 1975.

② 〔美〕米尔顿·弗里德曼、〔美〕安娜·J.施瓦茨：《美国货币史（1867—1960）》，巴曙松、王劲松等译，北京大学出版社，2009。

通过对美国和欧洲档案材料的分析，针对战后国际货币关系史中盟国间的互动，以及冷战时期美国对外经济、战略和外交政策的本质做了一些论证，史无前例地揭示了货币冲突如何在冷战的危险时期戏剧性地影响了美国的政治和军事战略。[1]

艾利克·凯恩克罗斯（Alec Cairncross）与著名金融史学家、加州大学伯克利分校经济学和政治学教授巴里·艾肯格林[2]（Barry Eichengreen）合著的《英镑的衰落：1931年、1949年和1967年货币贬值》收录了艾肯格林对1931年英镑贬值的研究，以及凯恩克罗斯对1949年和1967年英镑贬值的研究，并对三次贬值做了对比分析。其中，凯恩克罗斯对1949年英镑贬值事件的经过、教训、经济背景和影响进行了分析[3]，为笔者对1949年英镑贬值事件的研究提供了不可多得的资料。相较历史学家，国际政治经济学者在研究霸权转移时更加关注货币政策与体系变更之间的关系。英国著名的国际政治经济学家苏珊·斯特兰奇（Susan Strange）在《英镑与英国政策：从政治角度对一种衰落的国际货币的研究》中指出，英国外交政策失败的主要因素是没有厘清维持帝国与维持国际货币体系之间的关系，在前者已经失败的情况下，过度沉迷于维持英镑的国际货币地位，导致了英国国内经济增长率的下降。[4]

中国学者方面，王在邦通过对布雷顿森林体系的形成与发展的考察，从多层次分析了西方国际经济体系相对稳定的机制，批判了霸权稳定论的观点。该书正文第二部分运用详细的档案等材料研究了《英美财政协定》的谈判与实施过程，分析了欧洲复兴计划的出笼、1949年英镑汇率的调整、欧

---

[1] 〔美〕弗朗西斯·加文：《黄金、美元与权力：国际货币关系的政治（1958~1971）》，严荣译，社会科学文献出版社，2011。

[2] 也译作"巴里·埃森格林"，本书使用"巴里·艾肯格林"。

[3] Alec Cairncross and Barry Eichengreen, *Sterling in Decline: The Devaluations of 1931, 1949 and 1967*, New York：Palgrave Macmillan, 2003.

[4] S. Strange, *Sterling and British Policy: A Political Study of an International Currency in Decline*, London：Oxford University Press, 1971.

洲支付同盟的建立和美国安全政策对西欧货币可兑换性的影响等重大历史事件，得出结论：战后西方多边自由国际货币体系得以投入运行是以整个国际体系的不稳定即冷战为前提的。[1]鲁世巍的《美元霸权与国际货币格局》一书较为系统地介绍了美元霸权的兴衰以及对国际货币格局稳定与动荡的影响，详尽地分析了美国如何凭借其压倒性的军事、政治、经济和金融实力在国际货币体系中占据主导地位，并将自己的意志和规则强制性地在整个体系中推行。[2]方明、谭毅的专著也在不同程度上涉及美元在霸权问题上与英镑的斗争。[3]

2. 战后英美特殊关系研究述评

对战后英美特殊关系[4]的考察，主要涉及英美双边的政治与军事外交政策等。美英两国之间的密切联系与长期合作表明，美英特殊关系是一个历史和现实存在。国外学者关于英美特殊关系的著作可谓浩如烟海，本书所涉及

---

[1]　王在邦：《霸权稳定论批判——布雷顿森林体系的历史考察》，时事出版社，1994。

[2]　鲁世巍：《美元霸权与国际货币格局》，中国经济出版社，2006。

[3]　方明：《全球货币战略：霸权博弈》，中国法制出版社，2013；谭毅：《国际货币合作研究——性质、意义与理论基础》，中山大学出版社，2005。

[4]　国内外学者一直以来对英美"特殊关系"有不同的看法。杨冬燕认为："英美之间存在'特殊关系'只是英国一厢情愿的看法，美国对此的态度则含糊不清。如果它同英国之间真有'特殊关系'的话，那也只局限于欧洲，在世界的其他地方，美英则存在着诸多矛盾。这次危机使英国看到了这点，它促使英国对它同美国的特殊关系进行反思，并开始加强自己的力量和开展独立外交。在以后的一段相当长的时期内，英国保守党不再提及同美国的特殊'伙伴关系'。"张振江也认为英美"特殊关系"的说法不是一个严肃的提法，而是大西洋两岸的决策者们经常使用的一个概念。尤其是在冷战时期，英国首相撒切尔夫人（Margaret Hilda Thatcher）不遗余力地推进与里根政府合作，翻开了两国"特殊关系"的新篇章；从冷战后至今，从小布什（George W. Bush）与布莱尔（Anthony Charles Lynton Blair）到奥巴马（Barack Hussein Obama）与卡梅伦（David William Donald Cameron）的时期，美英官方媒体更是不断突出两国"特殊关系"的特性。而到了20世纪八九十年代的学术界，唐纳德·卡麦伦·瓦特（Donald Cameron Watt）、雷诺兹（David Reynolds）、普雷斯奈尔（Leslie Sedden Pressnell）和多布森（Alan P. Dobson）等学者开始对此公开质疑，随后这种提法在学术界逐渐消失。近年来，随着英国加入亚洲基础设施投资银行和"脱欧"等重大事件的发生，英美主流媒体都曾撰文质疑双方还存不存在"特殊关系"，我国国内主流媒体也不时解读和关注现在英美"特殊关系"的变化。但是随着时代的发展和英美利益分化，所谓的盟友、所谓的"特殊关系"，都是双方的战略需要和国家利益的变化使然。因此，笔者仍然沿用英美"特殊关系"的提法。参见杨冬燕《苏伊士运河与英美关系》，南京大学出版社，2003；张振江《从英镑到美元：国际经济霸权的转移（1933—1945）》；等等。

的主要是以战后英美货币关系为线索论述英美特殊关系的图书。^① 在《1939
年以来的英美关系：持久的联盟》一书中，英国斯旺西大学政治与国际关系
教授约翰·贝利斯（John Baylis）整理了自 1939 年二战爆发到 1991 年冷战
结束这段时期内，英美决策层对发展两国关系做出的一系列分析、评估和展
望的档案材料，表示"英美之间确实存在着合作共存"是长达半个世纪的英
美关系的主要特点，作者指出"其中对英美特殊关系冲击最大、伤害最严重
的则是痛苦而又难忘的苏伊士运河事件"^②。英国威尔士大学政治学高级讲师
艾伦·多布森（Alan P. Dobson）所著的《20 世纪英美关系：友谊、冲突和
超级大国的兴衰》是一本研究英美关系的重要著作，作者考察了 20 世纪英
美关系的发展历程，揭示了损害两国和谐关系的冲突和解决这些冲突的种种
途径。作者认为，在冷战时期，尽管它们之间的冲突和分歧不断，但是英国
仍旧是美国"最坚定、最稳定和最强大的盟友"，两国"继续分享政治和文
化价值，拥有广泛的联系，最重要的是在追求其遏制共产主义的外交政策优
先事项上具有高度的相互依赖性"。^③ 作者表示，在 1946 年到 1951 年美国
试图建立多边自由的战后国际经济秩序的前提下，美国对英国的帝国特惠制
和英镑区等经济实践和政策采取了容忍的态度；即使在 1956 年苏伊士运河
危机发生后两国关系恶化，但在"遏制共产主义的事业并试图引导西方走向
自由主义多边经济体系"的目标下，两国迅速恢复了关系。^④

---

① Alan P. Dobson, *Anglo-American Relations in the Twentieth Century: Of Friendship, Conflict and the Rise and Decline of Superpowers*, London: Routledge, 1995; Ritchie Ovendale, *Anglo-American Relations in the Twentieth Century: The Policy and Diplomacy of Friendly Superpowers*, London: The Macmillan Press, 1998; H. C. Allen, *The Anglo-American Relationship since 1783*, London: Adam & Charles Black, 1959; Alan P. Dobson, *The Politics of the Anglo-American Economic Special Relationship*, New York: St. Martin's Press, 1988; D. Cameron Watt, *Succeeding John Bull: America in Britain's Place 1900-1975*, Cambridge: Cambridge University Press, 1984.

② John Baylis, *Anglo-American Relations since 1939: The Enduring Alliance*, Manchester: Manchester University Press, 1997.

③ Alan P. Dobson, *Anglo-American Relations in the Twentieth Century: Of Friendship, Conflict and the Rise and Decline of Superpowers*, p. 102.

④ Alan P. Dobson, *Anglo-American Relations in the Twentieth Century: Of Friendship, Conflict and the Rise and Decline of Superpowers*, p. 102.

在西方学术界颇为丰富的研究成果中，由于突出了英美之间的合作以及两国在政治、军事利益方面的一致性，英美双边的政治与军事外交政策一直是研究重点，这类研究对英美货币之间利益冲突和竞争关系的着墨不多，虽有论及，但局限于政治、军事领域，而且呈现出集中在某一重大事件上的特点，如马歇尔计划、苏伊士运河危机等。[1] 但是其中对英美关系的历史渊源追溯、对第二次世界大战期间英美双边政策和战后重大国际事件等的研究，对于我们厘清英美特殊关系的政治内涵和分析战后初期英美货币关系的国际背景有很好的借鉴作用。

国内关于英美特殊关系的研究，集中于从各自角度，研究战后两国某一届政府时期或某个年代两国就军事、政治问题对彼此的外交政策变化及其对英美关系产生的影响方面[2]；还有一类研究以某一重大历史事件为背景，从英美两方面研究其外交政策走向。[3] 洪邮生所著的《英国对西欧一体化政策的起源和演变（1945~1960）》一书，研究了 1945 年至 1960 年英国对西欧一体化政策的起源和演变，其中关于英国对马歇尔计划的政策态度的研究，揭示了英美经济关系上的矛盾和冲突。[4] 杨冬燕的《苏伊士运河危机与英美关系》在全方位展示苏伊士运河危机的同时，详尽地分析了英美两国在这一事件中和事件前后的微妙关系，尤其是论述了苏伊士运河危机对英美"特殊关系"的冲击，指出美国在对英国施加政治压力的同时，使用经济手段迫使英国撤

---

① Jonathan Hollowell, *Twentieth Century Anglo-American Relations*, New York: Palgrave Macmillan, 2001; John Dumbrell, *A Special Relationship: Anglo-American Relations in the Cold War and After*, New York: The Macmillan Press, 2001; Nigel John Ashton, *Kennedy, Macmillan, and the Cold War: The Irony of Interdependence*, New York: Palgrave Macmillan, 2002; W. Scott Lucas, *Divided We Stand: Britain, the US, and the Suez Crisis*, London: Hodder & Stoughton, 1991.

② 张颖:《从"特殊关系"走向"自然关系"——20 世纪 60 年代美国对英国政策研究》，黑龙江人民出版社，2006；滕淑娜:《论欧内斯特·贝文的对美外交（1945.7—1951.4）》，硕士学位论文，辽宁大学，2004；张鹏:《艾德礼工党政府外交政策的转变与英美特殊关系的形成》，硕士学位论文，山东师范大学，2008；汪芳:《论哈罗德·麦克米伦与苏伊士运河危机》，硕士学位论文，浙江大学，2007；等等。

③ 邹志明:《弛张有度，和斗相兼——英美两国在"科伦坡计划"上的分歧与协调》，硕士学位论文，华中师范大学，2008。

④ 洪邮生:《英国对西欧一体化政策的起源和演变（1945~1960）》，南京大学出版社，2001。

军①，这是国内学者较早关注苏伊士运河危机背后的英美货币博弈的著作。

3. 英美在战后国际经济组织中主导国际经济和贸易制度之争的研究述评

在战后初期成立的一系列国际经济组织中，从货币的视角考察英美主导国际经济和贸易制度的权力之争，也是研究 20 世纪四五十年代英美国际关系史的一个重要视角。

美国与战后贸易机制构建方面，比较著名的学者是理查德·加德纳（Richard N. Gardner）、托马斯·齐勒（Thomas W. Zeiler），从研究内容来看，两位学者的研究集中于美国自由贸易政策的推行方面。美国资深外交官、哥伦比亚大学法学院终身教授理查德·加德纳的《英镑美元外交：当代国际经济秩序的起源与展望》②，是从经济领域分析英美合作重建多边贸易体系的佳作。该书回顾了两国从二战期间就已经开始的关于战后国际经济体系的设计与谈判，介绍了两国合作重建多边经济秩序的努力，对关于从布雷顿森林体系到战后关贸总协定等的世界重大经济事件均有详细研究。根据加德纳最后得出的结论，英美联手建立战后多边国际经济体系的努力并不成功，实际上，他在详细记录当时英美的官方立场、民间舆论、幕后考量和多个战线的谈判较量的同时分析了这一失败的原因。尽管作者对英美双方的战后设计者们都提出了一定的批评，也指出了双方存在的矛盾，但是他对双方在此过程中的合作予以高度重视，认为双方的合作是战后国际经济新秩序得以产生的基础。这些都为笔者的研究提供了重要的思路。

齐勒从英美两国斗争的角度探讨了自由贸易制度从构想到实践的过程。

---

① 杨冬燕：《苏伊士运河危机与英美关系》。

② Richard N. Gardner, *Sterling-Dollar Diplomacy: Anglo-American Collaboration in the Reconstruction of Multilateral Trade*, London: Oxford University Press, 1956. 此书后来经过作者修订，分别于 1969 年和 1980 年出版：*Sterling-Dollar Diplomacy: The Origins and the Prospects of Our International Economic Order*, New York: McGraw-Hill, 1969; *Sterling-Dollar Diplomacy in Current Perspective: The Origins and the Prospects of Our International Economic Order*, New York: Columbia University Press, 1980。两位中国学者根据此书的 1980 年版本翻译出版了中文版：〔美〕理查德·加德纳《英镑美元外交：当代国际经济秩序的起源与展望》，符荆捷、王琛译，江苏人民出版社，2014。

与加德纳相反，齐勒在其对各国外交斡旋的考察中强调斗争关系。虽然美国拥有他国无法挑战的经济实力，但是英国利用其经济陷入崩溃的弱势地位与美国讨价还价，迫使美国放弃完全自由贸易的要求，导致自由贸易体系的构建走向失败。①

新自由制度主义的主要奠基人罗伯特·基欧汉（Robert Keohane）的《霸权之后——世界政治经济中的合作与纷争》从"金融和贸易领域的霸权合作"角度讨论了国际贸易组织。他认为，"其他国家对美国自由主义的抵制以及国内意识形态的压力"使得成立国际贸易组织的希望破灭了，但是"（《关税与贸易总协定》）实施分散化协调"的制度设计，"而非集中统一地执行规则，有助于它避免与其成员国政府的权力机关进行象征性的权威竞争"。这表明了"促进霸权合作成功所需要的条件"。美国在战后所建立的霸权机制，"必须在伙伴国之间寻求共同利益，在要求伙伴和它保持一致时，美国本身也必须作一些调整来相互协调"。②应该说基欧汉的观点有助于解释二战结束前后美英两国在国际经济制度主导权方面的争夺与合作。

国内学者舒建中以国际贸易组织和关贸总协定的建立为考察中心，认为后者的创立及历史演进与美国霸权地位密切相关，标志着美国在战后国际贸易领域霸权地位的确立。③谈谭详细考察了英美在贸易问题上的交涉，认为美国虽然艰难取代了英国的位置，但偏离了它所热衷的市场原则和多边非歧视自由贸易的目标。④两位学者对美英财政和贸易谈判与"多边自由贸易计划"的正式提出、日内瓦会议和哈瓦那会议中美英关于帝国特惠制和非歧视规则等的谈判等的研究，为本书提供了在国际组织建立过程中考察英美战后货币关系的新思路。

---

① Thomas W. Zeiler, *Free Trade, Free World: The Advent of GATT*, Chapel Hill: University of North Carolina Press, 1999.

② Robert O. Keohane, *After Hegemony: Cooperation and Discord in the World Political Economy*, Princeton: Princeton University Press, 1984;〔美〕罗伯特·基欧汉:《霸权之后——世界政治经济中的合作与纷争》，苏长和、信强、何曜译，上海人民出版社，2001。

③ 舒建中:《多边贸易体系与美国霸权：关贸总协定制度研究》，南京大学出版社，2009。

④ 谈谭:《国际贸易组织（ITO）的失败：国家与市场》，上海社会科学院出版社，2010。

（二）史料说明

国内外研究述评部分所谈到的成果对笔者的研究都起到了很大的作用。实际上，由于客观条件的限制，其中许多以原始资料写成的著作都成了本书重要的转引来源，如多布森、伍兹以及普雷斯奈尔等人的著作。但是，本书基本上仍属于外交文件的文本研究。双方政府的公开文件构成了本书的最重要资料来源。

在美国方面，《美国对外关系文件集》(*Foreign Relations of the United States*，*FRUS*) 是研究美国对外政策的第一手资料，成为本书的主要史料来源，从 1945 年到 1956 年，每年的英国卷都包含了大量的关于两国货币外交的来往函电[①]。同时，HeinOnline 法律数据库不仅有全套的 *FRUS* 专辑，还有大量的其他资料汇编、美国外交史著作；而在其他专辑中，还可以找到各种总统公文汇编、美国国会记录等国内罕见文献。

美国国家档案馆的档案数据库 (Access to Archival Databases，AAD)[②]、解密文件参考系统数据库 (Declassified Documents Reference System，DDRS) 和数字化国家安全档案数据库 (Digital National Security Archive，DNSA) 等数据库，是研究冷战史、战后美国外交史必不可少的档案资源，成为本书引用的重要资料来源。

英国记载内阁会议及其相关文件的内阁档案 (Cabinet Papers，CAB) 是研究英国内政外交的重要基础史料。内阁档案包括内阁会议日程、会议

[①] 值得注意的是，美国国务院历史学家办公室推出了 *FRUS* e-book 计划，把《美国对外关系文件集》以 PDF 和其他电子书的形式放在网上，目前网上有 546 卷。United States Department of State, *Foreign Relations of the United States*, *1945*, Vol. VI; *1946*, Vol. V; *1947*, Vol. III; *1948*, Vol. III; *1949*, Vol. IV; *1950*, Vol.III; *1951*, Vol. IV, Part 1; *1951*, Vol. IV, Part 2; *1952-1954*, Vol. V, Part 1; *1952-1954*, Vol. V, Part 2; *1952-1954*, Vol. VI, Part 1; *1955-1957*, Vol. IV; *1955-1957*, Vol. IX; *1955-1957*, Vol. XVI; *1955-1957*, Vol. XXVII, Washington，D.C.: U.S. Government Printing Office, 1969-1992.

[②] 网址：http://aad.archives.gov/aad/。

记录、决议、备忘录等文件，涉及内政外交等方面。根据英国的解密制度，内阁档案目前已解密到 20 世纪 70 年代。利用英国国家档案馆提供的网络链接 ①，点击该页面的 "会议和文件"（Meetings and Papers）就可以下载 1915~1993 年的部分内阁文件，涉及本书的包括 CAB 128、CAB 129、CAB 195 三个系列，其为本书提供了重要的原始档案资料。

Proquest 公司之子公司美国大学出版社（University Publications of America，UPA）出版的纸本《英国外交事务文件：来自外交部的机密报告和文件》（*British Documents on Foreign Affairs : Reports and Papers from the Foreign Office Confidential Print*，BDFA）1940~1956 年的美国卷是了解战时、战后初期英国政府对美国政府、社会、公众反应的重要文件。②UPA 还

① 网址：http://www.nationalarchives.gov.uk/cabinetpapers。

② Paul Preston, Michael Partridge and Richard D. G. Crockatt (eds.), *BDFA, Part III, From 1940 through 1945, Series C, North America , Volume 5, United States, January 1945-December 1945*, Bethesda: University Publications of America, 1999; Paul Preston, Michael Partridge and Richard D. G. Crockatt (eds.), *BDFA, Part IV, From 1946 through 1950, Series C, North America 1946, Volume 1, United States, 1946*, Bethesda: University Publications of America, 1999; Paul Preston, Michael Partridge and Richard D. G. Crockatt (eds.), *BDFA, Part IV, From 1946 through 1950, Series C, North America 1947, Volume 2, United States, January 1947-December 1947*, Bethesda: University Publications of America, 2001; Paul Preston, Michael Partridge and Richard D. G. Crockatt (eds.), *BDFA, Part IV, From 1946 through 1950, Series C, North America 1948-1949, Volume 3, United States, January 1948-December 1949*, Bethesda: University Publications of America, 2002; Paul Preston, Michael Partridge and Richard D. G. Crockatt (eds.), *BDFA, Part IV, From 1946 through 1950, Series C, North America 1950, Volume 4, United States, January 1950-December 1950*, Bethesda: University Publications of America, 2003; Paul Preston, Michael Partridge and Peter Boyle (eds.), *BDFA, Part V, From 1951 through 1956, Series C, North America 1951, Volume 1, United States, 1951*, Bethesda: LexisNexis, 2005; Paul Preston, Michael Partridge and Iwan Morgan (eds.), *BDFA, Part V, From 1951 through 1956, Series C, North America 1952, Volume 2, United States, 1952*, Bethesda: LexisNexis, 2006; Paul Preston, Michael Partridge and Iwan Morgan (eds.), *BDFA, Part V, From 1951 through 1956, Series C, North America 1953, Volume 3, United States, 1953*, Bethesda: LexisNexis, 2007; Paul Preston, Michael Partridge and Iwan Morgan (eds.), *BDFA, Part V, From 1951 through 1956, Series C, North America 1954, Volume 4, United States, 1954*, Bethesda: LexisNexis, 2008; Paul Preston, Michael Partridge, Piers Ludlow and Iwan Morgan (eds.), *BDFA, Part V, From 1951 through 1956, Series C, North America 1955, Volume 5, United States, 1955*, Bethesda: LexisNexis, 2009; Michael Partridge, Piers Ludlow and Iwan Morgan (eds.), *BDFA, Part V, From 1951 through 1956, Series C, North America 1956, Volume 6, United States, 1956*, Bethesda: LexisNexis, 2010.

制作了英国海外政策文件数据库（The Documents on British Policy Overseas Database）①，收录了《英国海外事务文件集》（*Documents on British Policy Overseas*，*DBPO*），其收录了战后英国外交政策文件，拥有大量的相关文本，因而成为本书部分章节的主要资料来源。②

除了这些政府档案，Proquest 公司已经数字化的英国下议院议会文件数据库（House of Commons Parliamentary Papers，HCPP）③，包含了大量战后英国政府在社会、政治、经济以及外交政策等领域的文件，为深入了解战后英国、英国殖民地及当时的世界提供了不可或缺的资源。

除了上述公开的政府文件和数据库，在本书涉及的时间段内，由于英国经历了艾德礼（Clement Richard Attlee）、丘吉尔（Winston Leonard Spencer Churchill）、艾登（Robert Anthony Eden）三届政府和美国经历了处于"美国外交决策体系的权力中心"④的杜鲁门和艾森豪威尔两届政府时期，由当事人编纂的一些文件性的资料和有关重要决策者的日记、传记及回忆录，构成本书研究第一手资料的一个重要组成部分，如英国方面包括首相艾德礼、丘吉尔和艾登，财政部经济顾问凯恩斯（John Maynard Keynes），作为英国战后贸易计划设计者的经济学家米德（James Meade）以及财政大臣道尔顿（Hugh Dalton）⑤等，美国方面包括美国总统杜鲁门⑥和艾森豪威

---

① 网址：http://dbpo.chadwyck.co.uk/home.do。

② Roger Bullen and M. E. Pelly, assisted by H. J. Yasamee and G. Bennett, *DBPO, Series I (1945-1950), Series II (1950-1955)*, London: Her Majesty's Stationery Office, 1984-2016.

③ 网址：https://parlipapers.proquest.com/profiles/hcpp/search/advanced/hcppadvanced?accountid=41288。

④ 周琪主编《美国外交决策过程》，中国社会科学出版社，2011，第 22 页。

⑤ Ben Pimlott, *Hugh Dalton*, London: Jonathan Cape, 1985.

⑥ Harry S. Truman, *The Memoirs of Harry S. Truman, Volume One, Year of Decisions, 1945*, London: Hodder & Stoughton, 1955; *Memoirs By Harry S. Truman, Volume Two, Years of Trial and Hope, 1946-1952*, London: Hodder & Stoughton, 1956;〔美〕哈里·杜鲁门:《杜鲁门回忆录》（上、下），李石译，东方出版社，2007；杜鲁门总统图书馆网站，https://www.trumanlibrary.org/library.htm。

尔[①]以及国务卿伯恩斯（James Byrnes）、马歇尔（George Catlett Marshall）[②]、艾奇逊（Dean Acheson）[③]、杜勒斯（John Foster Dulles），负责经济事务的副国务卿克莱顿（William L. Clayton），国务院高级官员约瑟夫·琼斯等。

这些当事人身处要位，是许多重大决策和事件的参与者，他们的决策对这一时期英美货币关系的发展产生了重大影响。在一定程度上，这些资料的重要性并不亚于政府文件。但值得注意的是，尽管他们的日记、传记及回忆录引用了大量的档案材料，具有很高的史料价值，但事后他们对一些重大决策和事件的看法不同，甚至截然相反。正如19世纪德国最重要的历史学家、被誉为"近代史学之父"的利奥波德·冯·兰克（Leopold von Ranke）所说，"有的人攻击某些人或为某些人辩护，有的人只愿记录事实"[④]。

关于战后一些国际经济组织档案的来源，世界贸易组织在其网站上公布了几乎全部国际贸易组织和关贸总协定成立初期的档案，包括各类会议速记报告[⑤]，全面呈现出各国不同的观点、立场和妥协情况，对于我们了解美国的构想和实践以及世界经济秩序的最终形成非常必要。国际货币基金组织同样公布了其成立初期的会议记录以供学者研究，而且它和世界银行这一时期的年度报告同样重要。[⑥]

---

① Dwight D. Eisenhower, *Mandate for Change, 1953-1956, The White House Years*, New York：Doubleday & Company, Inc., 1963;〔美〕德怀特·D. 艾森豪威尔:《艾森豪威尔回忆录》（1—4），樊迪、静海等译，东方出版社，2007；艾森豪威尔总统基金会网站，http://eisenhower foundation.net/。

② Forrest C. Pogue, *George C. Marshall：Statesman (1945-1959)*, New York: Viking Penguin Inc., 1987;〔美〕福雷斯特·C. 波格:《马歇尔传（1945—1959）》，施旅译，世界知识出版社，1991；马歇尔基金会网站，http://marshallfoundation.org/library/。

③ Dean Acheson, *Present at the Creation: My Years in the State Department*, New York: W. W. Norton & Company, Inc., 1969;〔美〕艾奇逊:《艾奇逊回忆录》，上海《国际问题资料》编辑组、伍协力合译，上海译文出版社，1978。

④ 参见〔英〕乔治·皮博迪·古奇《十九世纪历史学与历史学家》（上册），耿淡如译，商务印书馆，2009，第178页。

⑤ 网址：https://www.wto.org/english/res_e/res_e.htm。

⑥ 网址：http://www.elibrary.imf.org/browse?type_0=booksandjournals&sort=datedescending&browsePage=newReleases; http://documents.worldbank.org/curated/en/docsearch/document-type/563778。

三　研究思路、重难点及应对措施

（一）研究思路与主要观点

如前文所述，本书以战后解密和出版的英美历届政府的经济金融外交档案为依据，结合重大决策和事件参与者的相关资料、相关国际组织的公开文件和报告等文献，以历史学的研究方法，以货币与外交互动为主线，对自二战结束至1956年苏伊士运河危机期间的英美货币关系进行叙述。

对于重大历史问题应采取个案研究，而个案研究基本上应遵循事件的起因—经过—结果—意义这一历史逻辑，本书的整体框架及思路正是按照这一逻辑展开的。不过，本书虽然在章节上严格地以时间为主线，但对部分章节仍然以问题为单位进行论述，这主要是因为战后英美货币关系和战后英美经济、政治和军事等关系交织在一起，如果纯粹地以时间为主线进行历史叙述，会给人一种杂乱无章的史料堆砌之印象。

所以，本书在框架结构设计上的基本思路是：以战后英美货币关系中几个重大事件演变的编年史为主线，围绕阶段性出现的重大问题分维度地加以概括性记叙与分析。

除绪论之外，全书共分为六章。第一章是对二战前英美货币政策与布雷顿森林体系的建立的阐述，分别对战前英美货币政策进行论述，同时对影响战后英美货币关系的布雷顿森林体系建立过程中英美的两种货币计划进行梳理，指出布雷顿森林体系初步确立了美元在国际货币流通领域的霸权地位。

第二章主要探讨《英美财政协定》与英美货币关系。二战结束后，美国突然停止了租借援助，这使得备受战争摧残的英国经济步履维艰，财政濒临崩溃，其不得不再次向美国求援。美国则充分利用英国国内财政濒临崩溃和新上台的工党政府在对外政策上举棋不定的谈判之机，迫使英国不断妥协、退让，最终英国几乎答应了美国的全部要求。但事与愿违的是，《英美财政协定》的实施导致了英国美元的大量流失和财政危机的加深，英国实行的1947 年英镑自由兑换政策失败。

第三章主要论述马歇尔计划与英美货币关系。战后初期，美国持续加大对英国的投资力度。1947 年，美国开始对欧洲推行马歇尔计划，在援助包括英国在内的欧洲国家战后经济复苏的同时，也创造了广泛的美元需求，甚至出现了"美元荒"。其在复兴欧洲经济的同时，推动美元取代英镑成为欧洲国际贸易和金融活动的主要货币，美元由此逐步发展成为世界主导货币。迫于美国的压力和令其一筹莫展的国内财政危机，英国于 1949 年 9 月 18 日宣布英镑兑美元汇率从 1 英镑兑换 4.03 美元下调至 2.80 美元，贬值 30.5%。

第四章论述英镑区与美元的斗争。首先分析英镑区和美元区的由来。英镑区随着帝国特惠制的诞生而出现。英镑区是英国垂死挣扎和对抗美国的金融工具。英镑区主要包括除加拿大外的所有英联邦国家和殖民地。在英镑区内，各国货币兑英镑保持固定汇率，区内各国货币可以自由兑换，但贸易、信贷都必须以英镑结算。资金流动在区内不受限制，在区外国家流动则必须经过外汇管理机关批准。区内各国和各地区流入的黄金和美元须按一定的比例售给英国财政部，集中存入美元黄金总库，作为英镑区的共同储备。

帝国特惠制与英镑区是维护英国的贸易与金融利益的两大堡垒，尤其维护了英镑的国际地位。贸易保护是弱者的盾牌，自由贸易则是强者的利刃。当时的美国产品在全球具有最强的竞争力，帝国特惠制与英镑区自然被美国视为眼中钉、肉中刺。当时英国对美国在财政上的依赖正好为美国扩大对英国本土及英联邦国家的资本渗透提供了时机。

在这一"没有硝烟的战场"中，英美通过经济外交的手段激烈地争夺战后世界的领导权。美国通过拆解英镑区确立了美元的中心地位；通过建立战后由美国主导的多边自由贸易体系，打破了帝国特惠制，消除了国际贸易自由化道路上一个主要的壁垒，促进了贸易自由化的发展；帮助英帝国特惠制内的自治领和殖民地在关税和贸易政策上有了更大的自主权，削弱了英国对这些地区的控制，为其以后的政治独立打下经济基础。美国强制推行的"嵌入式"经济自由主义成为消除旧霸权殖民帝国残余的一个工具，逐步瓦解了英国人精心构建的以帝国特惠制为基础的双边贸易体系。在大英帝国走向衰亡的同时，新霸权国美国的权力得到了加强。

第五章主要论述英美主导多边贸易体制的货币权力之争。第二次世界大战后形成的以国际货币基金组织为主要治理平台的国际货币金融体系和以《关税与贸易总协定》为主要治理平台的国际贸易体系就是英美之间经济外交较量的结果。虽然美国拥有绝对的经济实力，一边打压英镑，一边将其主导的多边贸易体制作为经济扩张的工具之一，大量输出资本和商品，主导了战前和战后一系列谈判进程，并利用英国濒临破产的困境进行双边施压，但谈判结果绝非美国独家意志的体现。最终，两国的相互妥协造就了"布雷顿森林—关贸总协定体制"。尽管建立了多边主义的机制，但英美在国际货币基金组织、国际复兴开发银行、国际贸易组织等新建立的国际组织中围绕货币领域的斗争一直存在。

第六章主要论述苏伊士运河危机与美元霸权的最终确立。英国和法国入侵埃及，企图重新夺得对苏伊士运河的控制权，但这一行径不符合美国在中东地区的战略需要。美国运用美元的依赖性权力，对英国挥舞金融制裁的"大棒"，在经济上三管齐下：故意抛售英镑，引起英镑在短期内显著贬值；否决英国向国际货币基金组织的贷款申请；停止向英国提供经济援助。最终美国成功地迫使英国停火和撤军。这大大动摇了英镑在国际金融领域的地位，并把英国势力排挤出中东。美国利用美元作为国际干预货币，发挥了比军队更加迅捷的国际权力效应。

（二）研究的重点、难点及应对措施

本书的研究重点有以下几个方面。一是在战后英美货币关系的历史图景中，英美两国在国际谈判中如何塑造有利于本国或改变现有的不利于本国的国际货币"游戏"规则；如何阻遏他国实施不利于本国的货币竞争行动；如何理解国际货币关系的性质，其不仅影响他国在国际货币金融体系中的经济利益，也会对本国的经济、政治和安全等利益产生重大影响。二是本书在章节上严格地以时间为主线，但如何理顺和提取部分内容并仍旧以问题为单位进行论述，避免杂乱无章之嫌；这些问题如何影响英美战后货币关系，货币关系对英美两国对外政策有何深刻影响。

本书的研究难点在于历史文献的收集、整理与阅读。历史学研究者最大的困难之处便在于心中想要穷尽关于某一问题的历史文献却往往受限于能力与精力的不足。虽然关于英美关系的成果浩如烟海，但涉及英美战后货币关系的成果几乎没有，依托大量的原始档案和文献等，从全面而无遗漏的角度分析该问题，对笔者而言，这是一个短时期内无法解决的问题。用货币权力的理论解释战后英美货币关系，较为全面地将货币权力的理论和实践运用到具体的研究中，这也是本书的研究难点。

针对上述研究难点，笔者多次前往国家图书馆、上海图书馆等搜集材料，请国外的朋友和出国访学的同事帮忙复印和购买相关材料，尽可能地为本书提供全面的原始档案和文献。在理论方面，本书从理论建构和实证分析两方面尝试突破。在理论建构方面，通过梳理中外学者关于货币权力的观点，提高本书的理论指导作用。在实证分析方面，按照货币权力的具体内涵和要求，尽可能系统和全面地掌握史料。选择典型事件，精炼史实，集中分析；咨询专家学者的建议，点面结合，突出案例分析的一般意义，确保实证的可行性和全面性。

四　研究方法

历史分析法。外交史研究的首要任务就是根据原始的、汇编成册的外交档案文献尽可能地重构对所要研究的历史事件的史实图景。对原始文献的研判与分析是本书所采用的最为基本和根本的方法。本书将以战后英美货币关系演变史为主线，以这一时期发生的一系列影响世界局势的重大事件为历史背景，借助档案、外交文献、历史参与者的书信和对话备忘录、文书报告以及权威的网络资源等，按照时间顺序有重点地选取不同阶段的典型事实进行分析，力争还原战后英美货币竞争和合作的真正动因。同时，以史为鉴，从货币的视角剖析战后英美特殊关系，重新思考货币权力对推动多边主义的兴起和发展起到的积极作用，对指导我国处理中美货币关系和参与国际金融新秩序的构建有重要参考价值。

系统分析法。对战后英美货币关系的论述涉及的学术领域可能包括战后英美经济、战后英美特殊关系和战后初期成立的一系列国际经济组织中英美主导国际经济和贸易制度之争的研究等。要想全面、系统地理解和阐释战后英美货币关系，必须借助大量的第一手资料，但是从一些重大事件参与者的日记、传记及回忆录等中可以看出他们对一些重大决策和事件的看法不同，甚至截然相反。这就必须从多方原始档案和文献中进行整体和系统的分析、比照与利用，只有这样才能还原历史事件的本来面目。

比较分析法。本书在理论和实践阐述方面都采用比较分析法。在理论演绎中应用比较分析的方法，利用货币权力的分析重现这一时期英美货币博弈的历史图景，分析美国和英国的货币权力变迁规律，试图理解国际货币关系的性质，在前人研究的基础上解释货币权力在战后初期美国和英国的实践和经验，这对于当今国际经济和政治的转型具有现实借鉴和启发意义。

第一章
二战前英美货币政策与布雷顿森林体系的建立

　　美国的经济总量在 20 世纪初就已经超过英国。通过价值操纵与融资制约等手段，美国在货币权力的竞争中彻底击败了英国，成就了自己的美元霸权宏业。正如牛津大学耶稣学院近代史研究员尼尔·弗格森（Niall Ferguson）所言，"大英帝国实际上是在英格兰银行手中失去的"[1]，美国取代英国成为世界霸主的最后一步正是货币权力的交接。美国加州大学伯克利分校经济学和政治学教授巴里·艾肯格林指出，尽管在布雷顿森林体系设计中，英国的方案已经被美国的方案取代，但英国在战后仍然想要恢复战前所享有的货币权力。[2]事实上，二战后世界经济的脉搏已经掌控在美国手中，布雷顿森林会议确立了以美元为核心的国际货币体系，被高估的英镑汇率为美国提供了价值操纵的机会，一旦英国的外汇储备消耗殆尽，英镑的固定汇率制就会变得无法维持。同样，对于包括英国在内的欧洲国家而言，其在

---

[1]　Niall Ferguson, *Empire: The Rise and Demise of the British World Order and the Lessons for Global Power*, New York: Basic Books, 2003, p. 296.

[2]　〔美〕巴里·埃森格林:《嚣张的特权：美元的兴衰和货币的未来》，陈召强译，第 50~53 页。

战后国内重建所需的巨额资金方面不得不依赖美国的援助，如果美国对英国实行融资制约，英国的经济复苏便会出现停顿，国内的财政危机就会不断恶化。这两方面的竞争劣势，早已注定英镑要丧失主导国际货币的地位，英国货币权力要被大幅削弱。

第一节　战前英国的货币政策

　　一个国家的货币具有价值尺度、流通手段、贮藏手段、支付手段和世界货币的职能，因此，货币政策是一个国家经济政策的重要内容之一。英镑作为英国的本位货币单位，从近代资本主义文明兴起以来就一直充当着国际贸易的主要结算货币，坚挺的英镑支付能力更是英国国家实力和崇高国际威望的象征，与大英帝国的命运休戚相关。[①]旧世界和新世界日益增强的相互联系和相互依存有助于解释北大西洋两岸财富的积累和流动。这种互补性促进了专业化，从而提高了其盈利能力，并为西欧国家（特别是英国）提供了可以在海外谋求利益的资本盈余。[②]

　　作为老牌帝国主义国家，英国这一拥有最广阔的殖民地和占有"世界市场"中心地位的"日不落帝国"，在历史上曾经无比辉煌，英镑从19世纪开始就在国际货币体系中占据统治地位。当时，英国是世界上最大的工业强国、最大的工业制成品输出国和最大的对外投资国，而且伦敦是最重要的世界金融中心，这使得英国控制了世界金融，其货币政策必然会影响其他国家的货币金融关系。因此，英镑作为一种国际货币出现，成为世界上使用最广泛的货币，发生在19世纪中期的国际贸易越来越集中在英国

---

① 张志前、喇绍华编著《欧债危机》，社会科学文献出版社，2012，第134页。

② William Woodruff, *America's Impact on the World: A Study of the Role of the United States in the World Economy, 1750-1970*, London: The Macmillan Press, 1975, p. 68.

之时。[1]英国在世界商业中的经济影响力、幅员辽阔的英帝国奉行自由贸易政策的经济优势、英国航运和保险等国际服务业的高效率以及资本输出的增加，所有这些都扩大了英镑在英帝国内外的国际使用。对于国际收支出现逆差的国家，英国为它们出口商品提供开放性的市场；它还对外提供短期和长期贷款，在这些国家发生外汇危机时，英国将充当最后贷款人的角色。所以，英国为维持国际货币秩序曾经起过重要作用，其货币政策曾经影响甚至支配过其他国家的货币金融关系。正因为如此，英国获得了控制世界金融的特权。由于伦敦资本和货币市场的快速国际化以及在伦敦和在提供初级产品的国家设立的用于海外经营的银行数量的快速增长，英镑在1860~1913年成为大约60%的世界贸易的融资货币，同期英国从海外购买40亿英镑长期证券的能力得以实现。因此，伦敦的海外银行总数从1842年的10家增加到19世纪90年代的120家以上。[2]

在第一次世界大战前夕，伦敦金融城和英镑体系已发展成为促进国际金融交易的复杂而高度制度化的结构。通过利率机制从欧洲金本位国家吸引短期资金的能力（当英国央行的黄金储备面临压力时提高货币市场的利率）使英国能够在1850~1913年维持国际收支的总顺差。[3]因此，国际英镑体系导致英国资本主义对世界经济状况的极端依赖。英国能否继续保持国际投资和世界市场的增长取决于国际贸易水平的高低、英国继续长期输出资本能力的高低以及海外领土吸纳英国商品和服务倾向的强弱。

1914年第一次世界大战的爆发实际上阻止了来自伦敦的信贷流动，尽管大多数国家继续将本国货币与一定数量的黄金等值，但它们采取行动阻止

---

[1]　David Williams, "The Evolution of the Sterling System," in C. R. Whittlesey and J. S. G. Wilson (eds.), *Essays in Money and Banking*, London: Oxford University Press, 1968, pp. 266-267.

[2]　David Williams, "The Evolution of the Sterling System," in C. R. Whittlesey and J. S. G. Wilson (eds.), *Essays in Money and Banking*, pp. 268-270.

[3]　Albert Henry Imlah, *Economic Elements in the Pax Britannica: Studies in British Foreign Trade in the Nineteenth Century*, Cambridge, Mass.: Harvard University Press, 1958, pp. 70-75.

国际黄金出口和关闭自由黄金市场。这场战争动摇了本已不稳定的金本位制的基础,这种制度只是在货币以黄金为基础这一微不足道的意义上继续存在。^①从这一时期开始,英国经济显然不再能够为英镑发挥国际金融作用提供其所依赖的物质基础了。

随着欧洲国家(主要是英国)在美国价值约 30 亿美元的投资以及 J.P. 摩根银行和纽约联邦储备银行一战后向英国提供的总计 3 亿美元美国贷款的清算,大西洋货币资本流通的控制专家组有效地从伦敦转移到纽约,这将美国从世界上最大的债务国转变为世界上最大的债权国。^②巨额债务的累积、海外投资的削减、巨额长期资本输出的终止和无形收益的损失意味着英国经济无法支持英镑作为国际货币的使用,特别是在美元强势和可自由兑换的情况下,这说明美元是最明显的替代英镑的候选货币。虽然 J.P. 摩根(J. P. Morgan, Jr.)和托马斯·拉蒙特(Thomas Lamont)等美国国际货币资本的代表们试图使纽约成为世界银行和金融的地理中心,且英国的经济基础和在政治上保障英镑体系的能力几乎全部遭到破坏,但英国原有的体制结构和阶级基础仍然存在。

除了美国普遍存在的民族主义情绪外,三大障碍阻碍了纽约成为世界金融中心。银行体系高度分散的结构、罗斯福新政时期制定的严格限制各存款机构财务运作的规章制度、缺乏对股东直接利益进行风险评估和管理自主权的经验,这些都是导致世界金融中心转移延缓的原因。此外,英国对世界市场的依赖意味着,尽管其经济相对衰退,但英镑在商品的生产和国际流通上发挥的国际作用仍旧是至关重要的。

---

① Fred L. Block, *The Origins of International Economic Disorder: A Study of United States International Monetary Policy from World War II to the Present*, Berkeley: University of California Press, 1977, p. 14.

② Kees van der Pijl, *The Making of an Atlantic Ruling Class*, London: Verso Books, 2012, p.42; Fred L. Block, *The Origins of International Economic Disorder: A Study of United States International Monetary Policy from World War II to the Present*, Berkeley: University of California Press, 1977, p. 16.

因此，美国和英国的货币资本高度相互依赖成为两次世界大战期间金融体系的特点，英国为恢复金本位制提供制度安排，而美国实际上为英镑作为主要的国际货币来使用提供担保。美元的地位并未随着纽约成为主要国际银行和商业中心而提升。罗斯福新政反映出的美国分散的、不相称的银行网络 [1] 和阶级利益的结构凸显了美国经济问题的民族主义解决方案，这就在很大程度上排除了将纽约和美元的概念作为新国际货币秩序支点的国际主义解决方案。在英国经济疲软、美元无力也不愿承担英镑在 1914 年之前所承担的国际货币角色的情况下，1931 年的金融危机结束了金本位制，使世界迎来了长达 10 年的外汇管制。英国关于加强帝国特惠制的《渥太华协定》的谈判，以及美国颁布的斯姆特－霍利关税法（Smoot-Hawley Tariff Act）和实施数量限制等保护主义法案，最终导致出现了定义松散的货币集团的混乱状态。

在这一时期，主要由英国自治领（加拿大除外）、英国殖民地、埃及、芬兰、瑞典、丹麦、挪威、葡萄牙、爱沙尼亚和暹罗组成的英镑集团，包括加拿大在内的松散美国集团，欧洲的黄金集团共同组成了当时的国际货币体系，这三个日益对立的集团不能成为未来国际资本扩张的基础。1945 年以前国际货币体系的混乱，导致美国和英国的有识之士开始寻求建立战后的国际货币新秩序。

美国的主流观点认为，在不从根本上改变英镑原有的既定角色或伦敦金融城的中心地位的情况下，建立一个以美国发挥更负责任的稳定作用为前提的新的国际体系，这一设想成为美国与英国谈判的主要解决方案。然而，这一解决方案并没有解决英国经济相对疲软的问题，而英国的经济问题则是1945 年以前国际货币体系混乱的主要原因。同时，战时的债务和破坏以及

---

[1] Geoffrey Ingham, *Capitalism Divided?: The City and Industry in British Social Development,* Basingstoke: Macmillan Education, 1984, p. 203; Michel Aglietta, "World Capitalism in the Eighties," *New Left Review,* No. 136, 1982, p. 13.

在世界生产结构和全球对国际贸易商品的需求上出现的严重分配不公等问题给英国带来了新负担。

因此，在艾德礼政府上台之时英国经济在国内外的地位已岌岌可危。即将到来的国际收支逆差和巨大的英镑余额比例等问题，构成了英国政府就贷款问题与美国进行谈判的主要经济理由。然而，双方也在深入考虑根本的贸易和生产不平衡以及国际货币体系混乱的状况，这也是两国谈判者在调整英国资本积累的各种尝试中所面临的真正问题。

一国货币权力必须以强大的经济实力为支撑，虽然拥有货币权力的国家可以缓解失衡调整的压力、享受过度特权以及发挥货币政策的溢出效应，但如果失去了实体经济支撑，其在货币权力竞争中是无法获胜的。由于一战导致世界经济动荡不断，英国在英镑兑换基础上建立世界多边主义的打算从一开始就注定要失败。1914 年以前的国际结算模式主要是英国通过与澳大利亚、西非以及最重要的印度之间的贸易顺差来弥补其与欧洲大陆和美国的赤字以保持平衡，而这种国际结算模式在 1918 年到 1939 年勉强"存活"下来。二战之前，英镑是最主要的国际外汇储备，与黄金具有等同作用。

因此，战后英镑政策的中心内容之一就是保卫英镑作为主要的储备资产和交易手段的功能，保持世界各国对英镑的信心，因为它象征着大英帝国雄厚的国家实力和崇高的国家威望，具体就是维持英镑兑美元的定值较高的汇率，实现英镑和美元自由兑换。战争刚刚结束时，1 英镑的定值为 4.03 美元。

由于 1929~1933 年史无前例的经济大危机，世界各主要资本主义国家掀起了贸易战、关税战、货币战，一战后恢复的国际金本位制不复存在。但是，在资本主义经济不平衡发展规律的作用下，到 20 世纪初期，英国在经济领域的统治地位开始动摇，无论是在国际贸易还是在国际金融市场上都遭到其他资本主义国家的挑战，逐渐丧失了部分国际货币秩序的控制权。从第一次世界大战到 20 世纪 30 年代的经济危机，英国经济已明显呈现衰落的趋势。第一次世界大战以后，由于战争的损失和国际收支逆差，英国已从当年的债权国沦为债务国，黄金奇缺，1920年，其贵重金属储备只有1.7亿英镑。20世纪30年代资本主义世界经济危机以后，海外投资收益又急剧下降，国际收支平衡方面出现严重问题。

第二次世界大战的爆发使英国的经济遭到严重破坏，生产萎缩，出口贸易下降，国外投资损失重大，外债急剧增加，黄金储备大量减少，经济实力受到极大削弱。二战开始后，英国实施外汇管制，实行"英镑区美元池"安排，而英联邦国家则持有大量不可兑换的英镑结存。战争结束时，英国已经负债累累，财政赤字累计高达100亿英镑。英国海外债务达到33.55亿英镑，其中欠英镑区27.23亿英镑，欠其他地区6.32亿英镑。为了偿还债务，英国被迫出售了10亿英镑最有利可图的海外资产，增持了37亿英镑的海外短期债务，国内投资减少31亿英镑。上述损失加在一起，相当于英国损失了战前国家财富的1/3。[1]出于各方面的原因，英国在世界上的经济地位和金融实力已大不如前。

当然，作为老牌帝国主义国家，英国虽然经过两次世界大战的浩劫，但其经济和政治实力并未因此而丧失殆尽，尤其是在货币金融领域，其仍然拥有一定的实力，英镑还是资本主义世界的重要储备货币之一，国际贸易的40%左右是用英镑结算的，伦敦依然是国际金融重要中心，帝国特惠制和英镑区的存在都使英国在资本主义世界还能保持相当重要的地位。[2]因此，英国确定的奋斗目标不仅是通过多边经济合作为复兴战后英国的经济、扩大国际贸易与合作、繁荣经济筹措资金，还包括竭力保持它在国际货币金融领域的统治地位，即在国际金融新体制的领导权问题上，至少要与美国平分秋色。

---

[1]　M. W. Kirby, *The Decline of British Economic Power since 1870*, London: Allen & Unwin, 1981, p. 82.

[2]　王立中主编《国际货币发展的趋势与对策——埃居与国际货币制度》，中国经济出版社，1995，第28页。

由于美国 1941 年《租借法案》的实施,英国才能幸免于破产,继续同德国法西斯作战,因此英国人很早就认识到了美国"钱袋子"的重要性。《租借法案》的核心是美国决心让美元取代英镑成为世界货币。即使美国人保证提供援助,他们的支持也取决于他们监督英国出口的能力,因此限制了英国的财政独立。[①] 虽然英国人暗地里以自己的"智囊"地位聊以自慰,但是这一同盟随着胜利的到来而变得越来越不平衡,尤其是当胜利到来之后,英国人发现战前富足的他们将沦落为国际乞丐,不得不向美国借债度日。战争的突然结束带给英国的第一个后果就是《租借法案》的突然终止。美国新任总统杜鲁门坚持法律规定和政府给予国会的明确保证,在日本投降两天后决定立即停止所有租借物资的运输。美国不仅没有给出新的合同,而且要求英国支付正在运输的物资费用,还准备了一份库存清单,列明仍在英国控制下的所有物品。因此,在未经事先协商的情况下,美国单方面撤回了向英国提供的大约 2/3 的资金,而这些资金却是英国弥补在 6 年的战争中出现的 100 亿英镑的外部赤字所必需的。[②] 原因是美国实业界想巩固自己在战争期间所获得的经济优势,同时它们也过低估计了二战给英国带来的损失,依然把英国看成它们潜在的贸易对手。

早在 1945 年 3 月,美国国会就坚持认为《租借法案》应该随着战争的结束而终止,而不应该被用于战后救济、恢复和重建。[③] 令英国舆论界感到震惊的是,美国在《租借法案》问题上采取的单方面行动和对造成如此不公平局势的漠视。自 1942 年 2 月以来,英美一直在互惠的基础上提供援助,尽管英国是一个非常庞大的净受援国,但它对规模小得多、已经捉襟见肘的经济体美国投入了大量资金。正如英国经济学家罗伊·艾伦(Roy Allen)爵

---

① Michael Holm, *The Marshall Plan: A New Deal for Europe*, New York: Routledge, 2017, p. 15.

② Alec Cairncross, *Years of Recovery: British Economic Policy, 1945-51*, New York: Methuen, 1985, p. 4.

③ Alec Cairncross, *Years of Recovery: British Economic Policy, 1945-51*, p. 4.

士所指出的那样，"相对于它的资源，英国对美国以互助援助形式所做的贡献可能远低于美国对大英帝国以租借援助形式所做的贡献，但肯定不会少太多"①。英国根据《租借法案》获得的援助并不是无条件的，就像英国对苏联的援助和英国提供的互惠援助一样，它允许英国最大限度地展开军事行动，却增加了英国在恢复和平后发生经济崩溃的风险。②

情况确实令人震惊。正如艾德礼 1945 年 8 月 24 日在下议院解释的那样："当然，我们只能逐渐复员和重新转变，而我们的战争组织在很大程度上所依赖的支持突然停止，使我们处于非常严峻的财政状况……在日本战败前夕，我们的海外支出……每年约 20 亿英镑，其中包括我们迄今为止通过《租借法案》获得的但现在必须支付的基本食品和其他非军需物资费用。在1945 年，我们的出口贡献了 3.5 亿英镑和某些收入来源，其中一些主要是临时性的费用，例如美国驻我国军队的收入和我们代表各自治领支付的 4.5 亿英镑的战争开支。因此，我们开始重建我国经济和减少我们的海外承诺的任务的最初赤字是巨大的。"③

在英国举全国之力的战争动员中，英国支付国计民生不可或缺的进口商品的能力受到了严重影响。首先，允许出口降至战前水平的 30%。造成这种情况的一个原因在于对原材料使用的限制，以消除人们对根据《租借法案》提供的原材料进入出口市场与美国商品竞争的任何怀疑。直到 1944 年 11 月，英国才开始向美国寻求任何的让步。但是，《租借法案》义务的限制是次要问题。作为总战略的一部分，英国有意减少出口，目的是尽可能多地解放英国人力去进行战争。对此，艾德礼曾说："这对我们来说是可能的……以前所未有的力度调动我们的国内人力投入战争……不用支付进口食品和原材料

---

① R. G. D. Allen, "Mutual Aid Between the U.S. and The British Empire, 1941-45, " *Journal of the Royal Statistical Society*, Vol. 109, No. 3, 1946, p. 262.

② Alec Cairncross, *Years of Recovery: British Economic Policy, 1945-51*, p. 5.

③ HC Deb, Aug. 24, 1945, Vol. 413, Col. 956.

的费用,也不用支付我们在国外消费的现金。然而,这是我们与我们的盟国之间正确的分工,这一事实使我们在援助来源枯竭时的处境比那些一直向我们提供援助的国家的情况更糟。"[1]

战后初期,各国都面临"美元荒":英国自身出口能力不足,进口需求旺盛,其需要美元;持有大量英镑结存的国家也亟须将英镑兑换成美元。从这个意义上,英镑的国际储备货币地位已经名存实亡。

第二节　战前美国的货币政策

1913 年 12 月 23 日,美国联邦储备系统(The Federal Reserve System,简称"美联储")宣告成立。美国联邦储备委员会成为美联储的核心管理机构,办公地点位于华盛顿特区。3 年多后,1917 年 4 月 6 日,美国国会投票通过美国正式参加第一次世界大战的决议。美联储面临的任务是帮助财政部筹措战争费用。它承担了代理国库融资的任务,同时帮助财政部推销公债。方式是利用贴现窗口贷款给商业银行,由它们买公债并以公债为担保向美联储借款。战时融资使货币供应大大增加,1919 年到 1921 年出现通货膨胀型繁荣,此后即进入萧条。美联储受到批评:在通货膨胀时未收紧银根,而在转入萧条后仍维持高利率(防止黄金外流),这加剧了经济危机。这说明美联储尚未意识到此时需要执行"逆风向而行"的调节经济政策,即采取"相机抉择"的货币政策来调节经济。

1918 年以后,尽管欧洲大陆、英国与美国都出现了赤字,但是美国成为世界上最大的债权国和资本输出国。直到 1928 年,欧洲对美元的需求才通过诸如道斯计划之类的权宜之计以及美国短期资金的流出得到满足。然

---

① 　HC Deb, Aug. 24, 1945, Vol. 413, Col. 955.

而，在 1929 年，从美国流向欧洲的资本开始逐渐消失，而在 1931 年，这种情况被颠倒过来。美国经济既没有为其商业竞争对手提供大量的市场机会，也没有提供长期贷款，由此产生的从美国经济中赚取美元的困难导致了区域 / 双边贸易组织的出现。尽管 20 世纪 30 年代，在帝国特惠制的推动下，在英联邦和帝国内部实现了自给自足，但多边结算仍有可能实行，主要原因在于英国想利用在英镑区内新开采的黄金来弥补其美元赤字。[①]

1922 年到 1929 年美国经济持续繁荣，物价较为稳定。1923 年凯恩斯指出，发达国家的中央银行单凭一己之力无法"管理"世界货币体系。[②] 中央银行有意识地调控货币信贷以促进经济稳定发展，放弃了古典的货币信用在金本位制下的"自动调节"作用。20 世纪 20 年代，美联储利用公开市场政策和贴现率来稳定经济。美联储还为实现两大目的而努力。其一，为了帮助恢复第一次世界大战后的国际金本位制，美联储在 1927 年采取宽松的货币信贷政策，使外国获得黄金来维持其金本位制。其二，这时正值 1929 年前美国股票市场狂热、投机盛行之时。美联储本应收紧银根，抑制投机，但又怕收紧银根会影响经济繁荣，因此不得不放松银根。在 20 年代末美联储已陷入进退维谷之境，处于失控状态。同时，美联储也发现，如果维持金本位制，这会与国内经济稳定有矛盾。

1929 年到 1933 年美国处于严重的大萧条时期。其间银行经历了 3 波大倒闭高潮。1931 年 3 月到 1933 年 3 月，货币存量大大下降。当 1931 年英国放弃金本位制后，美联储因怕黄金流失而提高利率，而当时本应扩大货币量来解救危机，结果使危机发展得十分严重。[③]

---

① Elliot Zupnick, *Britain's Postwar Dollar Problem*, New York: Columbia University Press, 1957, pp. 37-38.

② John Maynard Keynes, *A Tract on Monetary Reform*, London: Macmillan and Co., Limited, 1923, p. 204.

③ 具体参见 Robert A. Degen, *The American Monetary System: A Concise Survey of Its Evolution since 1896*, Lexington: Lexington Books, 1987, pp. 202-203。

1933 年罗斯福总统上台后，美国政府大力干预经济，对货币金融体系进行大改革，对证券市场加强管理，引入国家存款保险办法，颁布规定利率上限的 Q 条例，规定购买借款股票时的个人垫款比例；把投资银行和商业银行分离。同时，其大力加强美联储的权力，将权力集中在总裁委员会和公开市场委员会手中。从 1933 年到 1937 年，黄金大量流入美国，基础货币大量增加，商业银行拥有大量的过剩储备。美联储当时为了吸收商业银行的大量过剩储备，提高储备率和贴现率，紧缩银根，这加剧了 1937~1938 年的经济衰退，美联储的货币政策受到批评。在 20 世纪 30 年代大萧条后，经济的复苏主要靠赤字财政的刺激，货币政策的作用不大。而且当时凯恩斯的收入－消费理论兴起，他认为，在经济危机时即使利率非常低，厂商因利润前景也不愿借钱。因此货币需求弹性很低，即使增加货币量对利率和花费也没有什么大的影响，对生产与就业无补，只有财政花费才能刺激经济回升。这也是当时重视财政政策的原因。

随着 1914 年以后福特主义积累战略的实施，美国资本在世界经济中获得了无可比拟的竞争地位，美国的对外经济政策可以从威尔逊的国际主义到杜鲁门的大西洋"普世主义"主张中体现出来。这种观点掩盖了罗斯福政府时期所经历的重大外交政策冲突，尽管这种冲突并不只发生在罗斯福政府时期。在罗斯福的任期内，这种冲突非常严重，直接表现为财政部和国务院之间的斗争。美国国务院由科德尔·赫尔（Cordell Hull）、艾奇逊和克莱顿领导，他们提倡在世界多边主义的背景下，利用美国的巨额出口顺差来刺激国内经济，由摩根索和怀特领导的财政部则不仅赞成扩大罗斯福新政中的国内政策的实施范围，而且赞成在追求充分就业的国家资本主义世界体系中，即在国际上应用罗斯福新政，建立向欠发达地区输送资本以促进国际货币稳定的国际机构。财政部观点的最终失败，在一定程度上是由美国工人阶级的组织混乱造成的，工人阶级本来可以从财政部的计划中获得巨大利益，但是由于工人阶级支持的共和党缺少支持，杜鲁门在罗斯福 1945 年 4 月去世后掌权。随后，财政部重新洗牌，由弗雷德·文森（Fred Vinson）接替摩根索。文森是一名保守的南方民主党人，对国际经济持有与国务院相同的观点，这进一步削弱了怀特的影响力，导致工人阶级无法获得巨大利益。然而，20 世纪 40 年代初，美国财政部在斗争中短暂处于上风，这在《布雷顿森林协定》的条款制定中体现出来，该协定留下了它的深刻印记。除非美国在政策制定这一点上承认财政部所代表的利益结构，否则很难理解在布雷顿森林会议上提出的国际货币体系构想的实现，因为它的条款与美国国务院政策的某些方面有强烈的冲突。而在《英美财政协定》（Anglo-American Financial Agreement）谈判之前，美国国务院重新占据了主导地位。

在布雷顿森林小镇签署的协定条款源于怀特早先提出的关于国际稳定基金和国际银行的概念。经过参会国在包括与凯恩斯以及其他人协商后的各种妥协，最终达成了建立国际货币基金组织和国际银行两大国际金融机构的协定，而建立两大机构的目的就是促进国际贸易的扩大，增加和维持高水平的就业和实际收入。该协定的 44 个缔约国被允许在战后 5 年的过渡期内维持对当前交易的限制，在此之后，将在协商后决定是否延长使用限制的期限。[1]除了旨在提供稳定有序的汇率的措施外，国际货币基金组织将拥有 88 亿美元的黄金和本国货币的资源，各国可以从中提取资金，以纠正其国际收支的失衡。此外，长期盈余的国家可能会宣布本国货币稀缺，并受到其他成员国的贸易歧视。因此，许多提案被技术问题困扰。例如，"稀缺货币条款"规定，一种货币只有在各国行使其在国际货币基金组织下的全部提款权，并使用其"配额"从国际货币基金组织购买有关货币以换取本国货币之后，才会

---

[1]　E. M. Bernstein, "A Practical International Monetary Policy," *The American Economic Review*, Vol. 34, No. 4, 1944, p. 781; Fred L. Block, *The Origins of International Economic Disorder: A Study of United States International Monetary Policy from World War II to the Present*, Berkeley: University of California Press, 1977, p. 51.

变得稀缺。但是，对于经常使用提款权的国家来说，提款的程度和速度受到限制，而且利率越来越高，国际货币基金组织借入相关货币的能力也越来越高。例如，这一条款使美元在国际货币基金组织内保持良好的供应，而其实际上在战后几年非常稀缺。[①] 因此，虽然《布雷顿森林协定》带有明显的罗斯福时期美国财政部的烙印，但这也使美国国务院官员们对这些协定条款的不满情绪日益高涨。

美国国务院在恢复对外经济政策制定上的主导地位的过程中，确立了美国国际主义政策的优先目标，其是基于两个基本原则：首先是最大限度地提高美国的产量，其次是最大限度地扩大美国与全世界的贸易量。其倡导最惠国条款，该条款规定，任何国家不能在不向所有其他国家让步的情况下，给予邻国或盟国任何形式的特惠。美国倡导的多边主义世界经济在维护市场规律的同时消除政治干预，允许贸易和资本跨越国界自由流动，为美国资本的大规模国际扩张创造必要的市场和投资机会，确保巨额出口顺差，并促进美国银行和工业的增长。这一总体目标首先是整合西欧的资本循环，其次是将西欧整合到并不包括苏联和东欧国家在内的美国主导的世界经济结构中，这必然会使英国深受美国具体政策的影响。

美国国务院把英国视为其战略的重点，在两条战线上实施对英国的围攻。在第一条战线上，在非歧视政策方面，美国国务院认识到最惠国条款的条件形式是一个相当无效的实际基础，因此寻求更广泛和严格的非歧视性适用规则。具体而言，它寻求取消1932年在渥太华正式确立的英帝国特惠制度，并废除所谓英镑区美元池机制的歧视性条款。

自1941年8月第一次双边接触以来，美国国务院一直试图让英国承诺取消帝国特惠制。帝国特惠制的延伸削弱了英帝国之外的国家赚取外汇以购买帝国原材料的能力，因为"获得原材料并不意味着，也不可能意味着任何

---

① J. Meade, "Bretton Woods, Havana, and the UK Balance of Payments," *Lloyds Bank Review*, No.7, 1948, pp. 1-18.

国家都可以在其境内获得所有原材料的来源"，"能够获得原材料并不意味着拥有殖民地。它意味着在世界市场上的有效购买力"，"这将需要从国外进口大量的资本货物和工业原料"，而"获得原材料最终意味着进入世界上最大的购买市场"。① 作为"世界上最大的购买市场"，英帝国覆盖了地球陆地面积的 1/4，拥有世界第二大经济体，并控制着一种重要的世界储备货币——英镑，美国对其觊觎已久，而帝国特惠制是维系殖民体系生命线的重要制度和纽带，美国必欲废除帝国特惠制而后快。

作为被英国内阁称为"政治炸药"② 的帝国特惠制，成为两国租借补偿谈判中的"绊脚石问题"。美国谈判代表认为帝国特惠制本身就是一种歧视，非常令人反感。英国战时内阁则认为，"我们不应该为了从《租借法案》中获得的利益而针对我们的帝国特惠制做出承诺。如果我们要改变我们的帝国特惠制，这应该作为从其他国家获得经济让步的谈判的一部分来进行"，为了维护英国"和美国之间的良好关系，重要的是，我们应该向他们清楚地表明，如果美国迫使我们签署一项涉及帝国国家之间干涉的协议，将会引起什么样的强烈情绪"。③ 在英国的坚决抵制下，谈判最后上升为两国最高领导人罗斯福和丘吉尔的直接沟通和互相保证。罗斯福分别于 1942 年 2 月 4 日和 2 月 11 日两次致电丘吉尔，承诺"不要求废除帝国特惠制"，《租借法案》第 7 条修订草案"不包含任何这种承诺"，同时"我想非常明确地告诉你，我们绝不会试图以任何方式要求你将帝国特惠制作为换取《租借法案》的考虑因素"。④ 丘吉尔也希望罗斯福体谅自己的难处，分别于 2 月 7 日和 2 月 12 日回复罗斯福，表示："我发现，在关于这个问题的第二次会议上，内阁

---

① British Information Services, *United Kingdom Tariffs and Imperial Preference*, New York: British Information Services, 1945, pp. 811-812.

② Randall Bennett Woods, *A Changing of the Guard: Anglo-American Relations, 1941-1946*, p. 348.

③ PRO, CAB 65/25, WM 17 (42), Feb. 6, 1942, p. 90.

④ United States Department of State, *FRUS*, 1942, Vol. I, p. 536.

更加坚决地反对把帝国特惠制作为换取《租借法案》的考虑因素。我一直反对或不太赞成帝国特惠制……内阁的大多数成员认为，如果我们为了《租借法案》而放弃帝国特惠制，那么我们应该接受对大英帝国内部事务的干预，这将导致议会中危险的辩论……我们的全部目标是与你们为建立一个自由、繁荣的战后世界而一起努力合作。因此，我诚挚地希望你能体谅所有这些难处，并努力通过外交部和国务院的帮助推进我们提出的建议"[1]；"我非常感谢你所说的一切，这完全解决了我的难处。……当有人问我时，我将从我自己的立场阐述我对这份公开文件的看法，我的观点将在你们的保证范围内。我不打算引用你的话"[2]。

在英国的据理力争之下，长达 1 年的租借补偿谈判尘埃落定，帝国特惠制虽然得到了捍卫，但是 1942 年 2 月 23 日英美两国在华盛顿签署并立即生效的《英美互助协定》中，英国最终还是接受了第 7 条的规定："在最终确定英国政府为换取根据 1941 年 3 月 11 日国会法案提供的援助而给予美国的回报收益时，其条款和条件不应使两国间的贸易成为负担，而应促进两国间共同互利的经济关系和全世界经济关系的改善。为达到这一目的，这些（条款和条件）应包括美利坚合众国和联合王国共同商定的行动的规定，并欢迎所有其他志同道合的国家参加，目的在于以适当的国际和国内措施，扩大作为各国人民自由及福利的物质基础的生产、就业及商品的交换与消费；废除国际贸易中一切形式的歧视性待遇，削减关税和其他贸易壁垒。总而言之，为实现 1941 年 8 月 12 日美国总统和英国首相发表的联合声明中提出的一切经济目标而努力。两国政府应尽早开始对话，以便根据各自的经济状况，确定通过各自商定的行动和寻求其他志同道合的政府采取协同行动来实现上述

---

[1]　Warren F. Kimball (ed.), *Churchill and Roosevelt: The Complete Correspondence, Volume I: Alliance Emerging, October 1933-November 1942*, London: Harper Collins Publishers, 1988, p. 351.

[2]　Warren F. Kimball (ed.), *Churchill and Roosevelt: The Complete Correspondence, Volume I: Alliance Emerging, October 1933-November 1942*, p. 360.

目标的最佳途径。"①

　　美国通过最终的让步，从法律上落实了美国的战后国际经济原则，特别是针对帝国特惠制的"歧视"一词进入了协定条文。第 7 条的规定似乎意味着英国在取消保护主义和歧视性安排方面做出了切实的让步。但是，将"共同互利的经济关系"作为降低关税和特惠先决条件的措辞削弱了这一约定。因此，英国之后在与美国的谈判中是否转向美国希望的多边主义，这将取决于其对这些条款和条件何时实现的主观解释。因此，英国印度事务大臣利奥波德·埃默里（Leopold S. Amery）的真实想法道出了此时英国的心声："为了我们自身的经济繁荣和稳定，以及尽可能维护整个大英帝国和英联邦的利益，我们应该保留对我们的对外贸易、货币和投资政策的完全控制权。我们必须自由地采取我们认为必要的任何措施来保护我们自己的生产，发展帝国特惠政策，利用我们与外国讨价还价的能力，并加强英镑体系这一奇妙的货币工具。我们绝不能做出以任何方式限制这种自由的国际承诺。"② 英国官员也一直明确表示，"英国取消外汇管制的承诺必须以国际收支完全恢复平衡为条件；帝国特惠制必须保持下去，尽管这种特惠可能会进一步减少"③，但是"特惠制是关税谈判的一部分"④，"这是一个重大的政治问题"⑤。

　　与布雷顿森林会议提出的解决方案相反，修订后的美国经济政策旨在立即废除外汇管制。1945 年 6 月，负责经济事务的副国务卿克莱顿在与英国财政部通信时表示："我们认为，对战时交易的外汇管制在商业价值的基础上限制了自由竞争，因此限制了自由企业……我们希望它们在可行的情况下

---

① United States Department of State, *The Department of State Bulletin, Vol. VI, No. 132-157, January 3-June 27, 1942*, Washington，D.C.: U. S. Government Printing Office, 1942, p. 192.

② PRO, CAB 66/47, WP 129 (44), Feb. 23, 1944, p. 2.

③ *FRUS, 1945*, Vol.VI, p. 38.

④ *FRUS, 1945*, Vol.VI, p. 91.

⑤ Susan Howson and Donald Moggridge (eds.), *The Wartime Diaries of Lionel robbins and James Meade, 1943-45*, London: Palgrave Macmillan, 1990, p. 226.

尽快结束。国务院支持制定有助于结束这种不愉快局面的措施。"①

美国采取的旨在结束这种"不愉快局面"的第二条战线，重点就是消除世界贸易增长的主要障碍，即英镑的不可兑换性和战时伦敦作为世界主要金融中心地位的衰落。美国决策者认识到英镑拥有一个可以利用的进行国际交易的体制结构，也敏锐地意识到战后世界将出现美元短缺，并认识到两种选择。一种选择是建立欧洲内部以及欧洲和英镑区之间的多边贸易，但只有在英镑是可兑换的基础之上，欧洲内部以及欧洲和英镑区之间的贸易才能在短期内以多边方式进行；另一种选择是建立在双边协议体系基础上的欧洲内部贸易。双边贸易的限制性将对促进效率提升和一体化的最可能自由的流动因素产生不利影响，因此这严重阻碍了美国的全球战略。由于纽约银行家仍不愿意推广美元和推动纽约成为世界主要金融中心，以及美国银行体系的不适应，英镑的重要性地位就更加突出。《布雷顿森林协定》的各缔约国就长达5年的过渡期达成协议，这再次威胁了美国的全球一体化战略。

为了解美国经济政策在经历这些困难之后的新情况，重要的是要意识到美国国务院根据所谓的关键货币建议，通过重新制定国际货币政策来规避《布雷顿森林协定》中固有的计划障碍。

《关键货币法》由纽约联邦储备银行副行长约翰·威廉姆斯（John Williams）、纽约第一国家银行行长莱昂·弗雷泽（Leon Fraser）和大通国家银行董事会主席温斯洛普·奥尔德里奇（Winthrop Aldrich）颁布，确定了战后国际货币秩序所必需的三个方面。首先，必须有关键货币英镑和美元之间的双边稳定协议，因为这些货币被认为是促进国际贸易的主要媒介，也是主要用于国际支付的货币。其次，必须允许非关键货币的汇率波动，并最终使其与关键货币有关的价值稳定下来。最后，也是最重要的一点，美国应该向英国提供大量信贷，以帮助稳定英镑，作为恢复货币总体稳定的第一步。因

---

①   Shigeo Horie, *The International Monetary Fund: Retrospect and Prospect*, London: Palgrave Macmillan, 1964, p. 92.

此,《关键货币法》的目标在于建立一个国际体系,在这个体系中,通常只有关键货币是可以兑换的,而且在货币事务方面,只需进行有限的国际合作。布雷顿森林体系未能认识到关键货币在国际贸易中的重要性,因此,在向国际货币基金组织提交建议时,美国提出的任何信贷延期只能通过双边谈判,而不是通过国际组织进行集中谈判来处理。

这些建议基本上代表了纽约银行家们对战后货币混乱局面的解决方案。该解决方案试图恢复伦敦与纽约在共同管理国际货币体系方面的金融和商业实力,同时在担保英镑的国际使用方面,美国的贷款(弗雷泽于1943年提出50亿美元,1944年奥尔德里奇提出30亿美元[1])将成为迫使英国推行美国式的多边贸易政策的金融杠杆。然而,纯形式上的关键货币建议隐含着建立货币集团的威胁,而忽略了普遍的国际经济合作。为了防范这种威胁,美国国务院将这些建议的主要内容与布雷顿森林体系折中的原则结合起来,最终达成了一项妥协,这项妥协实际上取决于英美两国根据关键货币建议的密切合作,但也允许美国能够在意识形态层面支持布雷顿森林体系所支持的关于真正国际合作的普遍性原则。

到1945年冬天,美国国务院已启动了一系列对外经济政策,为美国在华盛顿贷款谈判中的立场奠定了基础。在这一点上,美国并不只是寻求"世界市场的急剧自由化"[2]。根据关键货币建议,美国主要寻求英美通过旨在恢复英镑的可兑换性和消除歧视性做法的政策来重建国际货币体系,在以拥有优越的福特主义积累技术的美国资本为主导的多边世界经济结构的大背景下,这些政策将使一体化的西欧多边贸易和支付系统蓬勃发展。在此阶段,美国政策的重点是以英国为首的欧洲市场一体化,而不是美国贸易的快速自由化,因为实现保护主义利益仍然在美国国会中占据主导地位。因此,在华

---

[1] Raymond F. Mikesell, "The Key Currency Proposal," *The Quarterly Journal of Economics*, Vol. 59, No. 4, 1945, p. 569.

[2] Kees van der Pijl, *The Making of an Atlantic Ruling Class*, London: Verso Books, 2012, p. 144.

盛顿谈判之前，以在关键货币建议基础上向英国提供大量捆绑贷款的形式，金融杠杆政策深深影响了美国对外经济政策的多边战略。

第三节　布雷顿森林体系的建立与英美两种货币计划的斗争和合作

一　历史背景

第二次世界大战不仅使国际关系格局发生了巨大变化，而且使主要西方国家之间的力量对比发生了巨大变化，德国、意大利、日本 3 个战败国的经济濒临崩溃，英国、法国等欧洲国家遭到严重破坏，经济实力大大削弱，只有美国利用战争的机遇迅速地提升了自己的实力。二战期间，美国大发战争财。1940~1945 年，美国公司纳税后的利润高达 620 亿美元，平均每年 103.3 亿美元，约为 1936~1939 年每年平均纯利 55.8 亿美元的 1.85 倍。[1]战争期间，美国工业生产提高了 1.2 倍[2]；出口贸易急剧增加，从 1939 年的 31.92 亿美元增加到 1944 年的 153.45 亿美元[3]；向国外的投资也从 1940 年的 123 亿美元增加到 1945 年的 168 亿美元[4]；美国的黄金储备从 1938 年的 145.12 亿美元增加到 1945 年的 200.83 亿美元[5]；占资本主义世界黄金储备量的 59%[6]。因此，战后的美国力图在世界经济和政治领域建立自己的霸权。

[1]　U.S. Bureau of the Census, *Historical Statistics of the United States, Colonial Times to 1957*, Washington，D.C.: U.S. Government Printing Office, 1960, p. 580.
[2]　王绳祖总主编《国际关系史：第 7 卷（1945—1949）》，第 27 页。
[3]　U.S. Bureau of the Census, *Historical Statistics of the United States, Colonial Times to 1957*, p. 537.
[4]　U.S. Bureau of the Census, *Historical Statistics of the United States, Colonial Times to 1957*, p. 565.
[5]　U.S. Bureau of the Census, *Historical Statistics of the United States, Colonial Times to 1957*, p. 649.
[6]　王绳祖总主编《国际关系史：第 7 卷（1945—1949）》，第 27 页。

美国国务院其实早在战争期间就积极筹划在战后世界经济、政治领域建立其霸权地位的计划，希望达成一项多边协定，在世界各地减少贸易壁垒，消除歧视性贸易政策，以便推行其对外扩张政策。美国政府认为，战后美国对外经济扩张的主要障碍是英镑区和英帝国特惠制、两次大战期间许多国家推行的外汇和贸易管制以及各种双边协定等中的所谓歧视性措施。因此，美国极力鼓吹所谓"机会均等"、经济自由和实行多边结算体系，试图把这些强加给各国，将之作为战后国际经济关系的基本原则。在经济领域，美国打算从金融、投资和贸易等方面进行对外扩张，而争夺世界金融霸权在美国整个对外经济政策中占有极其重要的地位。因此，美国积极主张："战后国际贸易量的大幅增长对于在美国和其他地方实现充分有效的就业、保护私营企业以及成功建立防止未来战争的国际安全体系至关重要。为了在非歧视的基础上创造有利于最大限度地扩大国际贸易的条件，各国有必要摒弃两次世界大战期间的贸易限制和贸易转移的做法，并合作减少政府在这一时期设立的贸易壁垒。除非大幅减少或取消过高的关税、进出口数量限制、外汇管制和政府其他限制贸易的手段，否则国际贸易就无法得到充分发展。"[1] 实际上，美国试图改变20世纪30年代以来资本主义世界国际货币金融关系动荡混乱的局面，建立一个以美元为中心的国际货币体系，谋求美元的霸权地位，使之在国际货币金融关系中处于领导地位。美国的这种野心逐渐暴露出来，受到当时英国的强烈抵制。

在战前，英国一直保持着世界经济的领导权，战争使英国的经济遭到严重破坏。英国的黄金和外汇储备从1938年8月的42亿美元急剧减少到1941年4月的0.12亿美元[2]，几乎到了枯竭的地步。从1939年9月到1945年6月，

---

① Harley A. Notter, *Postwar Foreign Policy Preparation, 1939-1945*, Washington，D.C.: U.S. Government Printing Office, 1949, p. 622.

② Judd Polk and Gardner Patterson, "The British Loan," *Foreign Affairs*, Vol. 24, No. 3, 1946, p. 431.

价值45亿美元的英国外国投资被出售或撤回[1]，对外贸易也大为缩减，许多海外市场已丧失。与此同时，英国对外债务急剧增长，仅欠美国的租借物资一项到战争结束时就达210亿美元[2]，英国已从债权国变为债务国，英镑的领导地位也逐渐受到美元的威胁。但是，英国在国际货币金融领域还是拥有一定的实力的，英镑的地位仍旧不易被撼动，伦敦还是重要的国际金融中心。特别是由于帝国特惠制和英镑区的存在，英国在国际金融和贸易领域还能保持相当重要的地位。

由于战争给英国经济带来严重损失，英美两国的经济实力出现很大的差距，英国已无法同美国在同等程度上展开竞争，它还面临怎样筹集巨额资金来进行战后经济重建以及如何缩小严重的国际收支逆差的问题。为此，英国在试图保持帝国特惠制和英镑区以抵制美国势力的渗透和扩张的同时，力争在战后国际金融领域，能与美国达成有利于自己的协议，以便获得美国的大量信贷资金来恢复其战前的经济地位，同美国共同分享世界经济的领导权，保持自己帝国的荣光。相反，美国要建立一个以美元为中心的国际货币体系，首先就是要击败英国，摧毁或者削弱英镑区，把英镑排除在"世界货币"之外。这也就是英美两国在建立战后国际货币体系问题上发生激烈争论和严重分歧的基本原因。事实上，美元的霸权地位正是在美元和英镑的斗争过程中形成的。

美国"从战争中脱颖而出，成为经济世界的巨人"[3]。战后美国凭借超强的经济和军事实力试图取代英国成为新的世界霸主。事实上，美国早在战争

---

[1] John C. Campbell, *The United States in World Affairs 1945-1947*, New York: Harper & Brothers, 1947, p. 358.

[2] *FRUS, 1949*, Vol.V, p. 743.

[3] United States, Congress, House, Committee on Ways and Means, *Reciprocal Trade Agreements Program: Hearings Before the Committee on Ways and Means, House of Representatives, Eightieth Congress, First Session: On the Operation of the Trade Agreements Act and the Proposed International Trade Organization, Part 1, March 26, 28 and 29*, Washington，D.C.: U. S. Government Printing Office, 1947, p. 4.

还未结束时就已经认识到国际金融的巨大力量，因此美国依据自身的政治和经济实力，按照维护自身利益的需要，召集国内的专家和技术官员开始设计国际制度、制定国际规则，打着国际制度和国际规则的旗号，维护自身利益，实施损害、干涉和控制其他国家的霸权主义行径。

二　作为英美妥协的《布雷顿森林协定》

还在战争期间，美英两国政府就各自从本国的利益出发，围绕战后国际货币金融关系问题进行筹划。

1941 年上半年，美国财政部长摩根索指示当时负责国际金融问题的助理怀特（Harry D. White）草拟关于战后国际货币问题的计划，结果，"联合与联盟国家国际稳定基金提案大纲初稿"（Preliminary Draft Outline of a Proposal for an International Stabilization Fund of the United and Associated Nations）于 1943 年 4 月正式公布。这项计划即一般所说的"怀特计划"（White Plan）。在大西洋的另一边，英国财政部指派英国经济学家凯恩斯于 1940 年 7 月开始负责草拟关于战后国际货币问题的计划，到 1943 年，美国正式发表怀特计划的同一天，英国也把凯恩斯制定的"国际清算联盟建议书"（Proposals for the International Clearing Union），即一般所说的"凯恩斯计划"（Keynes Plan），正式公布出来。

（一）怀特计划

怀特计划从美国当时拥有巨额黄金储备的现实出发，强调黄金的作用，竭力主张取消外汇管制和各国对国际资金转移的限制，以便于美国对外进行贸易扩张和资本输出。怀特计划[1]的主要内容，包括以下几点。

---

[1]　具体参见 J. K. Horsefield (ed.), *The International Monetary Fund, 1945-1965: Twenty Years of International Monetary Cooperation, Vol. III: Documents*, Washington，D.C.: International Monetary Fund, 1969, pp. 37-82。

1. 基金的目标

协助稳定联合与联盟国家及与其有联系的国家的汇率；缩短成员国国际收支失衡的周期并减轻其程度；为成员国之间的国际贸易和生产资本的顺利流动创造条件；促进有效利用由于战争局势而在一些国家积累的被冻结的外汇余额；减少阻碍国际贸易和生产资本国际流动的外汇管制、双边清算安排、多种货币工具和歧视性外汇做法的使用。

2. 基金的构成

国际稳定基金（简称"基金"）由成员国的黄金、货币及证券构成。基金总额至少为 50 亿美元，各个成员国的份额按照各国同意的公式计算，公式中应包含的变量包括一国的黄金持有量、自由外汇储备持有量、国际收支的数量和波动情况、国民收入等。每个成员国应在董事会规定的基金运作开始日期当日或之前足额缴纳其所占的份额。在其所缴纳的份额中，30%~50% 必须为黄金，具体缴纳的黄金量视各国具体情况而定，一国拥有的黄金和外汇储备越多，其需要缴纳的黄金越多。基金的资源完全是为了成员国的利益。

3. 基金的货币单位

基金的货币单位为"尤尼他"（Unita）。每一尤尼他的价值相当于 $137\frac{1}{7}$ 格令纯金（相当于 10 美元）。改变黄金与尤尼他的比价须经 85% 以上成员国投票同意。基金的所有账户以尤尼他为记账单位。各国货币的价值以尤尼他标示，与尤尼他的比价一经确定不得随意更改。

4. 汇率

成员国货币的初始汇率应以 1943 年 7 月 1 日通行的以美元计价的货币价值为基础。基金应确定成员国汇率的可浮动范围。若成员国想调整汇率，这只有在纠正其国际收支根本性失衡这一至关重要时刻，且只有在得到包括相关国家在内的 3/4 成员国投票同意时才应予以考虑。

5. 权力与运作

基金有权购买、出售和持有成员国的黄金、货币和政府证券；划拨和转移黄金；发行自己的债券，并将其提供给成员国贴现或出售。基金对某一成员国货币及证券的持有量第一年不能超过该国份额的150%，之后不能超过该国份额的200%。如基金对某一成员国货币及证券的持有量过少，基金将向该国提供报告。如基金中某一成员国的货币和证券即将耗尽，基金将通知该国，并设法增加对该国货币和证券的持有量。在一定条件下，基金有权从其成员国政府购买其他成员国所持有的冻结外汇余额。基金有权购买和出售非成员国的货币，除非得到董事会的同意，持有某一非成员国货币的总额不能超过1000万美元，时间不能超过60天。基金有权按比例向成员国征收费用。基金应仅与或通过成员国的财政部、稳定基金或中央银行以及成员国政府控股的国际银行进行交易，非经成员国政府允许，不得直接与成员国公众或机构买卖证券。

6. 管理

基金的管理权应授予董事会。各国政府任命1名董事和1名候补董事，由其组成董事会，任期5年。每一个成员国拥有基本票100票，在此基础上每拥有相当于10万尤尼他（100万美元）的份额可增加1票。任何成员国，无论其份额多少，都无权投出超过1/5的基本票。董事会应选出1名基金总裁和1名或多名助理。董事会应从其成员中选出并任命由不少于11人组成的执行委员会，将之作为基金的常设机构。

7. 成员国义务

以适当的行动维护汇率稳定，其汇率可在基金规定的特定范围内波动；不参与破坏汇率稳定的外汇交易；取消成员国之间的外汇交易限制（涉及资本转移的除外），未经基金允许不得采取任何附加限制（资本转移除外）；在基金批准的情况下，与其他成员国有效合作控制国际资本流动；不得参与其他新的双边清算安排或多边货币交易等。

从以上规定可以明显看出，怀特计划所提出建立的基金机构，实际上成了美国争夺金融霸权的工具。美国拥有最大的份额，取得了最大的否决权，单方面解决国际收支的顺差问题，而迫使债务国对国际收支的逆差进行单方面的调节，并且把美国作为国际金融中心，以取代过去英国的地位。

（二）凯恩斯计划

凯恩斯计划[①]则从英国当时的困境和需要出发，尽量贬低黄金的作用，其主要目的是既能获得解决国际收支逆差问题所需要的资金，又能维持英国国内外的金融政策，与美国分享资本主义世界的金融领导权。该计划的主要内容有以下几点。

1. 目的

创建一种在国家之间普遍可接受的国际货币工具，通过一种有秩序和商定的方法来确定国家货币单位的相对汇率，以便防止单方面行动和竞争性的汇率贬值。创建一种内部稳定机制来平衡国际收支，并创建一个纯粹技术性和非政治性的中心机构，由其协助和支持与规划和管理世界经济生活有关的其他国际机构。

2. 条款

列出了18条主要条款，包括"国际清算联盟"（简称"联盟"）的创建与管理、新创建的国际货币"班柯"（Bancor）的价值确定、各成员国的份额确定机制和国际贸易清算机制等内容。所有联合国家均被邀请成为创始成员国；联盟账户的记账单位为班柯，以黄金计值；成员国可用黄金换取班柯，但不可以用班柯换取黄金；各国都分配到一个份额，该份额以战前3年各国进出口总额的75%来计算；各国货币与班柯的比价固定；顺差国将盈余存入账户，逆差国可按规定的份额向联盟申请透支或提存；顺差国和逆差国承担同等的调整责任，当成员国的清算账户顺差或逆差超过其份额的25%时，其将被确定为收支不平衡成员，联盟将对其超额部分收取管理费，并要

---

① 具体参见 J. K. Horsefield (ed.), *The International Monetary Fund, 1945-1965: Twenty Years of International Monetary Cooperation, Vol. III: Documents*, pp.19-36。

求其采取相应的扩张或紧缩政策；规定联盟的行政办公室设在伦敦和纽约，董事会轮流在伦敦和华盛顿开会。

3. 应让债权国承担何种责任

强调顺差国和逆差国承担同等的调整责任。单个成员国的责任不是由其他成员国的份额决定的，而是由其控制的对其有利国际收支的政策决定的。联盟的存在并不剥夺成员国现在拥有的用于收取出口货款的任何便利。

4. 一些优势

旨在用扩张主义取代收缩主义对世界贸易施加压力，允许成员国享受一定数额的透支便利。班柯信用的积累丝毫不会削弱其生产或消费的能力或动机。用信用机制代替囤积机制也将在国际领域重演点石成金的奇迹。

5. 交易的日常管理

联盟恢复其成员国之间不受约束的多边清算，其建立旨在清算和结算各国中央银行（和某些其他超国家机构）之间的最终未结算余额，而不是为了个人交易或银行之间的日常业务交易，不会干涉或强迫各国的自由贸易。

6. 黄金的地位

该计划指出黄金仍具有无可争议的价值标准。联盟的目的是取代作为一种支配因素的黄金，而不是废除黄金。该计划创建的国际银行货币班柯以黄金计值，成员国可用黄金兑换班柯，但不能用班柯兑换黄金；而且班柯的黄金价值是固定的，在一定情况下其黄金比价可以改变。

7. 对资本流动的控制

该计划指出游资既不是贸易所必需的，也不会带来固定投资，因此对资本流动（包括资本流入和资本流出）的控制应成为战后体系的永久政策。控制国际资本流动并不是联盟的主要工作，其只是在维护国际资本平衡方面有相应的作用。联盟允许班柯透支，这不是旨在为无力偿还的债务国提供长期甚至中期信贷便利，而是为了给所有成员国在两个周期内留出进行调整的时间和喘息空间。

8. 联盟与商业政策的关系

新制度有助于分别对债务国和债权国总头寸的规模和去向进行登记，联盟的存在使签订商业协定的成员国能够将其各自与联盟的借贷状况作为一项检验标准。如果某一缔约国与联盟的债务余额超过其一段时期平均配额的特定比例，该缔约国就可以自由地诉诸进口管制或易货贸易协定，或诉诸在正常情况下该协定限制的较高进口税。

9. 联盟的其他国际目的

除了其主要目的外，联盟还可以实现具有高度重要性和有价值的其他目的，包括可以分别为负责战后救济、恢复和重建的国际机构，维护国际和平与维持国际秩序的任何超国家警察机构以及管理商品管制的国际机构设立账户；提供代表国际投资委员会收取相关国家的年度贷款的偿还金服务；通过各种方法运用其影响力来维持国际价格稳定和控制贸易周期等。

10. 过渡期的安排

各国将在战争结束前就联盟的一般原则达成一致，以期在敌对行动结束后将联盟早日投入运作，这将大有裨益。在各国对战后救济、恢复和重建筹资方式的了解比目前已知的更多之前，在过渡期，立即成立联盟不会与临时安排不相容，临时安排可以根据其他"救济"安排的性质采取替代形式，限定透支额度。

11. 结论

该计划要求成员国让步比其愿意让步的更多的主权权利，但与商业条约相比，让步的要求并不高。该计划中所有的义务将由成员国自愿承担，这为未来世界各国之间的经济秩序和"赢得和平"开创了新局面。

1943 年 4 月，凯恩斯计划和怀特计划分别对外公布。从 1943 年 9 月到 1944 年 4 月，英美两国政府的代表就国际货币计划问题举行了一系列会谈，双方针对有利于本国利益的计划据理力争，展开了长达半年多的激烈谈判。虽然两国政府均从本国利益出发，设计了战后新的国际货币体系计划，但是

"英国方案的定额和投票权与对外贸易直接挂钩……这一定则将置英国于堪与美国相抗衡的地位；而怀特方案使英国人不但依赖于对外贸易，而且依赖于其黄金持有量和国民收入的高低，这将大大地增加美国的份额。……美国方案的结构，与英国的方案完全不同，甚至可以说是英国方案的反逆"[1]。尽管英国和其他国家的舆论大都偏向凯恩斯计划，但是由于战后英国经济的虚弱和美国强大的经济实力，英国只好在凡是可以做出最有利的让步方面都给予了考虑，凯恩斯怀着沉重的心情放弃了自己主张的结构。[2] 但是，由于英国有求于美国，无奈地承认了盟友的强大和自己的衰落，而美国也想利用英国实力衰弱和有求于己的机会，对英国大施压力，经过双方的讨价还价，以英国的被迫让步而告终，英国放弃了国际清算联盟计划，接受了国际稳定基金计划并且同意基金对一切提款活动进行干预。美国则在汇率问题上做出了让步，同意成员国有权改变汇率以纠正国际收支方面出现的根本不平衡。最后双方协议在汇率变动不超过原平价 10% 时，基金无权反对汇率变动。在"稀缺货币"或"美元荒"的问题上，英国主张成员国有权实行歧视性政策，对美国进行限制和惩罚，促使其采取必要的调节措施，但美国坚决反对。后来双方达成妥协，规定基金可以限额分配"稀缺货币"，并允许成员国可以暂时限制这种货币的自由汇兑活动。至于国际收支有顺差的债权国，须注意考虑基金所提出的建议。在基金监督权问题上，美国也做出了让步，同意接受英国提出的"被动性"原则。此外，英国在战后经济恢复困难的情况下，还赢得了一个所谓过渡期的条款，即基金同意成员国在未能解决国际收支平衡问题的战后初期，有一个过渡期，在此期间仍然可以实施外汇管制和多种汇率或歧视性的差别汇率制度，并且同意暂不恢复货币的自由兑换。

1944 年 4 月，英美两国最终达成一致，共同发布了以怀特计划为蓝本

---

[1] 〔英〕R. F. 哈罗德：《凯恩斯传》，刘精香译，商务印书馆，1995，第 579~580 页。

[2] 〔英〕R. F. 哈罗德：《凯恩斯传》，刘精香译，第 592 页。

的《关于建立国际货币基金组织的专家联合声明》(Joint Statement by Expert on Establishment of An International Monetary Fund)。这项声明几乎包括了所有与建立国际货币基金组织有关的内容，也就是说是以怀特计划为依据的。[1] 这就为美国战后建立金融霸权地位奠定了基础。

三　以美元为中心的国际货币体系的建立

1944 年 5 月，美国总统向 43 个国家发出邀请，邀请它们参加 7 月在新罕布什尔州（New Hampshire）布雷顿森林（Bretton Woods）小镇举行的会议。会议将在联合声明的范围内讨论国际货币基金组织的建立事宜，并在可能的情况下审议建立世界银行的建议。为了便利会议的工作和解决许多细节问题，一组美国金融专家和随后来自其他 15 个国家的专家首先在新泽西州大西洋城举行了一次初步会议。该小组集中工作，努力处理一些尚未解决的问题，并提出一份较完整的文件。

1944 年 7 月 1 日，在美国新罕布什尔州的布雷顿森林小镇，召开了有 44 个国家 300 多位代表参加的联合国家货币金融会议（简称"布雷顿森林会议"），会议讨论了战后国际货币金融关系问题。

布雷顿森林会议本着完全合作与和谐的精神，在所有出席会议国家都希望找到最佳合作方式的共同努力下，探讨处理国际货币金融问题。每个国家都认识到，本国经济政策的有效性在很大程度上取决于 20 世纪 30 年代货币混乱和世界贸易增长障碍的消除程度。与此同时，尽管每一个国家都关心自己的利益，但在这种开明的利己主义气氛中，联合国家找到了相互有利的基础。

为了执行会议的工作，会议设立了三个技术委员会，每个代表团都派

---

[1]　具体参见 J. K. Horsefield (ed.), *The International Monetary Fund, 1945-1965: Twenty Years of International Monetary Cooperation, Vol. III: Documents*, pp.128-135。

代表参加这三个技术委员会。第一委员会由美国人怀特担任主席，负责制定国际货币基金组织协定；英国人凯恩斯领导下的第二委员会对国际复兴开发银行承担了同样的责任；由墨西哥人爱德华多·苏亚雷斯（Eduardo Suarez）博士担任主席的第三委员会将审议国际金融合作的其他方式。每个委员会又设立若干委员会，所有国家都派代表参加并处理大部分筹备工作。此外，还设立了许多小组委员会，以便处理出现的技术性和争议性较强的问题。作为一般规则，除主要委员会外，其他所有委员会在做出决定时不经正式表决。

美国凭借其在战争中膨胀起来的政治、经济实力，迫使与会国最终接受了美国提出的建立国际稳定基金的方案，《关于建立国际货币基金组织的专家联合声明》的核心条款被纳入了会议于 7 月 22 日通过的《国际货币基金组织协定》之中。会议最后通过了《联合国家货币金融会议最后决议书》以及《国际货币基金组织协定》和《国际复兴开发银行协定》两个附件（总称《布雷顿森林协定》），由此确立了美元与黄金挂钩、其他国家的货币与美元挂钩、实行固定（但可调整）汇率和经常项目可兑换的布雷顿森林体系。

《布雷顿森林协定》是一大群国家有意识地塑造和控制其经济关系的第一次成功尝试，而布雷顿森林体系是人类社会第一个通过政府合作建立的国际货币体系。以美元为中心的国际货币体系具有以下特点。

第一，美元与黄金挂钩。美元与黄金的平价被设定为 1 盎司黄金兑换 35 美元，美国政府承诺其他国家政府可以按照这个比率将其美元储备兑换成黄金。

第二，其他国家的货币与美元挂钩。其他国家的货币兑美元的汇率为一定的比率，波动限制在汇率的 ±1% 以内。当汇率波动超出这一范围时，除美国外，其他参与国的央行都有义务采取措施稳定本国货币与美元之间的汇率。但是，当参与国的国际收支不平衡使其货币兑美元的汇率无法稳定时，它可以在得到国际货币基金组织的批准后调整汇率。

第三，各国可以同时使用黄金和美元结算国际债权债务。因此，美元作为一种主权货币，通过成为国际流动性的手段，获得了与黄金同等的地位。

布雷顿森林会议上达成的协议是国际货币基金组织的总份额为88亿美元。在如何提供国际储备的问题上，美国作为世界"钱袋子"的地位最终确保了怀特计划的胜出。但在国际经济调整机制的问题上，由于英美两国都强调国内经济政策的自主性，不愿使本国的经济政策受国际监督和控制，作为国际调整的手段，汇率贬值和汇兑管制回来了。《国际货币基金组织协定》允许成员国在出现"根本性失衡"的情况下调整汇率，允许对"稀缺货币"实施汇兑管制。但关于盈余国和赤字国调整责任的争论则延续至今。

对英国而言，接受怀特计划是两害相权取其轻。英国需要恢复国际贸易，需要维持货币的适度稳定，需要解决英镑区封存的英镑结存问题。作为债权国的美国不可能接受凯恩斯计划中的"透支原则"以及由此连带产生的"货币扩张主义"和"美国最终贷款人责任"原则，所以英国要么接受怀特计划，要么维持战时的汇兑管制，要么像一战后那样向华尔街的私人金融家贷款。

怀特计划也并不是一个自私的方案。第一，它是一个多边主义的方案，旨在实现汇率稳定，停止货币战争。第二，它是一个国际主义的方案，为了建立国际流动性储备，美国投入了真金白银（美元），而其他国家投入的货币由于不可兑换实际上在国际贸易中用处不大，因此方案遭到了美国国会孤立主义者的强烈反对。第三，它是一个反华尔街的计划。怀特计划要求实施资本管制，这能够解决英镑区封存的英镑结存问题，但并不符合华尔街金融家的利益。第四，它承认了盈余国调整义务，为应对可能出现的"美元荒"而提出了"稀缺货币"条款。

尽管如此，英国战时内阁对于《布雷顿森林协定》仍然有分歧。反对主要来自意图维持英镑区的英国央行——英格兰银行和保守党中的帝国主义者。虽然凯恩斯凭借其声望在说服战时内阁和议会方面发挥了重要作用，但最终英国议会表决通过《布雷顿森林协定》，更多还是迫于国际收支平衡方面的困难和"美元外交"的压力。[①]

正如马克思所说:"金银天然不是货币,但货币天然是金银。"[②]即使在黄金被迫退出各国国内货币流通领域之后,它仍然是最值得信任的东西,并保留了其在国际货币流通中的作用。《布雷顿森林协定》的各项规定,特别是"美元与黄金挂钩及其他国家的货币与美元挂钩"这两个挂钩,使美元等同黄金,成了黄金的代表或等价物,这就确立了美元在战后世界货币领域的霸权地位。战后国际货币体系实际上是国际金汇兑本位制,也可称为美元—黄金本位制,或者美元本位制。

资本主义世界中的各国都用美元代替黄金作为清偿对外债务和国际结算的支付手段。许多国家都将美元作为主要的外汇储备,有些国家甚至还用美元代替黄金作为发行纸币的准备金。美国凭借自身的经济优势,不仅迅速地将美元推广到世界各地,还实际上充当了世界的中央银行。由于美元被视为"黄金",美国有充足的资金来支持和促进第二次世界大战后国际贸易和投资的快速增长,这就给美国进行对外扩张提供了极为有利的条件。

小　结

在经历了第一次世界大战和1929~1933年的世界经济大危机后,国际金本位制已完全退出历史舞台,结束了其130年的历史使命。英镑和美元集团的建立和各国外汇管制的加强,使国际金融关系更加不稳定,成为世界经济发展的障碍,因此建立统一的国际货币制度,改变国际金融领域的动荡局

[①]　参见符荆捷《国际经济关系的基本矛盾与中国的多边经济外交——从'英镑美元外交'谈起》,《复旦国际关系评论》2014年第1期,第269~270页。

[②]　《马克思恩格斯全集》(第三十一卷),人民出版社,1998,第550页。

面，成为国际社会的迫切任务。①

经过二战的洗礼，英美实力明显呈现此消彼长之势。此时的英镑区陷入困境，在国际金融和贸易中的地位一落千丈，甚至连英镑的自由兑换都无法做到，而美元则取代英镑成为世界上最主要的结算和储备货币。到1945年，美国拥有世界上59%的黄金和其他贵重金属，美国取代英国成为国际贸易和国际金融体系中的霸主，成为"资本主义世界的中央银行"②。大战还未结束时，英国和美国就着手准备建立国际金融体系，英国此时仍旧希望自己能与美国分庭抗礼，为自己争得应有的权力。英国虽然在战争的打击下国力衰退但不甘心放弃对国际秩序的主导权，而崛起的美国则一心要按自己的国家实力和国家利益来重塑世界秩序。两者之间的较量不可避免，而"凯恩斯计划"和"怀特计划"分别反映了英美两国各自不同的利益诉求。英美两国实力的此消彼长，最终导致了两国在战后国际货币体系重建问题上的竞争与妥协。由于英美两国综合实力的悬殊，怀特计划最终成为两国讨论的基础，同时美国也对英国做出了一些让步，在英美的召集下，布雷顿森林会议最终召开。会议最终通过了以美国怀特计划为基础的《国际货币基金组织协定》和《国际复兴开发银行协定》，总称《布雷顿森林协定》，从此建立起了新的货币制度，即布雷顿森林体系。

布雷顿森林体系是二战后不同货币秩序愿景之间的妥协，而布雷顿森林会议的举办是美元成为国际储备货币的关键一步。《布雷顿森林协定》规定了美元是最主要的国际储备货币，实行美元—黄金本位制，美元同黄金挂钩，其他国家的货币与美元挂钩，比价不得随意变动。各国政府有责任把它们的货币汇率维持在平价上下的1%的波幅内，一个国家只有在国际收支发生根本性失衡的情况下才能调整汇率。在这种可调整的黄金—美元固定

---

① 连平主编《国际金融理论、体制与政策》，华东师范大学出版社，1999，第362~363页。
② 王绳祖总主编《国际关系史：第7卷（1945—1949）》，第29页。

汇率制度下，英镑的地位被严重削弱了，它直接同美元挂钩，英国不能根据情况随时调整汇率。英国的"智囊"终于不敌美国的"钱袋子"，英国被迫接受了以美元取代英镑霸权地位的《布雷顿森林协定》。英国大资产阶级对大大有利于美国的《布雷顿森林协定》普遍表示不满，英格兰银行的大多数董事担心："国际金融领导权将从伦敦转移，英镑兑换将被美元兑换替代。"[①]从此，英镑政策不再是仅由英国政治领导人及财政部说了算的国内政策，它成了外交政策的一个部分，与战后英国外交政策深深地纠缠在一起，并随着外交政策的转向而亦步亦趋。在布雷顿森林会议上，美元虽然取代英镑成了最主要的世界货币，但是英镑仍然有在世界部分地区尤其是英镑区使用的权力，此后的数年间，英镑和英镑区仍然是美元霸权前进道路上的最大障碍。

---

① Shigeo Horie, *The International Monetary Fund: Retrospect and Prospect*, p. 87.

第二章

《英美财政协定》与英美货币关系

　　战争造成的巨大物质破坏彻底扰乱了国际贸易原有的模式，导致国际经济关系严重失衡；需要首先完成重建并恢复贸易和资本的正常流动，方可实现从战时管制经济到自由贸易和货币可兑换的过渡。为此，在布雷顿森林会议上达成的妥协是允许成员国在没有固定期限的过渡期内保留实施汇兑管制的权利，然而美国对这一结果并不满意。英国经济如此脆弱，其根本无力支付它在国外的开支，一切都要依赖美国的大量财政援助。美国人决心将关于这种援助的谈判与消除战后贸易限制结合起来。

第一节　英美的各自打算

　　战后英国面临的直接经济制约因素是战争的遗留问题，这场战争严重扰乱了国际生产，并使国际贸易和支付体系陷入混乱。虽然反法西斯战争胜利结束了，但是在大选中获胜的英国工党政府发现其面临比战争更为可怕的全国经济形势。战争期间，在美国通过《租借法案》前，英国的黄金和美元储备从战争爆发前的 40 亿美元急剧缩减到 1941 年春天的 0.12 亿美元[1]，几乎到了枯竭的地步。从 1939 年 9 月到 1945 年 6 月，英国海外资产和对外贸易规模也大为缩减，许多传统海外市场逐渐丧失。这一时期，英国的出口贸易从 1937 年的 29.47 亿美元减少到 1944 年的 14 亿美元[2]，航运业也一蹶不振，商船运输能力减少了 28%。在此期间，英国债务日益增加，欠美国的租借物资账款达 210 亿美元[3]，欠印度、加拿大、埃及和阿根廷等国的短期债务也高达 140 亿美元。然而，有限的贷款额对于解决当时英国的经济困境是远远不够的，加上当时英国政府的国内外政策不当，贷款很快就告罄了。"没有美国贷款，我们的局势毫无希望；有了它，除非采取某种特别合适的政策，我们的局势几乎还将是毫无希望的"；"我们的储备大约只剩五亿镑"，贷款额非常有限，可是需要花钱的地方实在太多了，"一大部分海外开支用在支付世界各地的三军和占领军的薪饷和补给上"，另外的"十二亿到十三亿镑的钱""花在进口货上"。[4]战争结束时，英镑贬值严重，购买力大幅度下降。

战后的英国，货币廉价，食物和燃料奇缺，住房问题困难，依靠原材料进口的英国不得不花费大量宝贵的美元去购买人民生活必需的消费用品，而此时，英国所依赖的工业出口能力的恢复步履维艰，无形贸易的收入远远不能应付庞大的进口计划开支。此时的英国深知获取美国援助是多么重要。

实际上，早在 1945 年夏，美英双方就已经开始考虑战后援助问题。一方面，英国政府深知美援是英伦三岛战后重建的必要条件；另一方面，美国政府从现实和战略的高度着手研究战后对英援助的方式和条件。负责经济事

---

[1] Richard N. Gardner, *Sterling-Dollar Diplomacy: Anglo-American Collaboration in the Reconstruction of Multilateral Trade*, pp. 55, 174.

[2] B. R. Mitchell, with the collaboration of Phyllis Deane, *Abstract of British Historical Statistics*, Cambridge: Cambridge University Press, 1962, p. 284.

[3] 樊亢、宋则行主编《外国经济史（近代现代）》第三册，人民出版社，1991，第 102 页。

[4] 〔英〕哈罗德·麦克米伦：《麦克米伦回忆录（3）：时来运转（1945—1955 年）》，张理京等译，商务印书馆，1980，第 85 页。

务的副国务卿克莱顿在 1945 年 6 月 25 日就战后对英援助提出了一套方案，这成为美国政府对英援助的先声。克莱顿首先指出，英国的财政困难被认为是目前尽速推进多边自由支付和削减贸易壁垒的最大障碍，这不仅会延迟，实际上还将威胁美国整个对外经济计划的最终成功。从这个意义上讲，向英国提供一定的财政援助无疑是符合美国利益的。但克莱顿随即强调，美国拟议的战后对英援助绝不是"毫无保留的礼物"，它必须附带相应的条件，以便"确保稳步地推进美国的战后目标"。基于美国战后对外经济政策的战略考虑，克莱顿建议，对英援助的附带条件主要应当包括以下内容：英镑区的美元共享政策应当被终止，经常项目下的英镑应实现自由兑换；作为多边贸易协定的一部分，英国应取消或实质性削减帝国特惠关税。总之，对英援助的目标就是促使英国遵守《布雷顿森林协定》并回到多边主义的轨道上，进而恪守多边自由贸易的基本原则和规则。[1]克莱顿还特别指出，鉴于英国在非共产主义世界经济体系中的关键地位，"如果没有（美国提供的）过渡期的援助，英国将不可能接受多边主义"[2]。克莱顿的上述建议实际上奠定了美国对英援助的基本立场，即将战后援助与贸易政策挂钩。

随着欧洲战争接近尾声，寻求美援亦成为英国政府议程的重中之重。多年来一直对美国的经济政策攻势采取消极态度的丘吉尔也意识到问题的紧迫性，为此，在波茨坦会议期间，丘吉尔于 7 月 24 日致函杜鲁门总统，建议由英国于 9 月初派遣一个拥有授权的代表团赴华盛顿与美方磋商租借援助之后的财政安排问题。[3]7 月 29 日，杜鲁门回函丘吉尔的继任者艾德礼，表示接受丘吉尔的上述建议，并指派克莱顿于 8 月初前往伦敦就有关安排进行初步探讨。[4]

---

① *FRUS, 1945,* Vol.VI, pp. 54-56.

② 参见 Randall Bennett Woods, *A Changing of the Guard: Anglo-American Relations, 1941-1946*, p. 329。

③ *FRUS, 1945,* Vol.II, pp. 1180-1181.

④ *FRUS, 1945,* Vol.II, p. 1184.

克莱顿赶赴伦敦之时，正值美英官员围绕关税谈判方式的争论达到白热化程度之际。克莱顿的重要使命之一就是敦促英国接受将财政安排与贸易政策谈判联系起来的方案，以便为迫使英国就范于美国的贸易政策原则创造条件。8月3日，克莱顿同凯恩斯等英国官员举行了伦敦之行的首次会谈。克莱顿明确指出，美英就贸易政策达成协议（包括关税、配额、歧视待遇等）是美国国会批准对英援助的前提条件，并称这一立场得到了杜鲁门总统和财政部的认可。凯恩斯则强调了英国的财政困难。对于美国提出的援助条件，凯恩斯表示需要向新内阁汇报。[1]8月14日，克莱顿与凯恩斯等英国官员再度举行会谈。美方再次阐述了将财政援助与贸易政策挂钩的谈判设想，凯恩斯则继续辩称英国新内阁目前还没有时间研究这一广泛的政策问题，并试探性地提出了英国的看法，力图将财政安排与贸易政策谈判分开，即美英两国首先讨论对英财政援助问题，而贸易政策的谈判则推迟到1946年进行。克莱顿毫不迟疑地拒绝了英方的提议。凯恩斯旋即威胁道："如果这就是美国的态度，那么，英国将被迫选择双边主义的贸易政策。"克莱顿也毫不示弱，非常明确地以对英援助的筹码回敬了凯恩斯，"如果英国希望讨论新援助，它就必须放弃此种立场"。[2] 由此可见，双方可谓针尖对麦芒：英国方面试图尽快获得美国的财政援助，但不愿就贸易政策谈判做出明确承诺；美国则坚持将美英就贸易政策达成协议作为对英援助的前提条件，反对将财政援助与贸易政策谈判分离的任何打算。

显然，迫使英国让步尚需新的压力，美国政府不失时机地拿出了租借援助的王牌。1945年8月21日，白宫发表声明，宣布终止租借援助。[3] 英国顿时面临严重的国际收支危机，整个英国陷入一片混乱。但英国对这一政策的具体落实仍抱延宕的侥幸心理，对克莱顿在伦敦提出的财政援助与

---

[1] *FRUS, 1945*, Vol.Ⅵ, pp. 79-85.

[2] *FRUS, 1945*, Vol.Ⅵ, pp. 97-100, 104.

[3] *FRUS, 1945*, Vol.Ⅵ, p. 109.

贸易政策谈判挂钩的建议仍不置可否。艾德礼于 8 月 24 日在下议院讲话中表示，英国处于"极其严重的财政困难"之中。"四年多来我们事实上是靠《租借法案》来维持局面的。不列颠和整个帝国的巨大军事开支只有赖此才能维持。"[①]

美国则利用英国濒临破产的困境不断向其施加压力，表现出越来越强硬的态度。一方面，国务卿伯恩斯于 1945 年 8 月 27 日亲自致电克莱顿，明确表示："国务院坚决支持你的观点：如果不能就贸易政策达成令人满意的协议，就不会有任何过渡期的财政安排。英国人必须明白，不仅财政安排与贸易政策应当紧密地联系在一起，而且，如果不能将贸易政策的讨论作为整个谈判议程的一部分进行，财政对话就不会取得任何成果。"[②] 另一方面，美国对外经济管理署署长克劳利（Leo T. Crowley）于 8 月 31 日通知英国财政部驻美官员，宣布立即停止向英国提供一切租借物资并要求英方"在数小时内做出答复"[③]。此招可谓直击英国的痛处，因为除了必须争取美国的援助以应对每况愈下的财政外，美国提供的粮食和其他物资亦是英国维持基本的生活水平所必不可少的。面对如此险境，妥协是英国的唯一出路。英国财政大臣道尔顿无可奈何地承认，尽管美国将英国批准《布雷顿森林协定》并接受美国的贸易政策原则作为提供援助的前提条件，但由于"没有谈判的筹码"，英国除了接受美国的条件外将"别无选择"。[④] 换言之，"对战后援助的渴求是英国内阁愿意重开与美国贸易对话的主要原因之一"[⑤]。此时的英国严重依赖美国的财政支持，如果对美采取强硬手段，那美国的直接援助将无法

---

① 〔英〕哈罗德·麦克米伦：《麦克米伦回忆录（3）：时来运转（1945—1955 年）》，张理京等译，第 83 页。

② *FRUS, 1945*, Vol.VI, p. 110.

③ *FRUS, 1945*, Vol.VI, p. 113.

④ Roger Bullen and M. E. Pelly, assisted by H. J. Yasamee and G. Bennett, *DBPO, Series I (1945-1950)*, Vol. III, p. 72.

⑤ Randall Bennett Woods, *A Changing of the Guard: Anglo-American Relations, 1941-1946*, pp. 217-218.

保证。英国政府尽管一度处于经济疲软和国内舆论反对的双重夹击之下，但是在现实面前不得不迅速调整立场，决定接受美方提出的财政援助与贸易政策谈判挂钩的建议。英国首相艾德礼旋即于9月1日致电杜鲁门总统，表示同意美国提出的议程安排，即华盛顿谈判应包括租借援助的清算及其处理条件、租借援助之后的财政安排和贸易政策三大部分。[1] 由此可见，美国政府利用英国的经济困境，尤其是英国面临的"财政上的敦刻尔克"[2] 的危险局面，以终止租借援助并提供财政援助为谈判筹码，最终迫使英国方面不得不接受美国提出的财政援助与贸易政策挂钩的谈判议程安排。至此，久拖不决的英美贸易对话终于迎来了有利于美国的谈判转折点，围绕多边自由贸易政策的又一次交锋即将在华盛顿拉开帷幕。

此时工党艾德礼政府面临的问题是，必须刻不容缓地寻找支付进口的资金。政府面前摆着两条道路：一条道路是采取独立自主的做法，减少海外军事费用，扩大对西方其他国家的贸易，以自力更生的办法解决收支平衡问题，但这条道路不可能在短期见效；另一条道路是寻求美国新的援助，向美国做出一定的让步，以便在一定的时期内消除国际收支逆差。战争中形成的英国对美国援助的"反常依赖"[3]，以及解决国际收支平衡问题所需要的巨大资金只能从美国那里获取，这两点使得工党政府选择了第二条道路。1945年9月，英国派财政部经济顾问凯恩斯前往华盛顿与美国财政大臣文森、副国务卿克莱顿就经济和财政问题进行谈判。

战后的英国到处都需要钱。在没有把美国的军事力量拖在欧洲之前，人们无法责备工党政府把钱花在抵抗苏联的潜在扩张压力上，当时，除了英国，欧洲再也没有哪个国家有能力、有资格担当这个重任。问题是，防务开支对于脆弱得不堪一击的英国经济来说显得过于沉重了。此时，国有化

---

[1] *FRUS, 1945*, Vol.VI, pp. 79-85.

[2] PRO, CAB 129/1, CP 112 (45), Aug. 13, 1945, p. 6.

[3] J. C. R. Dow, *The Management of the British Economy 1945-1960*, p. 17.

运动进行得如火如荼，政府出资从私人业主手中购买企业，付给业主大量的钱，并重新进行大量的投资。由于美元严重短缺，而国有化运动所需的资本又非常大，工党的政策就显得不合时宜，"尽管政府以极大的热忱来实施自己的纲领，他们的国有化措施却没有得到英国社会主义者的高度赞扬……就连国有化运动的一贯支持者也没有称赞工党的所作所为……随着时间的推移，这个纲领的缺点暴露得越来越明显了。首先一点就是，政府对待原来的企业主过于慷慨，给他们的补偿太多……政府的做法像是在为资方而不是在为工人谋利"①。在此情况下，艾登吁请政府"勿再沿国有化道路奔驰下去"，而应集中"他们的注意力，来解决供应受到威胁的食物、严重短缺的燃料、计划上数量不足的住房、因丧失牲口和因洪水而深受打击的农业，特别是（对外）贸易平衡问题"。② 然而，没有谁能够阻挡政府的既定国策进行下去，通货膨胀、对企业主的补偿和新的投资以及新的福利国家的建设，使财政部有限的美元迅速减少，美元储备也要耗尽，危机越来越严重，局面最终不可收拾。"他们不够谨慎的地方也许是：拿了贷款就忘记一切，仍然几乎是死命地加速执行他们的国有化政策，听天由命地坐等不可避免的垮台。"③

凯恩斯在赴美之前呈递内阁的一份文件中，预计英国的经济赤字在1946年将会在 25 亿美元至 35 亿美元。对此，他提出了两个对策：继续实行战时管制或在美国的帮助下实现经济政策的自由化。尽管凯恩斯在文件中提到"英国人民已为他们自己及其后代做好了为接受援助付出代价的准备"，但他当时认为，英国应能从美国得到 50 亿至 60 亿美元的赠款，为此做出让

---

① 〔英〕阿伦·斯克德、〔英〕克里斯·库克：《战后英国政治史》，王子珍、秦新民译，第18页。

② 〔英〕哈罗德·麦克米伦：《麦克米伦回忆录（3）：时来运转（1945—1955年）》，张理京等译，第90页。

③ 〔英〕哈罗德·麦克米伦：《麦克米伦回忆录（3）：时来运转（1945—1955年）》，张理京等译，第85页。

步因此是很值得的，可是事实证明他的估计过于乐观。[①]

这是因为美国的打算与英国的想法有很大差别。在 1944 年 11 月 30 日提交国会的报告中，美国副国务卿艾奇逊强调，在国外追求和平与在国内实现自由和繁荣密切相关。他主张美国在国外进行资本投资，这将为美国商品提供"直接市场"，并将增加外国购买美国商品的购买力。美国对布雷顿森林体系和联合国机制的依附将会促进稳定的国际经济和国内繁荣：美国应"以与其权力和责任相称的方式参与世界贸易和金融"。[②] 在战争末期和战后初期，美国对外政策奉行了上述艾奇逊报告的精神与原则，但在执行方式上，却因国会反对战后大规模多边援助计划，而只能进行附加种种条件的所谓零敲碎打式的援助。[③] 同时，艾奇逊报告也成为美国建立战后经济秩序的总方针。总方针就是建立布雷顿森林体系，这就意味着首先要求英国在帝国特惠制、英镑区等问题上对美国做出让步。

第二次世界大战沉重地打击了英法等传统帝国，为美国的崛起提供了重要的历史机遇，美国顺势实现了由地区强国到世界霸权国的历史性飞跃。战后初期，美国凭借其强大的政治和经济优势，确立了美元在全世界的霸权地位。英国的经济力量虽然大为削弱，但英国仍旧控制着广大的英镑区。作为世界性货币，英镑仍是世界上两大国际储备货币之一，在当时还留有一些力量，可以在政治和经济上进一步与美元相抗衡，以实现英国发展国内经济的意图以及避免美国渗入和挤占属于自己势力范围的英联邦国家的市场。

英国当时在英镑区内实行比较严格的外汇管制，将英镑汇率固定在 1 英

---

① Alan P. Dobson, *The Politics of the Anglo-American Economic Special Relationship*, p. 79.

② U.S. Department of State, *Department of State Bulletin, Vol. XI, No. 262-288, July 2-December 31, 1944*, Washington，D.C.: U.S. Government Printing Office, 1945, p. 658; 刘同舜编《"冷战"、"遏制"和大西洋联盟——1945—1950 年美国战略决策资料选编》，复旦大学出版社，1993，第 1~16 页。

③ John S. Hill, "American Efforts to Aid French Reconstruction between Lend-Lease and the Marshall Plan," *The Journal of Modern History*, Vol. 64, No.3, 1992, pp. 501-505.

镑兑换 4.03 美元的水平上。同时，它把英镑区国家的黄金、美元收入集中存放在伦敦的黄金美元总库中，作为英镑区的共同储备；英镑区以外国家同英镑区之间的资金移动必须经过英国的批准。这已成为美国向外扩张的一个重大障碍。打破英镑区的限制，把美国的势力渗透到英联邦国家，便成为美国的重要目标。因此，战后初期，美元和英镑之间的斗争集中表现在美国迫使英镑实行自由兑换这个问题上。如果英镑可以自由兑换，这就为美国商品和资本大举进入英镑区扫除了障碍。

在这种情况下，一场交锋已不可避免。在 1945 年 9 月 19 日的第一次会议上，凯恩斯就对美方提到了他提出的两个对策，并说如果美国不能提供几十亿美元，"英国将不得不拒绝加入国际货币基金组织并将继续实行经济管制与差别对待"[1]，以此向美国施压，但美国不为所动。

第二节 《英美财政协定》的实施对英国经济的影响

正如英国积极参与英美关于战后政策的对话的团队成员之一莱昂内尔·罗宾斯（Lionel Robbins）在其 1945 年 10 月 2 日的日记中指出的那样，要想让克莱顿等美国高官"改变他们的信念需要付出很大的努力，他们坚信彻底放弃帝国特惠制是国会通过财政安排的必要代价。因为这是我们无法承诺取消帝国特惠制的一种方式，所以今后显然会麻烦不断"[2]。英国人坚持认为，鉴于英国的经济疲软和国内舆论状况，他们既不能完全取消帝国特惠制，也不能让人认为他们这样做是为了换取美国的财政援助，而只能以取消帝国特惠制来换取美国大幅降低关税。因此，有点矛盾的是，谈判中较弱的

---

[1] Alan P. Dobson, *The Politics of the Anglo-American Economic Special Relationship*, pp. 82-83.

[2] Susan Howson and Donald Moggridge (eds.), *The Wartime Diaries of Lionel Robbins and James Meade, 1943-45*, p. 226.

一方能够利用自己经济疲软的事实，作为其不能适应较强一方设计的重要方面的正当借口。

经过 4 个月艰苦的讨价还价，英美双方就帝国特惠制、英镑区的安排和贷款总额等问题进行了多次磋商，美国的谈判官员拒绝了英国提出的要求。12 月 6 日，英国驻美大使哈里法克斯（Edward Frederick Lindley Wood，1st Earl of Halifax）与文森在华盛顿签订了初步的《英美财政协定》。该协定包括三个方面的内容：前两方面涉及两国间债务的清理和美国对英国的贷款总额，美国以免除 200 亿美元的战时租借债务以及提供 37.5 亿美元的过渡期贷款外加 6.5 亿美元的租借收尾贷款为条件，换取英国承诺立即取消对美国货物的歧视性数量限制和汇兑管制；最后一方面则突出英国为此应该承担的"义务"，即在协定生效一年之内取消"英镑区美元池"的歧视性做法，并实现英镑经常项目的普遍可兑换，实际上就是对美国做出种种让步。

此外，英国还必须答应履行与这笔贷款相联系的《布雷顿森林协定》的相关条款，答应偿付美国《租借法案》物资费用 6.5 亿美元，这将从美国给英国的 44 亿美元贷款中扣除。英国在 1951 年前可以不付利息或偿还美国贷给它的款项；1951 年后，英国应付年息 2%，并在 50 年内偿清这笔贷款，每年支付的款项合计达 1.4 亿美元。另外，根据与美国的协定，英国必须承诺不对美国产品实行歧视性限制，答应削弱并最终完全取消捍卫英国市场的关税特惠制度；英镑区必须在 1 年内实现英镑自由兑换，取消外汇管制；英国还要承认布雷顿森林会议上达成的一系列条约。麦克米伦回忆称："虽然允许在任何特殊危机时期可以延期偿还，但是关于利息和还款的条件是苛刻的。协定的其他条款也是苛刻的，而且事实上违反了布雷顿·伍兹协定的精神。我们有义务接受英镑的自由兑换，但是我们被剥夺了其他签字国所享有的 5 年过渡时期。英国的宽偿期从协议批准之日起被削减到 12 个月。再者，唯有我们得放弃在管理英镑工作中享受援引'稀有通货条款'的利益。唯有我们不得在脱离'国际基金'系统及其义务后恢复自由行动。"①尽管条款苛刻，美国政府措辞傲慢，但是工党政府只能在破产和接受贷款之间做选择。毫无疑问，接受贷款对身处财政危机的英国来说不失为明智之举，因为有了生存才能有发展，但是英国为之付出的代价也是相当高昂的。且不说美元立即贬值，全球物价飞涨使得贷款的一部分被浪费掉，单是贷款协定中有关英镑的条款就足以让人引以为戒，脆弱的英镑自由兑换以及不得援引"稀有通货条款"使英国政府在很大程度上受制于世界银行和国际货币基金组织，不能按照英国自身的实际需要管理英镑。这是英国对美元的依赖越来越深的一个重要根源。因此，英国对美国的依赖在战后由于经济的困境不断加深，这使之更加无力对抗美国的压力，只能更深一层地维护《布雷顿森林协定》，这无疑给自己的英镑政策套紧了枷锁。

由于美国拒不答应降低其高关税或者减少它的巨额外贸出超，尽管英国通过《英美财政协定》能够获得来自美国的美元援助，但英国做出的让步、承担的义务遭到了国内一些人的非议，他们反对议会接受上述条件，甚至许多人认为接受这些条件有失国格。工党的《每日先锋报》写道："英美协定对英国来说是经济上的敦刻尔克，如果把这叫作友谊的话，那么什么东西才叫作光天化日之下的掠夺行为呢。"②《经济学家》杂志则认为，"我们目前的需要是基于以下事实的直接后果：我们参战最早，作战时间最长，打得最艰苦。从道义上讲，我们是债权人；在 20 世纪余下的时间里，我们却为此每年要付出 1.4 亿美元。这也许是不可避免的，但绝不是公正的"③，这真实地表达了英国上下的共同心声。著名保守党活动家埃默里表示："美国要求取

---

① 〔英〕哈罗德·麦克米伦：《麦克米伦回忆录（3）：时来运转（1945—1955 年）》，张理京等译，第 84 页。

② 参见〔苏〕特鲁汗诺夫斯基《第二次世界大战后的英国外交政策》，研西译，第 58 页。

③ The Dollar Loan, *The Economist*, Saturday, Dec. 8, 1945, Vol. 149, p. 821.

消帝国特惠制，等于直接否定了英国的生存权利。"[1] 面对这种苛刻的评价，英国为了获得重建所必需的资金，不得不放弃对于英国经济同样重要的帝国特惠制和对英镑的管制。这样，英国经济的势力范围的两根支柱就没有了。从此英国就从世界经济中心的位置上退了下来，并沦为了二流国家。《英美财政协定》标志着英国在争夺战后世界经济主导权上的失败。

就这样，美国再次通过施展"美元外交"达到其目标：废除"英镑区美元池"，剥夺英国在《布雷顿森林协定》下的过渡期权利。英国议会对于是否批准《英美财政协定》进行了辩论。道尔顿认为，"对我们国家来说，拒绝这些协议不仅对国家来说是一场经济和金融灾难，对整个国际合作的未来也将是一场灾难"[2]；"由于我们缺乏购买基本物资的美元，很快就会出现严重的短缺。我们的人民将再一次被推入黑暗的紧缩之谷……我们要经历比战争期间更大的艰难困苦"[3]。个别议员甚至发出了"事实上，除了接受这笔贷款，我看没有别的办法"[4] 的感叹。来自威尔特郡切本哈姆（Chippenham）的埃克尔斯（D. Eccles）总结了当时议会辩论后的感受，他反问道："如果我们得不到美国的贷款，那么从哪里来的商品填补缺口呢？说这些商品可以来自英镑区是没有用的，它们根本就不在那里。"[5]

对于英国议会迟迟不肯批准《英美财政协定》，美国还将提供贷款与英国批准《布雷顿森林协定》相挂钩，从多方面施加压力。英国财政部官员则声称，除非美国提供紧急援助，否则英国无力承担国际货币基金组织所规定的成员国义务。由于美国不可抗衡的经济实力，为了摆脱战后的经济困境，得到对英国的存亡生死攸关的贷款，工党政府和英国议会只好忍痛放弃特

---

[1] *The Banker*, Jun. 1946, p. 174.

[2] HC Deb, Dec. 12, 1945, Vol. 417, Col. 443.

[3] HC Deb, Dec. 12, 1945, Vol. 417, Col. 441.

[4] HC Deb, Dec. 12, 1945, Vol. 417, Col. 521.

[5] HC Deb, Dec. 13, 1945, Vol. 417, Col. 676.

权，于 12 月 8 日在万般无奈中批准了《英美财政协定》和《布雷顿森林协定》。当时英国政府唯一希望的就是《英美财政协定》在美国能早日批准，以弥补自己的财政赤字。然而，《英美财政协定》在 1946 年提交美国国会批准时也遭遇了极大的障碍。如果不是因为后来美苏关系急转直下，美国国会很有可能不会批准《英美财政协定》。在等待美国国会批准《英美财政协定》的日子里，英国与加拿大于 1946 年 3 月 6 日签订《英加财政协定》，加拿大同意向英国提供 12.5 亿美元的贷款，以"为英国购买加拿大的货物和劳务提供便利，并协助英国弥补其目前国际收支的战后过渡性赤字，保持充足的黄金和美元储备，并承担多边贸易的义务"①。这笔贷款使英国得以在美国国会批准《英美财政协定》前，暂时弥补国际收支的逆差。

1946 年 7 月 15 日，《英美财政协定》经杜鲁门签署后正式生效。艾德礼政府指望英国工业可以利用这笔贷款得到重新装备，从而提供大批出口商品，并通过增加出口的收入来调整国际收支的平衡。正如首相艾德礼所说，"希望借款可以维持我们到 1949 年年底，或者到 1950 年；到了那时，我们很可能已经重新调整了我们的经济，有希望接近平衡了"②。

但实际情况使英国政府大失所望。1946 年夏，美国取消了物价管制，因而英国从美国购买的商品价格突然猛涨。几个月内，肉价上涨了 83%，皮革制品上涨了 63%，油脂和黄油上涨了 200%。美国商品价格的上涨，使美国给英国贷款的实际价值降低了 28%。祸不单行，1946 年底西欧突然遭遇了百年罕见的严寒，燃料和粮食严重匮乏，人民饥寒交迫。1947 年初，严寒再度袭击英国，接连几场暴风雪后，洪水开始泛滥，这使"英国一半以上的

---

① "Financial Agreement between Canada and the United Kingdom (Together with an Exchange of Notes) ," in Government of Canada, *Canada Treaty Series, 1946, No. 9*, Ottawa: King's Printer, 1946, p. 3.

② 参见〔英〕杜德《英国和英帝国危机》，苏仲彦等译，第 360 页。

工业完全瘫痪"，以致"突然之间，全世界都看到大英帝国虚弱到快要死亡的地步"。[①] 2 月 21 日，英国政府发表《1947 年经济概况》白皮书，它被《时代》周刊描述成"英国政府所做出的最令人烦忧的陈述"。白皮书承认 1946年英国财政赤字超过原先估计的 3.28 亿英镑，达到 4.5 亿英镑。因此，白皮书暗示，由于财政状况日益恶化，英国政府正在考虑削减海外开支，即退出德国，退出国际货币基金组织，不再参加国际复兴开发银行，同时将实行严格的贸易管制等。[②]

《英美财政协定》本意是通过提供一笔额外贷款来缓解英国的国际收支困难，从而加速实现英镑可兑换以及多边主义和自由贸易，但适得其反。战后初期英国根本不具备实行英镑可兑换的实力。美元的急剧流失、天灾人祸和巨额的海外军事花费，使得英国在 1947 年再度发生了财政危机。

第三节　英国暂时中止兑换制

为了履行借款条件，英国不得不于 1947 年 7 月 15 日宣布实行英镑自由兑换。由于英镑信用的下降，加上当时西欧普遍出现了"美元荒"，英国政府一宣布英镑自由兑换的消息，大量持有英镑的英联邦成员国便纷纷抛售英镑，迅速将持有的英镑兑换为美元以购买美国产品。仅仅一个多月的时间，英国的美元储备快速流失，黄金和美元储备减少 10 亿美元以上，英镑处境十分危险，英国财政状况再次恶化。

在 7 月 15 日之后，美元每月的流失从 3.15 亿美元增加到 4.98 亿美元，在 8 月，直到英镑自由兑换宣布暂停时，这一数字增加到 6.5 亿美元；在

---

① Joseph M. Jones, *The Fifteen Weeks (February 21-June 5, 1947)*, pp. 78-80.

② Terry H. Anderson, *The United States, Great Britain, and the Cold War: 1944-1947*, Columbia: University of Missouri Press, 1981, p. 166.

1947 年上半年，贷款结存减少了 16.3 亿美元，从 7 月 1 日到 8 月 23 日，在不到两个月的时间里，9.7 亿美元消失了。[1]英镑自由兑换在 8 月 20 日并没有暂停，而整个贷款将在 9 月底之前用完，这使英国别无选择，只能动用其黄金储备。

事实上，"到 1947 年 8 月，美元贷款就几乎全部用完，这距 1945 年 12 月签订贷款协议还不到两年，距 1946 年 7 月实际上可以得到贷款的时间仅仅一年"[2]。当英镑重新自由兑换时，立即出现挤兑的风潮，结果引起英镑兑换危机，并再次导致中止兑换。那时，出于种种原因，贷款只剩下 4 亿美元，其中大约 2.34 亿美元用于英国在德国的占领区；无形贸易收入令人大失所望；更重要的是贸易条件恶化，1947 年全国又遭到燃料危机的打击。就贸易条件而论，美国的物价明显上涨。从 1945 年 12 月到 1947 年 7 月，美国的物价上涨了约 45%，这种状况进一步消耗了来自美国的贷款。

7 月的一份中央经济计划部文件更是指出："如果这种流失无法控制，英国的结局将会很悲惨。"[3]其实早在兑换制实行之前，英国的美元贷款已大幅减少（见表 2-1）。英镑自由兑换实行以后，很多向英国供应商品的国家都要求用美元支付，造成英国美元和黄金储备的迅速流失。7 月 20 日开始的那个星期美元的流失达 1.06 亿美元，第二个星期增至 1.26 亿美元。[4]这种局面使得财政大臣道尔顿警告内阁说，如果对此趋势不加以控制，贷款"到 1948 年就会用完"[5]。

---

[1] PRO, T 267/3, Sir Hugh Ellis-Rees, "The Convertibility Crisis of 1947," Dec., 1962, Treasury Historical Memorandum No. 4, pp. 30-31.

[2] 〔英〕梅德利科特：《英国现代史（1914—1964）》，张毓文等译，第 512 页。

[3] C. C. S. Newton, "The Sterling Crisis of 1947 and the British Response to the Marshall Plan," *Economic History Review*, Vol. 37, No. 3, 1984, p. 398.

[4] Richard N. Gardner, *Sterling-Dollar Diplomacy: Anglo-American Collaboration in the Reconstruction of Multilateral Trade*, p. 312.

[5] Alec Cairncross, *Years of Recovery: British Economic Policy, 1945-51*, p. 131.

表 2-1　1946~1947 年兑换制实施前英国的储备状况

单位：亿美元

	1946 年 6 月 30 日	1946 年 12 月 31 日	1947 年 6 月 30 日
黄金和美元储备	22.4	26.4	24.1
未提用的美国贷款	37.5	31.5	17
未提用的加拿大贷款	10.9	7.1	5.5
总计	70.8	65	46.6

资料来源：PRO, CAB 129/20, CP 227 (47), Aug. 5, 1947, p. 6。

　　因此，到 9 月，工党政府实际上已花光了美元，手头上已经没有可兑换的货币。尽管开展了"出口运动"，但出口额只比战前提高了 17%，因此出现了 4.38 亿英镑的国际收支赤字。[1]

　　由于缺乏硬通货，英国必须大幅削减食品和原材料的进口，加强定量供应，并削减建筑房屋的计划，工业产量因工厂缺乏资本货物而下降。英国试图建立一个"新的英镑区"，包括殖民地、澳大利亚、新西兰，可能还有丹麦。这个新的英镑区将集中其贫乏的美元资源，每个成员国"将在集团内部提供其各种用品"。造成美元流失的一个原因就是在"美元荒"的情况下实行英镑自由兑换，这迫使英国在供应商提出以美元付款的要求（无论是进口英国货物还是兑换本国货币）时必须以美元进行支付，但这当中没有规定任何互惠的义务。另外两个问题来自《英美财政协定》本身的不充分性：首先，假设英镑可以在经常交易中自由兑换，而不是在资本交易中自由兑换；其次，假设英国能够减少英镑结存。[2]

　　减少英镑结存的承诺给英国带来了巨大的影响。首先，英镑结存的存在

---

[1]　〔英〕阿伦·斯克德、〔英〕克里斯·库克：《战后英国政治史》，王子珍、秦新民译，第 16 页。

[2]　经常交易和资本交易之间的区别是为了防止英国债权人将其储备从英镑转换为美元，从而削弱英镑作为国际货币的地位。《英美财政协定》第 10 条"累积英镑结余"中的英镑区安排的设计部分是为了阻止英国利用其债权人累积的英镑余额作为自己建立出口市场的手段，从而将美国商人排除在海外市场之外；部分是为了确保可兑换性，由于英镑余额转换为美元，英国的外汇储备不会受到压力。

显著提高了英国的购买力。1947 年夏天，英国外汇银行结存为 35.57 亿英镑，相比之下，1945 年 6 月 30 日的结存为 31.36 亿英镑。[①] 通过允许英镑结存在整个 1946 年和 1947 年上半年累积，英国已经能够进口食品和原材料而无须立即支付。因此，英国利用其作为英镑区"银行家"的国际金融声望，促进其重新转向和平时期的经济。其次，英国根据《英美财政协定》第 10 条来"调整"英镑结存。但任何调整都应在持有者的同意下进行，而不是由英国政府采取单方面行动。

尽管如此，在 1946 年初，凯恩斯在财政部内部采取了一项对结存进行划分的举措，将冻结的英镑放在一边，将自由兑换的英镑放在另一边。英格兰银行反对凯恩斯的观点，认为同时维持英镑国际货币地位和冻结英镑结存是矛盾的政策："如果采取这种〔冻结〕措施，英镑将会变得声名狼藉：英镑区银行的伦敦结存是它们的第一道流动资产，以这种方式干预它们将导致严重的银行业危机。"[②] 因此，英国希望在与每个债权国谈判后减少结存。但是，在谈判期间减少英镑结存实际上是不可能的，因为英国最重要的筹码已经在 7 月 15 日英镑自由兑换的承诺兑现时被取消。银行只能从英镑结存协议的持有者那里获得协议，即英国政府将监督英镑的兑换，只有在有必要为其居民的当前交易提供资金时才可提出要求。

政治和经济的情况阻碍了减少结存的努力。第一个困难是印度方面。印度持有超过 1/3 的英镑结存。在 1945 年至 1947 年，工党政府与印度政治领导人进行一系列极其艰难的谈判，目的是使印度在一个多种族的英联邦内获得独立。[③] 在 1946 年和 1947 年，印度一直饱受粮食供应问题的困扰，美国

---

① 1946 年，属于西欧国家和非美元西半球的英镑区英镑余额分别从 3.51 亿英镑增加到 3.63 亿英镑，从 1.63 亿英镑增加到 2.12 亿英镑。参见 H. M. Treasury, *United Kingdom Balance of Payments, 1946-57*, London: HMSO, 1959, Table 11, pp. 42-43。

② PRO, T 267/3, Sir Hugh Ellis-Rees, "The Convertibility Crisis of 1947," Dec., 1962, Treasury Historical Memorandum No. 4, p. 12.

③ D. C. Watt, "Britain and the Far East, 1945-1954," in Yonosuke Nagai and Akira Iriye (eds.), *The Origins of the Cold War in Asia*, New York: Columbia University Press, 1977, p. 97.

和国际银行都不愿意为其提供投资，但这些投资对任何农业和工业现代化计划都是必不可少的。当时英国担心的是，如果对印度施加过大的压力，要求其减少英镑结存，那么印度独立后英印关系方面可能出现的政治问题，会加重英国央行所担忧的财务后果。第二个困难是保持资本与经常交易之间区别的实际困难，正如 7 月 15 日之后发生的英镑兑换危机所表明的那样。实际上，这种区别很可能只有在债权国的金融业务在伦敦得到控制的情况下才会被保持。事实上，有些国家甚至没有正式地遵守它们与英国缔结的所谓君子协定。[1] 此外，一些国家不仅要求将英镑的净收益转换为英镑，还要求将其总收益转换为英镑，以此来弥补其美元赤字。这些国家坚称它们在与英国达成协议的基础上行事。然而，实际上，如果有关国家已经拥有美元储备，这样的转换就意味着将外汇储备从英镑转移到美元。[2]

　　英镑自由兑换带来了黄金和外汇储备灾难性流失的后果，这是英国政府事先没有想到的，如果继续这样下去，整个国家将濒临破产。8 月 16 日，财政大臣道尔顿提交了一份备忘录，详细说明了 7 月初至 8 月 5 日的情况，称这期间美元的流失达 8.685 亿美元，提出应该中止兑换制以"阻止美元的流失"[3]。此建议得到工党政府的采纳。美元从伦敦流失的速度表明英镑不仅用于经常交易，也用于资本交易。在道尔顿向内阁提交文件之前，美国贷款已经在 8 月被透支了 3 次，每次都是 1.5 亿美元。道尔顿认为，必须暂停英镑的自由兑换以阻止美元的流失，这是在 8 月 20 日英美协商后发生的，以确保这种行动符合《英美财政协定》的规定。[4]

---

① PRO, T 267/3, Sir Ellis-Rees, "The Convertibility Crisis of 1947," Dec., 1962, Treasury Historical Memorandum No. 4, p. 30.

② Lionel Robbins, "Inquest on the Crisis," *Lloyds Bank Review*, No. 6, 1947, pp. 18-19.

③ PRO, CAB 129/20, CP 233 (47), Aug. 16, 1947, pp. 3-4; Richard N. Gardner, *Sterling-Dollar Diplomacy: Anglo-American Collaboration in the Reconstruction of Multilateral Trade*, p. 313.

④ Richard N. Gardner, *Sterling-Dollar Diplomacy: Anglo-American Collaboration in the Reconstruction of Multilateral Trade*, p. 313.

因此，造成英镑自由兑换失败的直接原因是美元的流失，这不仅是由经常交易，也是由资本交易造成的。英国对在可转拨账户区内和英镑区内的债权国负有责任（见表2-2）。

表2-2　英国为英镑和非英镑国家提供的美元（1946年7月至1947年9月）

单位：百万美元

	1946年	1947年		
	7~12月	1~3月	4~6月	7~9月
欧洲和其他国家	-40	—	35	165
英镑区国家	-5	90	248	395

资料来源：Richard Clarke, *Anglo-American Economic Collaboration in War and Peace, 1942-1949*, Oxford: Clarendon Press, 1982, pp. 187-189。

但英国当时也明白，要想这样做就必须对美国有个交代。由于马歇尔已经于6月5日发表了援助欧洲的著名演说，英国认为可以借此机会向美国请求中止兑换制。于是，8月18日，英国派以伊迪（Wilfred Eady）爵士为首的代表团前往华盛顿与美国谈判，表示英国打算中止兑换制。但美国不同意英国提出的缓解困难的方法，认为如果英国中止兑换制，那么其给予美国国会的保证将遭到破坏，因此除非英国说明中止行为"只是暂时的"并将尽快恢复兑换制，否则美国不能同意。经过两天连续不断的磋商，双方就"为制止其美元资源在最近几周被过度消耗而采取的紧急行动达成谅解"。8月20日，英国首相艾德礼宣布暂停英镑自由兑换，并且对贸易和外汇交易进行管制。英国希望通过数量限制将从美元区的进口转向英镑区以便维持剩下的美元储备。英国政府知道，如果英国不暂停英镑的自由兑换，那么英镑区自身可能面临解体。一旦战时的交换安排被废除，英镑区的存在与否就取决于各国是否愿意以英镑的形式持有外汇储备。就在同一天，在两国发表的公告中，道尔顿通知美国政府英镑暂停自由兑换。但是这一行动被描述为"一项紧急和临时性的措施，英国政府认为这符合《英美财政协定》的意图和宗旨，并希望能够采取适当行动，以确保英国有限的美元资源可用于《英美财政协定》设想的目的，而不是被挪用"。他向美国财政部长约翰·斯奈德（John Wesley Snyder）解释说，英镑的完全自由兑换"作为一项长期目标，是英国财政政策中不可或缺的元素。目前正在采取的措施在性质上应被视为纯粹的紧急措施"[1]。可是很明显，英镑重新自由兑换的前景十分渺茫。

　　造成这次英镑兑换危机的原因很多，包括战后英国工业生产能力不足、美国国内价格的上涨、英国与东欧国家贸易中的政治障碍等，但最主要的原因是普遍的"美元荒"。战后初期，英国需要大量进口西半球的粮食、原材料和其他必需品。英镑区国家在非常依赖美元区的情况下为其当下需求所进行的提款，是造成这种令人担忧的情况的部分原因，这种情况在1947年2月后因可转拨账户区的运作而加剧。例如，通过加入可转拨账户区，比利时和瑞典等国有权在7月之前赚取可兑换的英镑。它们通过限制从英国的进口，特别是纺织品和消费品的进口，以及增加对英国的出口，来增加对英国的顺差。[2] 在普遍的"美元荒"时期，这种贸易状况的持续对英国产生了严重的影响。英国不再能够从与第三方的贸易中挣来美元以消除它与美国、加拿大这些美元区国家的贸易赤字。1947年上半年英国的国际收支情况显著恶化，但尚能从美国的贷款中支取大量美元。英国的高海外支出和普遍"美元荒"导致的一个问题是英国的主要贸易伙伴国都愿意持有美元，不愿意持有英镑，它们也需要用美元来弥补与美国的贸易赤字。7月15日，英国宣布履行《英美财政协定》规定的英镑自由兑换承诺后，这些国家纷纷将其外汇储备中积存的英镑兑换成美元，利用英镑的可兑换性将自己的美元问题

---

[1]　U.S. Treasury Department, *Annual Report of the Secretary of the Treasury on the State of the Finances for the Fiscal Year Ended June 30 1947*, Washington，D.C.: U.S. Government Printing Office, 1948, p. 294.

[2]　这两个国家受益于其供应欧洲伙伴急需商品的能力。比利时提供了羊毛和纺织品，并利用其在刚果的殖民地资源供应铜。瑞典最赚钱的两类出口产品是铁矿石和木材。参见 Great Britain H. M. Board of Customs and Excise, *Annual Statement of the Trade of the United Kingdom with British Countries and Foreign Countries, 1947*, London: H. M. Stationery Office, 1949, pp. 171-173, 184-186。

转嫁给英国。道尔顿指出:"许多国家的'美元荒'重担直接落到我们身上,其原因就是相对于其他欧洲主要货币,英镑可以自由兑换。"[1]仅仅过了几周,英国的美元储备急剧下降。面对不断恶化的金融形势,英国对多边自由贸易的信心随着美元储备的下降而日益下降。

由于世界范围内的"美元荒"十分严重,许多国家抓住了英镑自由兑换的机会,放弃英镑而选择美元。作为英镑区的中央银行,英国不得不利用自己日益减少的储备来为这些交易融资。由于大部分的非美元世界的金融储备都以英镑的形式持有,持续的英镑流失导致非美元世界的流动性大幅减少,从而导致全球贸易量的下降。到 12 月时,英国已经用尽它在国际货币基金组织中的提款权,但它的美元储备仍在下降。

坚持歧视和外汇管制是多边世界的主要障碍。通过强制英镑自由化,《英美财政协定》实际上将调整世界不平衡的负担推给了世界上最大的债务国——英国的身上。1947 年的英镑兑换危机使英国的官员们相信,多边主义不是无法实现的目标,但如果没有采取纠正世界上美元区与非美元区之间不平衡的措施,多边主义就无法实现。英国人认为,由于美国是世界上最大的债权国,美国应该主动纠正这种不平衡。

小　结

二战结束时的经济困境迫使英国必须向美国请求援助,但盟国间的友谊早已被美国抛到九霄云外,其只剩下为实现自己既定目标的磨刀霍霍。美国面对这个战后最大的经济竞争对手采取了最致命的财政进攻,掐断英国经济恢复最重要的租借援助。美国深知只有紧紧抓住英国经济的生命线,扼住英国的财

---

[1] "Radio Broadcast of August 20," *The Times*, Aug. 21, 1947.

政动脉，英国对自己的求援才更迫切。因此，美国在与英国的财政与贸易谈判中始终处于上风，最终以贷款为诱饵重点攻破自由贸易实现的最大障碍帝国特惠制，迫使英国在贸易保护政策上做出妥协。英国不得不同意将帝国特惠制问题纳入财政谈判。出于促成财政谈判的需要，美国在废除帝国特惠制问题上也做出了妥协，但这是以英国在财政谈判中的更大退让为代价的：从要求美国提供 50 亿美元的无偿援助，到要求提供部分无偿援助，再退而请求部分无息贷款；最后被挤压得无路可退，不得不为了 37.5 亿美元的有息贷款，同意美国提出的提前实现英镑自由兑换等条件。英镑的自由兑换撕开了英镑区的保护层，逐步取消的贸易歧视规则为多边自由贸易开启了大门。

1945 年 7 月 15 日，英国兑现英镑自由兑换的承诺。但英镑自由兑换仅仅实行了两周，就导致了英国财政危机的再度发生和内阁动荡。虽然英镑兑换制的中止在一定程度上缓解了英国美元储备大量流失的局面，但这毕竟不是长久之计。美元贷款带来的新鲜血液只是救了一时之急，但未能改善英国自身的造血功能。英国利用美援重振经济的构想没能实现，对美国的经济依赖却进一步加深，致使其从内政到外交都受制于美国。英国要实现经济的良性发展，不得不另图良策，而马歇尔计划的提出使英国看到了新的机会。

第三章
马歇尔计划与英美货币关系

　　随着第二次世界大战的结束和美元霸权的确立，稳定和强势的美元促进了美国的国际贸易和国际投资，美国对外扩张的步伐加快。美国对外扩张旨在进一步确定它在资本主义世界经济中的统治地位，是其从政治领域向经济领域的必然延伸。布雷顿森林体系赋予了美国作为稳定引擎的特殊地位。美国与发展中国家进行贸易，导致贸易顺差。然后，美国将这些剩余的美元送到欧洲用于重建经济，以便这些国家将货物卖给美国。反过来，欧洲国家的出口收入推动它们与发展中国家进行贸易。战争对欧洲的经济结构造成了令人难以置信的损害，"损害程度远远超出了人们的想象"[1]。为了支持西欧国家的经济复苏，美国没有对这些国家的贸易保护主义做法进行报复。为了维护所有相关各方的利益，美国成为这些贸易流动的协调者。1947 年 7 月，美国国务卿马歇尔开始实施他的新计划，通过向被战争破坏的西欧各国提供贷款和援助，向西欧各国注入大量美元，有意鼓励美元外流以提升世界经济的流动性。马歇尔计划试图在掌控世界经济命脉的同时，对欧洲国家的发展和

---

① *FRUS, 1947*, Vol. I, p. 960.

世界政治格局产生深远的影响。

　　美元成为美国实施扩张计划最有力的武器。1948 年到 1954 年，美国给 16 个西方国家提供了 170 亿美元的支持。[①] 这些国家需要大量的美元来弥补财政赤字，而又得不到充足的美元，造成了当时普遍的"美元荒"，这种状态持续了整整 10 年，在这期间，美国保持着头号世界强国的地位，美元是唯一可自由兑换的货币，在国际上的地位举足轻重，世界货币开始进入美元世纪。[②]

第一节　"美元荒"的出现

　　在第二次世界大战中，旧的多边体系的阴影依然存在。1945 年，美国成为世界上最大的制造商和资本货物供应国。在布雷顿森林会议之后，"美元荒"的问题就出现了。在 20 世纪 40 年代后期，美国经常账户出现巨额盈余，其黄金储备也在增加。与此同时，西欧国家却出现了巨额赤字。美国若要支持饱受战争蹂躏国家的重建工作，就必须扭转这种趋势，并为其他国家提供更多的资金。

　　尽管国际货币基金组织和国际复兴开发银行具有分别为纠正经常账户失衡和战后重建提供资金的职能，但在布雷顿森林会议后不久，这些多边组织没有足够的资金来完成这项工作。到 1947 年，国际货币基金组织和国际复兴开发银行承认它们没有足够的资金（美元）来履行其职能。

　　二战结束后，包括英国在内的很多国家经济虚弱，迫切希望得到美国的援助，重建受战争重创的经济，但又无力通过各自国内的商品和劳务输出获

---

① 〔美〕克里斯·奥马利:《债市无疆——离岸债券市场：走过 50 年》，万泰雷等译，中国金融出版社，2016，第 18 页。

② 《美元如何击败英镑》，《商周刊》2009 年第 10 期，第 23 页。

得足够的有效货币。英国和欧洲大陆的国家都无法利用贸易顺差来弥补与美国的赤字，因为战争降低了在远东国家赚取美元的可能性。英国与热带地区国家的贸易顺差在战前已经缩小，现在已经转变为严重的赤字，这反映在伦敦英镑结存的积累上。这些国家严重依赖美国提供的资本设备和消费品来恢复和提升各自国内的生活水平，导致出现了"美元荒"。

因此，这不仅仅是英国的问题，联合国欧洲经济委员会指出："虽然到 1947 年欧洲的海外进口总量仅比战前增长了 7%，但从美国的进口量比 1938 年高出 130%。"增长的进口的 90% 是以救济和重建物资的形式体现的，比如粮食、食品、烟草、煤炭、木材、钢铁、机械、车辆、化学品和船舶。1946 年，所有欧洲国家在贸易和其他与世界其他国家的现有交易中的综合赤字达到了 58 亿美元，在 1947 年增加到了 70 亿美元。1947 年，所有欧洲国家与美国的赤字分别达到 42 亿美元和 54 亿美元，这些占到总数的 70% 以上。[①] 这些都是当时世界经济不平衡的症状，这是美国成为世界上最大债权国的结果，同时也与维持多边贸易的战前形势的崩溃联系起来。任何与美国存在赤字关系的国家面临的核心问题是如何为其可以从大西洋彼岸获得的所有必需品提供资金，而不会在所谓的"美元荒"的情况下经历生活水平的严重下降。

1947 年初，日益严重的欧洲美元问题开始在美国引起恐慌。此时担任副国务卿的艾奇逊作为政策制定者开始担心欧洲因此会崩溃。这种"自由制度的崩溃和独立地位的丧失"，对扩张的苏联来说将是一个福音，对美国的利益来说却是灾难性的。[②] 在战争期间，美国的传统观念认为，美国的国家安全依赖于欧洲摆脱单一强国的统治。美国遏制苏联对西欧施加压力的决心，在当年 3 月 12 日宣布的杜鲁门主义中得到了体现。此外，国务院认为

---

① Research and Planning Division, Economic Commission for Europe, *A Survey of the Economic Situation and Prospects of Europe*, Geneva: United Nations, 1948, p. xiii .

② Joseph M. Jones, *The Fifteen Weeks (February 21-June 5, 1947)*, p. 22.

杜鲁门主义应该辅以一个计划，该计划将能带来欧洲的复苏，并阻止苏联利用西欧的经济危机达到自身的目的。

一些美国人认为，即使苏联未能利用这一点，欧洲的崩溃也会对在战争期间得到极大提升的美国经济实力产生不利影响。副国务卿克莱顿等官员认为，除非每年价值至少 140 亿美元的出口市场得到保障，否则全面扩张的美国战时经济将在和平时期遭受产能过剩的困扰。从战争结束后到 1946 年底，美国的出口一直通过贷款和通过联合国善后救济总署发放的救济金维持。布雷顿森林机构无法填补美元缺口，世界银行的贷款额度不足 23 亿美元，且国际货币基金组织从未打算将其资金用于重建目的。美国的担忧在于，除非能够维持来自美国的硬通货的流通，否则欧洲国家会越来越多地试图通过诉诸双边主义、国家贸易和外汇管制来消除美元在欧洲内部贸易中的影响。因此，欧洲对自由资本主义的承诺被视为美国经济持续发展的关键。[1]

1947 年 6 月 5 日，马歇尔在哈佛大学发表演说，承诺通过大量输入美元和增加欧洲生产量这两项举措来实现对欧洲等国的援助，这两项举措为马歇尔计划奠定了基础。在演说中，他鼓励欧洲国家制定一项基于互助和自助的合作计划，在美国的援助下，该计划的目标应是致力于在 1951~1952 年消除欧洲的美元赤字。

在一定程度上，战后许多国家经济衰退，重建家园需要大量美元，这正好为美元的输出提供了世界货币舞台。美国凭借超强的经济实力，通过扩大出口促使外部对美元的需求增加，同时通过对外投资和援助向外供给美元，造成了本国巨大的国际收支顺差，其他国家则出现了经常性国际收支逆差。其资本输出的目的仍是带动出口，从而推动其他国家对美元的需求增加。美元因此在国际上走俏，造成了世界范围的"美元荒"。"美元荒"的出现是美元地位举足轻重的表现，为实施美元霸权战略奠定了直接的社会基础。这一

---

[1]　Joyce Kolko and Gabriel Kolko, *The Limits of Power: The World and United States Foreign Policy, 1945-1954*, New York: Harper & Row, 1972, p. 21.

时期也正是美元霸权确立后巩固和扩张的巅峰时期。"美元荒"的出现是美元霸权达到巅峰状态的标志。[①]

第二节 马歇尔计划的实施和英国的回应

战后，近现代资本主义文明发源地的欧洲陷入了普遍贫困：一方面是各国工农业生产凋敝，几近瘫痪，人民生活水平下降，处境悲惨；另一方面是苏联领导下的共产主义运动汹涌澎湃，在个别国家大有夺取政权之势。面对满目疮痍的欧洲，丘吉尔的富尔顿"和平砥柱"演说和乔治·凯南（George F. Kennan）的"八千字电报"使美国人深感重新武装欧洲的必要性。要实现战后美国全球霸权的第一步，就是要在经济上重新武装欧洲，因为"……目前的危机在很大程度上是由战争对西欧的经济、政治和社会结构的破坏引起的，也是由物资消耗殆尽和士气极其低落造成的。……政策设计委员会认识到共产党人正在利用欧洲危机，如果他们进一步得逞，美国安全将会面临严重威胁"[②]。

在二战结束时，作为世界上主要的债务国，英国欠了其战时债权国超过30亿英镑的债务，尽管其中大多数债务在英镑区，但它面临预期的在1945年至1950年累计的12.5亿英镑的国际收支赤字。这种巨额的国际收支逆差意味着工党政府建设社会服务国家和维持充分就业的国内承诺只能在国际经济扩张的背景下实现。一直以来，凯恩斯在制定英国经济外交政策方面始终占据主导地位。他认为，持续的国际扩张能否实现取决于世界上最大的债权国美国是否愿意提供慷慨的信贷，保持高水平的内部需求和保持低关

---

① 鲁世巍：《美元霸权与国际货币格局》，第 70 页。

② *FRUS, 1947*, Vol. III, pp. 224-225.

税。《英美财政协定》只是给了英国一个喘息的时间，并没有从根本上医治英国的战争创伤。由于数额相对于英国的需要显得太少，加上美元贬值和全世界物价上涨带来的损失以及英国国内建设轻重层次上的失误，贷款很快就所剩无几。在这种情况下，马歇尔向全世界宣布："美国应该尽其所能，帮助世界恢复正常的经济状态，这是合乎逻辑的，否则就不可能有安定的政治和稳固的和平。我们的政策不是反对任何主义，而是反对饥馑、贫穷、冒险和混乱。我们的政策的目的应该是恢复世界上行之有效的经济制度，从而使自由制度赖以生存的政治和社会条件能够出现……"[1]马歇尔计划也是美国在1947年对欧洲迅速蔓延的"美元荒"的回应。美国决策者担心，如果不加以控制的话，"美元荒"会引发经济危机，这会破坏建设开放世界经济的所有战时期望。[2]杜鲁门政府认为这场危机或者会破坏欧洲大陆的稳定，并且通过破坏战后的欧洲复苏，将欧洲交到苏联的手中，或者使欧洲国家通过诉诸自给自足的政策来控制其对美元的需求。美国希望短期内马歇尔计划能够充分刺激欧洲的生产，以消除欧洲和西半球之间的不平衡。

为减少美国国会对马歇尔计划的怀疑，杜鲁门总统在1947年夏建立了由威廉·哈里曼（William Averell Harriman）主持的总统对外援助委员会。该委员会赞扬欧洲经济合作委员会于1947年9月22日发布的对欧洲经济复苏问题进行总体陈述的报告，因为该报告强调"只有在货币和汇率稳定、预算平衡、贸易壁垒减少的条件下，欧洲才能扩大生产"[3]。

"欧洲自己的自然资源能够支持其钢铁和化学工业，并提供大部分燃料，但欧洲工业和欧洲农业长期依赖进口资源，欧洲人口长期依赖进口食品"，

---

[1]　"Text of 'The Marshall Plan Speech'," OECD, http://www.oecd.org/general/themarshallplanspeechatharvarduniversity5june1947.htm.

[2]　美国关于对战后世界经济形态的战时规划的细节参见 Gabriel Kolko, *The Politics of War: The World and United States Foreign Policy, 1943-1945*, New York: Random House, 1968。

[3]　The President's Committee on Foreign Aid, *European Recovery and American Aid: A Report*, Washington，D.C.: U.S. Government Printing Office, 1947, p. 5.

"没有大量进口，欧洲就无法复苏"，这种不正常的情况导致欧洲"目前无力支付超过其所需的一半左右资金"。哈里曼主持的总统对外援助委员会发布了报告，该报告对这种异常形势进行了解释和归纳。①虽然一些欧洲国家的总体生产显示出显著的复苏迹象，但欧洲的总产量，特别是德国的产量，仍远低于战前水平，煤炭的关键项目就是一个典型的例子。这种生产的延迟影响了欧洲的出口能力和进口需求。②因为欧洲被剥夺了其东方食品"面包篮"的称谓和其在战争时期对东方国家的错误定位，西欧的进口需求，特别是对美洲大陆的进口需求异常大。由于需要资本重建和发展，西欧的进口需求进一步扩大。③欧洲以服务支付和外国投资回报的形式（部分暂时但部分永久地）损失了主要的外汇来源。④工业和农业之间的价格关系发生了有利于后者的重大转变。⑤欧洲国家内部以及这些国家与外部世界之间的整个货币交换框架遭到严重破坏。①

最后，总统对外援助委员会据此做出了"只要确定有效援助的基本条件，欧洲的复苏就可以迅速实现"的判断。这些基本条件如下。

第一，中心目标必须始终是使欧洲不能独立于世界，而是与世界其他地区一样实现自给自足。

第二，美国的援助应该在规模上呈现递减的趋势。不能设想美国政府永久承担弥补欧洲赤字的责任。很明显，随着援助规模的逐渐减少，私人融资的自然力量必须恢复其正常功能，以恢复欧洲和美国企业之间的长期关系。

第三，应该认识到，当今世界面临的条件与20世纪30年代取得的条件正好相反，这要求采取截然不同的政策。参与国以及世界其他大部分国家都处在严重的通货膨胀时期。每增加一个经济负担，压力就会增加。委员会没有证据表明参与国正寻求过高的生活水平。但是，必须强调的是，太早地完成太多的资本形成——不管是公共的还是私人的——的尝试可能会破坏该计

---

① The President's Committee on Foreign Aid, *European Recovery and American Aid: A Report*, pp. 22-23.

划的目的。

第四，虽然欧洲无疑需要大量的美元形式的营运资金，但始终如一的目标不仅是恢复，而且是创建一种国家和国际框架，其通过努力可以维持这种恢复。在允许逐步放松各种束缚的前提下，货币和汇率的稳定是实现这一目标的关键。[①]

委员会的报告还号召"私人资本到欧洲去发挥作用"，"除了货币的稳定性，这就意味着减少无休止的限制和调整，以及人员和资金更自由的流动。它还意味着建立援助机制去刺激而不是取代正常的市场"，"在重建领域，我们应该强调使用更多的正常渠道，应该考虑贷款而不是馈赠，应该充分利用各种现有的国际机构，并应该利用私营企业的资源"。[②]

尽管马歇尔计划有其政治意图、经济目的和战略打算，从长远来看，美国的目标是建立一个能独立发展的、紧密联合的欧洲共同体，这个共同体由英国领导组成，能够遏制苏联的施压和融入多边的世界经济，但是马歇尔计划也不失为人类人道主义进程中的一项重要文献和一项宏伟的援助工程，也确实收到了实效，受援各国的经济很快都得到了恢复和发展。

在英国国内，人们的心情是矛盾的。英国的衰落和日益依赖美国使这个习惯于主宰民族命运的昔日帝国痛苦不堪，但是面对破败的局面，其又不得不日益依赖美国，所以对美国的仇视和依赖同步增长。在此种情况下，英国接受了美元援助，获得了份额最大的补贴（3165.8万美元，24.4%）、贷款（1956.9万美元，21%）和有条件援助（532.1万美元，35.1%）。对于英国来说，尽管援助最终并没能使其克服1949年由英镑贬值导致的困难，但是马歇尔计划停止了战争中期以来英美关系的不断恶化和消除了英国紧张的货币与财政状况。人们赞誉它是同《租借法案》这个"历史上最不肮脏的行

---

① The President's Committee on Foreign Aid, *European Recovery and American Aid: A Report*, pp. 35-36.

② The President's Committee on Foreign Aid, *European Recovery and American Aid: A Report*, p. 97.

动"① 一样"光辉、明智、慷慨"的行动,"就其目的、规模和气魄,就其不带限制条件来说……在和平与战争史上都是没有先例的"政策②。

在形势十分危急的关头,马歇尔计划挽救了英国,因此对"美国的慷慨大方","在事过境迁的今日,以感激心情来记取这件事将是明智的。如今许多人轻易地忘了甚至痛恨他们曾身受的好处"。③英国人的感恩戴德溢于言表,自然对美国人附带的尽管是很少的政治、经济条件也会答应。"对于任何一项最终可能要求本届美国政府支持的计划,美国必须坚持采取保障措施:第一,确保尽一切可能用美元降低支持的成本;第二,欧洲各国政府充分利用其权力,确保美国的援助得到有目的和有效的利用;第三,欧洲各国以经济上可行的和符合美国利益的任何形式,向美国提供最大限度的补偿。"④美国获得的补偿,无非是欧洲各国在政治上紧密地团结在以美国为首的西方资本主义阵营内,经济上支持以美元霸权为特色的《布雷顿森林协定》。为此,马歇尔计划"要求参与国提供有关其经济状况的统计数据,允许美国对其内部预算实行某种程度的控制"⑤。此外,还规定受援国应采取必要的金融和货币措施,以稳定通货,维持有效的固定汇率。

在战后的艰苦岁月里,除了苏联和东欧集团外,没有任何国家能够承受住贫困的压力、抗拒美元的诱惑,英国自然也不例外,紧紧地抓住了这根"救命稻草",因为其认为目前的受援可以使其以后不必受援和能够恢复英国对美国的独立。"英国同意逐步放弃英镑作为英镑区的国家储备货币地位,它将逐渐减少英镑区的国家在伦敦的英镑结余存款,使英镑的地位和其他国

---

① 〔法〕阿尔弗雷德·格罗塞:《战后欧美关系》,刘其中等译,上海译文出版社,1986,第102页。

② James Arthur Salter (Lord), *Memoirs of a Public Servant*, London: Faber & Faber, 1961, p. 311.

③ 〔英〕哈罗德·麦克米伦:《麦克米伦回忆录(3):时来运转(1945—1955年)》,张理京等译,第120页。

④ *FRUS*, *1947*, Vol. III, pp. 227-228.

⑤ William G. Carlton, *The Revolution in American Foreign Policy 1945-1954*, Garden City: Doubleday & Company, Inc., 1954, p. 56.

家的货币一致。"[1]

所以，在马歇尔演说发表的前一天，艾奇逊专门召见了《每日电讯报》驻华盛顿记者马格里奇（Malcolm Muggeridge）、《每日快报》的雷内·麦科尔（René MacColl）和英国广播公司伦纳德·米亚尔（Leonard Miall）3名英国记者，叮嘱他们在马歇尔发表演说后，"马上打一个电话向伦敦转达全部情况，同时你们中间务必有人要求你们的编辑使贝文立即得到这篇演说的全文。不管时间多晚都叫醒贝文，把演说文本交到他手里"[2]。6月5日，马歇尔的演说取得了巨大反响，演说发表不到15分钟，"马歇尔计划"很快就在美国和世界其他国家的报纸和广播中变成了通用的名词。美国下午马歇尔演说结束时，伦敦已是晚上9点，米亚尔下午3点向英国进行了广播，马格里奇和麦科尔通过打电话把文本告诉了他们报社的编辑，编辑又匆匆忙忙地把演说全文送到了贝文家中[3]。

由于当时英国的经济形势已经十分严峻，美元储备迅速流失，通过《英美财政协定》获得的贷款也所剩无几，马歇尔计划的提出对于英国面临的困境无疑是"雪中送炭"。对于这样的好事，英国政府甚至有点不敢相信。在接到外交部的相关电报时，贝文甚至认为自己受到了欺骗："马歇尔真的这样说了吗？为什么不报告？"[4] 因此，英国立即做出了积极主动的回应，表示欢迎美国的援助，愿意在联合欧洲问题上出力。由于马歇尔计划强调欧洲的联合与主动，英国政府便与法国进行磋商。6月9日，贝文向英国驻法大使库珀（Duff Cooper）发送消息，要求他会见法国外长乔治·皮杜尔

---

[1]　吴纪先主编《战后美国加拿大经济周期与危机》，中国社会科学出版社，1991，第195页。

[2]　Cabell Phillips, *The Truman Presidency: The History of a Triumphant Succession,* New York: The Macmillan Company, 1966, p. 182.

[3]　Joseph M. Jones, *The Fifteen Weeks (February 21-June 5, 1947)*, p.256. 笔者怀疑琼斯把雷内·麦科尔记成了亚历山大·麦考尔（Alexander MaCall），麦考尔为艾奇逊的医生，参见 Richard Crowder, *Aftermath: The Makers of the Postwar World*, London: I. B. Tauris, 2015, p. 184。

[4]　参见 Joseph M. Jones, *The Fifteen Weeks (February 21-June 5, 1947)*, p. 256。

（Georges Bidault），并且向他解释："我们迫切希望尽早与他们合作，研究美国对欧洲的新方针……如果我们想要从马歇尔先生的提议中获益，我们为欧洲国家提出最完整、最具建设性的计划是至关重要的。"[1] 该建议得到了法国的认可。英国当时深知马歇尔计划的反苏意图，因此还与法国探讨了苏联参加的可能性问题。库珀在 6 月 10 日再次会见了皮杜尔，探讨这一问题，皮杜尔极力反对苏联的加入。但是在 12 日召开的一次新闻会议上，马歇尔宣称援助将向所有欧洲国家提供，这似乎明显建议苏联参加。这使得英国对美国的态度很不放心，随即贝文决定亲自前往巴黎与皮杜尔和法国总理拉马迪埃（Paul Ramadier）磋商，以便搞清苏联是否可能参加这一问题。

同时，英国也在向美国展示其主动性。6 月 13 日，贝文在对外新闻协会发表讲话，赞扬马歇尔的演说是"世界历史上最伟大的演说之一"，认为英国"与欧洲的联系更加紧密了，……无论愿意与否，一个欧洲人的国家必须作为欧洲和世界其他地区的桥梁发挥作用"[2]。他同时呼吁英美法三国联合起来，"在地理上，英国、法国和美国几乎是在一条直线上，三国有着巨大的共同利益。法国也正在遭受极大的困难。我希望不久……它将同我们及其他人一起再次成为领导者"[3]。而且此时的英国工党召集全体成员开会表示"支持欧洲复兴计划"[4]。

贝文在向美国驻伦敦大使馆通报他对马歇尔演说的反应时，认为马歇尔"国务卿在哈佛大学的演说是一次具有重大历史意义的宣布。它正确地将

---

[1] "FO 371/62300, UE 4538/37/53G, Mr Bevin to Mr Duff Cooper(Paris), Jun. 9, 1947, 1.35 p.m.," in Gill Bennett, Patrick Salmon (eds.), *DBPO, Series I, Vol. XI: European Recovery and the Search for Western Security, 1946-1948*, London: Routledge, 2016, pp. 211-212.

[2] Alan Bullock, *Ernest Bevin: Foreign Secretary 1945-1951*, London: William Heinemann, 1983, p. 75.

[3] Margaret Carlyle, *Documents on International Affairs 1947-1948*, London: Oxford University Press, 1952, p. 30.

[4] William C. Mallalieu, "The Origin of the Marshall Plan: A Study in Policy Formation and National Leadership," *Political Science Quarterly*, Vol. 7, No. 4, 1958, p. 491.

下一步行动和制定重建计划的责任交给了欧洲"，他的"结论性意见是，美国今天所处的位置，就像拿破仑战争结束时的英国。当战争结束时，英国拥有了全世界30%的财富。如今，美国持有约50%的财富。在滑铁卢战役之后的18年里，英国'实际上放弃了它的出口'，但这带来了稳定和百年和平"。[1]

英国对马歇尔计划的反应同时受到了1947年夏天美元储备迅速流失的影响。1947年夏天，英国遵照《英美财政协定》开始实行英镑按现行汇率自由兑换成美元的举措。但在实行自由兑换之前，英国的外汇储备就已经降至危险的低水平：1946年下半年，英国外汇储备减少了5.8亿美元，1947年上半年减少了18.4亿美元。[2]

6月18~19日，贝文与法国总理拉马迪埃、外长皮杜尔在巴黎举行了为期两天的会谈，以便确定英法对苏联参加欧洲复兴计划的立场。皮杜尔认为，"必须将苏联与邀请其他欧洲国家联系起来"，"如果苏联人采取拖延或阻挠的策略，法国绝不容忍，而是继续与愿意合作的欧洲国家政府一起制定一项计划"。[3]贝文对此表示赞同。由于在对苏立场上取得一致，英法当天发表了一项联合声明，表示两国"非常满意地欢迎（马歇尔先生）关于欧洲国家间经济合作组织的想法，以及美国为使这种合作有效而设想的帮助"，认为欧洲有必要制定一个更为广泛的计划，并"鉴于必须采取的措施的极端紧迫性"，邀请苏联参加商讨欧洲响应马歇尔建议事宜的预备会，还要求苏联"应于6月23日开始的一个星期之内在商定的地点举行一次会议，以全面讨论这些问题"。[4]6月19日下午晚些时候，贝文就巴黎会谈向下议院发表了

[1]　*FRUS, 1947*, Vol. III, p. 255.

[2]　PRO, CAB 129/20, CP 227 (47), Aug. 5, 1947, p. 6.

[3]　*FRUS, 1947*, Vol. III, p. 258; Alan Bullock, *Ernest Bevin: Foreign Secretary 1945-1951*, p. 407.

[4]　Royal Institute of International Affairs, *Chronology of International Events and Documents, June 9-22, 1947: Vol. 3, Iss. 12*, London: Royal Institute of International Affairs, 1947, p. 341.

一份简短的声明，认为"马歇尔先生的提议是欧洲的一个伟大机会"，英国政府"将抓住这一机会，努力使其发挥最大的作用"。①英国积极、主动的配合行动有力保证了美国欧洲复兴计划的顺利开展。美国政策制定者尤其欢迎贝文的倡议，他们支持英国率先实施欧洲重建计划。

然而，英国的积极响应并非没有自己的利益考量。一方面，英国政府想在欧洲联合的过程中，充当一个领导者，充当"使欧洲在美国喷水壶的浇灌下茁壮成长为一个快乐的西方伊甸园的园丁"②；另一方面，英国试图通过这些行动获得美国的特殊援助。为此，英国政府打算在援助政策出台前与美国进行一次磋商。

对美国来说，此时也正有此打算。因为 6 月 22 日，苏联照会法国政府表示接受英法的邀请，这使美国政府感到不安。苏联这样做在美国看来仅仅是出于宣传目的，正如杜鲁门所回忆的："他（指莫洛托夫）打算做的是利用这种局势来达到俄国自己的宣传目的。他企图使贝文和皮杜尔要求美国答应一个欧洲所期望的全部援助的具体数额。当然，这样一来，美国国务院就会被迫做出我们不能以这种形式承担义务的答复，于是，苏联就可以向全世界宣称我们不打算实现我们的建议。"③在这种情况下，美国更加感到有必要举行一次英美会谈，商讨排除苏联的问题。

6 月 24 日，克莱顿在美国驻英大使道格拉斯（Lewis Douglas）的陪同下飞往伦敦，与英国首相艾德礼、外交大臣贝文、财政大臣道尔顿等英国官员举行了两天的会谈。在会谈中，克莱顿强调："在美国看来，进一步的零敲碎打的援助对欧洲来说是不可行的。这个问题必须作为一个整体来处理。"针对对英国的后续援助，他重申，"无法想象政府会向国会提交针对任

---

① HC Deb, Jun. 19, 1947, Vol. 438, Col. 2241.

② W. R. Louis and H. Bull, *The "Special Relationship": Anglo-American Relations Since 1945*, Oxford: Clarendon Press, 1986, p. 19.

③ 〔美〕哈里·杜鲁门：《杜鲁门回忆录》（下），李石译，第 141 页。

何一个国家的新提案，必须制定出一个欧洲计划"。[1] 因此，无论制定什么样的方案，该方案都应该全面考虑欧洲的需要，而不是零散地针对特定国家，这是美国应对当前形势的关键。克莱顿认为美国对英国的援助同样不能例外，其只能是欧洲计划的一部分。克莱顿还表示，由此"引发整个问题"的"美元荒""反过来代表着欧洲生产的失败"[2]。他告诉英国人，应将欧洲经济关系的"密切程度"作为一个重要组成部分进行某种一体化，"有必要制定一个包括欧洲一体化在内的坚定的欧洲计划，以让国会相信美国有必要提供更多的援助"。[3] 建立欧洲区域集团是迈向全球货币可兑换和多边贸易的第一步。时任国际货币基金组织外汇管理部主任罗伯特·特里芬（Robert Triffin）后来强调，华盛顿希望创建"一个大而稳定的贸易更加自由的区域，而这个区域逐步将非成员国纳入其轨道"[4]。美国官员设想了一种新形式的国际体系，在该体系中，美国将找到的伙伴不是单一的西欧国家，而是一个在遏制苏联扩张政策和实现多边主义方面与美国合作的一体化西欧。

但是，贝文竭力维护英国的"老资格"地位，强调英国与欧洲其他国家不同，是一个"负有世界责任的帝国"，承担着占领德国所必需的沉重开支，英国希望美国能"特殊"对待英国，提供某种"临时性的解决方法"，让英国为欧洲经济复兴做出更多贡献。这种办法就是英美的"财政合作"，以解决英国当下的经济困境。英国"不同意美国把英国作为欧洲同盟一员

---

[1] *FRUS, 1947*, Vol. III, p. 270.

[2] *FRUS, 1947*, Vol. III, p. 278.

[3] *FRUS, 1947*, Vol. III, pp. 279-281.

[4] Robert Triffin, *The World Money Maze: National Currencies in International Payments*, New Haven: Yale University Press, 1966, p. 400. 这里特里芬不仅仅是表达自己对区域一体化可能会带来什么的看法。从1946年至1951年，特里芬密切参与制定美国经济外交政策，首先担任国际货币基金组织外汇管理部主任（至1948年），然后作为欧洲经济共同体欧洲内部收支委员会的观察员，从1949年至1951年担任巴黎经济合作管理局特别代表埃夫里尔·哈里曼（Averell Harriman）的政策、贸易和金融特别顾问。

的看法，也反对欧洲经济一体化的做法"①。英国财政部常务秘书布里奇斯（Edward Bridges）表示"英国人担心马歇尔计划中'欧洲联营'的主张"，他认为这样将会使英国降至欧洲最低水平。克莱顿对贝文极力争取英国"老资格"地位和与美国建立"金融合作伙伴关系"的要求不予理睬，坚称"对英国伙伴的特别援助违反'不会对欧洲问题采取任何零碎方法'的原则"②；认为"对欧洲来说，进一步的零碎援助是行不通的"，并反问"英国的问题与欧洲其他国家的问题究竟有何不同"③。

尽管如此，英国还是希望利用贝文对美国提出的帮助欧洲的建议的主动回应来扩大该计划的范围，并尽可能从华盛顿争取到更多的美元。这一政策与国务院的目标不符，随着巴黎与欧洲经济合作委员会的谈判取得进展，华盛顿变得越来越焦虑，唯恐欧洲人仅仅提出 16 份"购物清单"，而不是制定一个尽可能地满足彼此需求的合作计划。④

6月26日是英美会谈的最后一天，贝文提出了如何对待苏联的问题。贝文询问，在即将召开的巴黎经济会议上，若苏联要求优先申请美国贷款，美国将持何种态度。克莱顿表示，他无法就美国对苏联贷款的态度给出一个明确的答复。但他认为，在美国批准延长对苏联的财政援助之前，苏联对欧洲复兴及其他相关事宜的立场必须有根本的转变。

克莱顿认为苏联并不需要食物、燃料和纺织品，因此参与欧洲复兴计划的短期援助就没有什么基础可言；但从长远来看，苏联显然在资本设备、重建等方面有贷款需求。贝文认为，如果苏联人不参与短期援助，他们就不会参与马歇尔计划。他问克莱顿，如果这样的话，美国是否仍旧支持英国与其

---

① Thomas G. Paterson, *Soviet-American Confrontation: Postwar Reconstruction and the Origins of the Cold War*, Baltimore: Johns Hopkins University Press, 1973, p. 215.

② Henry Pelling, *Britain and the Marshall Plan*, Basingstoke: Palgrave Macmillan, 1988, p. 12.

③ *FRUS, 1947*, Vol. III, p. 270.

④ *FRUS, 1947*, Vol. III, pp. 372-375.

他国家和睦相处。克莱顿对此做出了肯定的答复。^①在得到这样的保证后，英国才在之后同苏联的会谈中坚决采取强硬态度。

英美会谈体现了英国希望凭借英美特殊关系让美国给予特别对待的想法，但这种想法并未得到美国的有力支持，美国坚持将英国视为西欧国家中平等的一员来对待，不给英国特殊待遇。但在排除苏联问题上，美国仍然比较重视英国的意见。虽然英国已经是"日落斜阳"，但其丰富的外交技巧仍可作为美国反苏政策的工具被美国利用。

此时的英国迫切需要美国的援助。经过激烈的争吵之后，英国还是不得不屈服于美国的压力，在此次英美会谈中，英国未能实现自己的如意算盘。^②7月4日，贝文告诉英国内阁："如果能在9月之前向美国提出重建建议，那么美国国会10月召开特别会议的可能性还是相当大的，考虑到年底我们将不得不面对的严峻的美元形势，我们应尽一切可能实现这一目标。"^③7月7日，贝文在给艾德礼的信中写道："我渴望做的事情是制定一项政策，除了在这里充分养活我们自己的产业外，还将优先考虑发展那些生产美国短缺的原材料并使我们能够将这些原材料运往美国的项目。这些将是赚取美元的商品，但不会与美国制造的商品形成竞争。"^④但英国也知道这还是不太可能得到美国响应的。加之，英国在这个月实行了兑换制，但带来了上文所说的悲惨结果，黄金和美元储备急剧流失，因此，争取美援刻不容缓。

为此，7月底和8月初，贝文两次会见美国驻英大使道格拉斯。他告诉道格拉斯："时间因素非常重要。……如果美元和加元（贷款）都被用完，英国将在大约明年1月陷入困境。如果美国援助来得太晚的话，那将是令人遗憾的。"道格拉斯表示"他完全明白这件事情的紧迫性"。^⑤

---

① *FRUS, 1947*, Vol. III, pp. 290-291.

② Henry Pelling, *Britain and the Marshall Plan*, p. 17.

③ Henry Pelling, Britain and the *Marshall Plan*, p. 15.

④ Henry Pelling, *Britain and the Marshall Plan*, p. 17.

⑤ Henry Pelling, *Britain and the Marshall Plan*, p. 17.

　　英国此时关注的重点是美国能否提供充足的美元援助，这在一份欧洲经济合作委员会的报告中体现出来，引起了美国的极大不安。美国国务院不满意欧洲经济合作委员会提出的建议。担任副国务卿的罗伯特·洛维特（Robert Lovett）抱怨说，巴黎经济会议仅仅提出了"16份购物清单"[①]，其援助总额令人失望，不仅在于其援助规模，还因为这意味着即使是欧洲经济合作委员会所希望的巨额资金也无法在1952年之前使欧洲实现复兴。在这种情况下，华盛顿已达成了共识，即美国应该"在起草工作中提供友好援助"；最行之有效的措施却表明，由共和党占主导地位的国会反对大规模联邦支出计划，将拒绝批准一项与欧洲经济合作委员会报告中提出的规模相当的计划。

　　因此，8月中旬，美国开始在加强经济合作的方向上对欧洲经济合作委员会施加积极的影响。洛维特告诉美国驻巴黎大使杰斐逊·卡弗里（Jefferson Caffery），首先，马歇尔计划的"基本要素"部分应该更准确地体现在欧洲经济合作委员会的报告中，这部分内容是关于恢复整个西欧农业和煤炭、钢铁、运输和电力等基础工业的"具体建议"，特别是，美国希望看到法国的粮食产量增加，以及鲁尔和英国的煤炭产量增加。其次，欧洲经济合作委员会成员国应该更愿意通过"货币改革，［和］纠正严重通胀的财政做法"等措施来稳定本国经济。最后，应该发展多边的欧洲内部贸易。[②]

　　尽管洛维特做出了很大努力，但最终的欧洲经济合作委员会报告反映了英国的担忧而不是美国的目标。它不仅没有强调建立经济一体化直至关税同盟的迫切需要，反而把重点放在了美元的全球性问题上："……欧洲向美洲大陆支付的传统方法是通过与世界其他地区的出口顺差来完成支付。因此，至关重要的是，世界其他地区应该有足够的美元资金，以便参与国和德国西部不仅可以直接通过出口到美洲大陆而且可以间接地通过出口到美洲大陆来

---

① *FRUS, 1947*, Vol. III, pp. 372-373.

② *FRUS, 1947*, Vol. III, pp. 383-389.

赚取美元。"[1] 英国希望,美国在欠发达国家的大规模外国投资计划能首先刺激世界贸易的恢复,然后扩大世界贸易,从而缓解它们当前的美元问题和促使长期"美元荒"消失,而其中的许多欠发达国家在英镑区。通过欧洲经济合作委员会的报告,英国人试图推动美国对凯恩斯主义国际经济的支持。通过主动纠正建立在英镑与美元伙伴关系基础上的不平衡,美国将有助于建立一个全球环境,英国能够在其中实现充分就业与多边贸易之间的协调。

为此,英国极力推动巴黎经济会议的召开,并在此过程中尽力维护自己的利益。在英国政府的种种努力之下,9 月 22 日,巴黎经济会议 16 国代表签署了欧洲经济合作委员会的总报告并将之提交美国政府。总报告无可奈何地承认欧洲国家对美国严重依赖这个事实:"参与国充分认识到,如果没有美国向某些欧洲国家提供的慷慨和实质性的援助,欧洲的复兴就无法实现目前取得的进展。事实证明,这种援助尚未证明足以使欧洲国家在健全的基础上重建其生产和贸易。……如果没有另外的外援,这里所做的承诺就不能完全实现,欧洲的复兴也不能最终与永久地实现。"[2] 总报告还规定了"欧洲复兴计划"的四项原则:"(1)每个参与国大力开展生产活动,特别是在农业、燃料和动力、运输以及设备现代化方面;(2)创造和维持(参与)国内的财政稳定,作为确保充分利用欧洲的生产和财政资源的必要条件;(3)发展参与国之间的经济合作;(4)解决参与国与美洲大陆之间的赤字问题,尤其是出口问题。"[3] 最后,总报告向美国提出了在 1948 年至 1951 年四年期间提供224 亿美元援助的要求,要求英国在第一年内获得总援助额的 30%。[4]

---

[1] *Committee of European Economic Co-operation, Volume 1, General Report, Paris, Sept. 21, 1947,* Washington,D.C.: U. S. Department of State, 1947, p. 120.

[2] *Committee of European Economic Co-operation. Volume 1, General Report, Paris, Sept. 21, 1947,* p. 2.

[3] *Committee of European Economic Co-operation. Volume 1, General Report, Paris, Sept. 21, 1947,* p. 11.

[4] *Committee of European Economic Co-operation. Volume 1, General Report, Paris, Sept. 21, 1947,* p. 59.

但是，英国利用其欧洲经济合作委员会主席的职位来平衡其在欧洲复兴中的利益，并试图为维持其英镑区中心的国际经济地位获取某种金融压舱石，美国对英国的做法感到愤慨。正如马歇尔告诉道格拉斯大使的那样："英国希望从美国建议的欧洲计划中完全受益，却同时保持不完全是欧洲国家的身份地位。"① 不幸的是，对英国人来说，他们可能通过马歇尔计划得到的援助程度，与其说取决于他们认为的必要东西，不如说取决于美国认为可以提供什么。为应对美国的压力，欧洲经济合作委员会在报告的最终版本中将从 1948 年到 1952 年美国和欧洲之间可能出现的赤字减少到 220 亿美元。但这对美国来说仍然太多了。1947 年的秋天，奥利弗·弗兰克斯爵士率领由欧洲经济合作委员会成员国代表组成的代表团前往华盛顿。杜鲁门政府致力于实现欧洲一体化的愿景，并在国会的敦促下，决定建立一个审查巴黎报告要求的技术委员会，以此来鼓励欧洲经济合作委员会通过使资本计划适度可行和加强对"自助和互助"的承诺，进一步降低其美元需求。因此，这并不奇怪，当弗兰克斯率领的欧洲经济合作委员会代表团抵达华盛顿时，他认为美国政府"从他们的角度来看，完全不相信在巴黎所做的工作是真正有用的"②。到了 12 月，通过技术委员会的工作，美国将欧洲经济合作委员会报告中的美元需求削减到 170 亿美元。与此同时，在第一批马歇尔援助到来之前的资金缺口中，美国政府允许英国从其最初 37.5 亿美元的贷款中扣除 4 亿美元。

因此，1947 年夏秋两季，英国对马歇尔计划的政策影响，脱离了美国正在计划建立的紧密联系的、经济上自给自足的国际社会。英国强调了美元危机的全球性，这一点因由英镑兑换危机创伤带来的影响而深深烙印在英国官员们的脑海中，在长达 6 周的时间里，英国发现自己正在为世界对美元的

---

① *FRUS, 1947*, Vol. III, pp. 418-419.

② PRO, CAB 129/22, CP 340 (47), Dec. 22, 1947, p. 1.

需求承受巨大压力。英国认为，如果不采取行动来缓解不平衡状况，那么欧洲大陆产量的增加以及欧洲经济合作委员会国家之间贸易和支付壁垒的大幅减少可能只是短期的收益。这一技术性的经济论点还暗含一种政治判断，即欧洲经济一体化有多大的必要性，以及英国自己应该在多大程度上参与欧洲事务。1947年夏天，英国对欧洲货币互换的建议、美国援助的规模和在马歇尔计划中的地位采取的立场，构成了1950年和之后一段时间内英国对西欧发展的态度的基础。

英国因为自己的经济困难，极力响应马歇尔计划，推动巴黎经济会议的召开，同时秉承美国的意志，在排苏问题上充当先锋角色。但英国的经济困难也造成了它对美国的依赖，致使在对美交涉中，英国往往处于被动地位。

英国对马歇尔援助表示欢迎，因为这能使其避免在大规模紧缩或严重通货紧缩之间做出选择，或者避免外汇储备耗尽导致两者兼而有之。但英国认为，一个紧密团结的欧洲共同体的成员国身份将削弱其作为英镑区中央银行的角色和损害其国内经济。由于英镑区对比利时存在逆差，而对瑞士的逆差较小，在任何全面开放欧洲汇率的过程中，英镑区的外汇储备都将损失大量的硬通货。

英国怀疑"美元荒"的主要原因是"欧洲无法进行生产"这一论断是不正确的，这在1947年到1950年发生的事件中得到了证实。在1949年与1950年之交，西欧的工业产值达到了战争以来的最高点，是1938年的122%。然而，"美元荒"问题仍然严重。1950年2月16日，马歇尔国务卿的继任者迪恩·艾奇逊写道：

在欧洲复兴计划结束时，欧洲的生产将会恢复，并取得实质性的恢复。但美国商品和服务的支付问题仍然存在。自由世界的国家仍然需要我们一定数量的出口，如果它们对美国的出口保持在目前水平，它们将无法支付。用最简单的话来说，这个问题是：随着欧洲复兴计划援助的减少，并在 1952 年终止后，欧洲和世界其他地区如何获得支付高水平美国出口所需的美元？这对于它们自己的基本需求和对美国经济的福祉来说都是至关重要的。①

1950 年初，美国 160 亿美元的出口中有 1/3 是其他国家用通过对外援助获得的资金支付的；一旦这种援助结束，1947 年英镑兑换危机就会很快重现。

有人认为随着欧洲产量的提高，欧洲就能够平衡与美国的贸易，这种想法违背了经济现实。战前，欧洲没有直接实现与美国的贸易平衡，在 1945 年之后，欧洲则根本无法获得其在 1938 年之前所实现的贸易顺差。此外，由于许多欧洲的出口产品缺乏竞争力，而美国工业生产力在战争期间大幅提升，这些使得美国市场更难打开。因此，随着欧洲产量的增加，美国出口的趋势是流向隶属于欧洲经济合作委员会国家的货币区，而这些国家分别是英国、比利时、荷兰、法国和意大利。

在通常情况下，一种货币的升值往往会鼓励进口，因为它们给外国出口商带来了以当地货币计算的更大回报，而该国的出口则往往会下降，对外国进口商来说，以当地货币计算，进口商品会变得更加昂贵。1949 年英镑的贬值打乱了法国、比利时和意大利等国的货币计划，这些参与国别无选择，只能通过贬值本国货币来应对英镑兑美元汇率的重新调整。由于这些货币区内非美元的基本进口来源，马歇尔计划的总体影响不是将世界拖向多边主义，而是推动西欧走向自给自足之路。1949 年，美国财政部和国务院的决策者对这一事态发展感到非常震惊，他们最终成功地促使参与国采取了一系列与美元有关的货币贬值措施。②3 月 9 日的《伦敦时事通讯》更是一针见血地指出，欧洲货币的任何贬值都有可能从华盛顿开始，并在华盛顿进行，而且将

---

① *FRUS, 1950*, Vol. III, pp. 834-835.

② Scott Newton, "The 1949 Sterling Crisis and British Policy towards European in Tegration," *Review of International Studies*, Vol. 11, No. 3, 1985, pp. 169-182.

以美元升值的形式进行，而不是以一种或多种欧洲货币贬值的形式进行。[1]

欧洲复兴远不是世界回归多边主义的先决条件，事实证明，只有克服"美元荒"才能实现多边主义的回归，这一点也是英国始终坚信的观点。克服失衡的唯一可靠方法就是通过一项为世界提供美元援助和投资的协调计划，如果做不到这一点，就通过一项针对英镑区的马歇尔计划。这将使包括英国在内的欧洲国家在与东方国家的贸易中赚取硬通货，从而为其从西半球的进口提供资金。

第三节　英国的财政危机

美国通过马歇尔计划向西欧国家提供美元信贷，解决了这些国家经济重建面临的"美元荒"问题。在马歇尔计划结束后的 20 多年里，这些国家经历了前所未有的高速发展。同时，美国通过规定其提供的援助美元必须被用来购买美国自己援助欧洲的商品，为解决美国国内的过剩产能问题开辟了市场，刺激了美国国内经济的持续快速增长。在美国与各国不断的贸易交往中，国际上对美元的旺盛需求推高了美元汇率，美元被广泛使用和普遍接受。因此，马歇尔计划成为推动美元国际化进程的一股重要力量。在马歇尔计划结束时，欧洲多边支付体系下的自由贸易基本建立，各国贸易壁垒消除，市场全面开放，美元畅行于欧洲开放市场，国际货币体系名副其实地成为美元本位体系，美元正式成为全球主导货币。因此，马歇尔计划帮助美元更加全面地从英镑手中夺取了世界货币的霸主地位。[2]

---

[1] Governors & Senior Personnel - H. C. Coombs - Devaluation - London Newsletter Report – "Devaluation Again" (01/01/1948 - 31/12/1948), Reserve Bank of Australia Unreserved, CHC-18-10, https://unreserved.rba.gov.au/nodes/view/85931.

[2] 张青龙：《中国和平崛起背景下人民币国际化战略研究》，上海财经大学出版社，2014，第141~142 页。

在 1948~1949 年，美国爆发了经济危机。为了转嫁经济危机和夺取更多的销售市场与投资市场，美国再次对英镑发起攻击，从多方面施加压力，迫使英镑贬值。当时，美国除了在国际市场上大量抛售英镑，促使英镑汇率下跌外，又策动意大利、比利时等国向英国发出威胁——英镑如不贬值，意大利、比利时就将对美元和英镑实行差别汇率。此时的英镑内外交困，英国根本没有能力维持对外汇率。

外汇市场干预是扩大国家权力的工具。英国设立外汇平准账户的部分目的是在英格兰银行发行部的规模限制之外进行干预，其目的是使英格兰银行的资产负债表免受干预的影响。英国外汇市场在第二次世界大战开始时关闭，直到 1951 年才重新开放。在此期间，英国当局以固定汇率为批准目的提供外汇，1949 年 9 月 18 日，英国政府被迫宣布英镑贬值 30.5%，将英镑含金量由 3.58134 克降为 2.48828 克，英镑兑美元汇率由 1 英镑 =4.03 美元降至 1 英镑 =2.80 美元。[1] 英镑的贬值，使美国以超低价格掠夺英镑区国家的原材料成为可能，扩大了美国在英镑区国家内投资的好处，并为美国进一步迫使英镑再度实行自由兑换准备了条件。

所有这一切都使得英国经济岌岌可危，然而财政大臣道尔顿还在顽固地坚持他的廉价货币政策，试图依靠增加新税来限制通货膨胀，压缩国内需求。对此，继任的财政大臣克里普斯（Stafford Cripps）并没有在大的方面做出太多的变动，导致英国经济形势更加严峻，只是由于 1947 年底到 1949 年春天英国的经济形势稍微好转，加上马歇尔计划的及时援助，英国才渡过了难关。形势刚刚有所好转，意外出现了，在布鲁塞尔的马歇尔计划谈判陷入了僵局，达成妥协的结果是英镑区内的美元将不可避免地流失。与此同时，美国新一轮的暂时经济衰退影响到了英国，致使英国出口能力下降，进口费用急剧攀升，危机卷土重来。虽然如此，英国财政部却对英镑贬值的问题避

---

① William A. Allen, *The Bank of England and the Government Debt: Operations in the Gilt-Edged Market, 1928–1972*, Cambridge: Cambridge University Press, 2019, p. 199.

而不谈，只是一味地大量削减人民生活必需品甚至工业生产原料的进口。但是，要是不能扩大出口或者寻求到新的贷款，一切措施都将毫无用处。美元的流失终于不可避免地导致了英镑贬值，"局势变得再也维持不下去了，储备的流失从涓涓滴滴而涨大成洪流……于是9月18日，克里普斯在一次著名的广播中宣布英镑从四点○三美元贬值到二点八美元……政府决定把英镑重新定值到可能维持的最高点"①。

1949年，美国金融寡头利用英国外汇体系的削弱，重新对英镑区发起进攻，使得英镑和许多其他国家的货币贬值了。英镑的新汇率定为2.80美元兑换1英镑，代替了4.03美元兑换1英镑的旧汇率，即贬值了30.5%。此时，美元并未跟随英镑的贬值而贬值，美国凭借对西欧各国巨额的出口顺差，维持比其他资本主义国家更强的出口能力和出口竞争力。即使此时英镑贬值，英国在出口贸易上也无法同美国竞争。

英镑贬值意味着英国的劳动者以及英帝国自治领和殖民地的劳动者生活水平的降低，并在这方面为英国垄断组织带来新的利润。它们利用英镑贬值及由此造成的英国货物在世界市场上的减价来扩大对外贸易。同时，英镑贬值表明英镑对美元的退让。它使得美国可以"廉价"地向英帝国市场扩张，它刺激美国资本增加输出，它使得美国富豪有可能廉价收购英帝国及英镑区国家的原料资源和工业企业。贬值影响了英镑的信用，破坏了它作为国际货币的威信，加强了它对美元的依赖。英镑贬值导致英国"贸易条件"进一步恶化，使得对英国不利的进出口价格的对比更加不利。

但是英镑贬值一点也没有消除英美之间在外汇和金融问题上的矛盾。相反地，英镑和美元之间的斗争变本加厉。尽管美元方面发起猛烈的进攻，英镑区实力尚存。1953年9月18日，英国贸易委员会主席桑尼克罗夫特（Peter Thorneycroft）在日内瓦《关税与贸易总协定》缔约成员举行的第八次会议

---

① 〔英〕哈罗德·麦克米伦：《麦克米伦回忆录（3）：时来运转（1945—1955年）》，张理京等译，第101页。

上宣称，"世界上大约一半的贸易是用英镑进行的"，同时"确保英镑坚挺是一项国际责任，也是一项国家责任"。[①]

英国有人提出计划：把英镑区和改组后的欧洲支付同盟联结起来，由此扩大英镑区，从而建立起英国占金融外汇优势的、包括资本主义市场大部分的广大的区域[②]。至于欧洲支付同盟，现在已经是奄奄一息了。它是在美国压力下于1950年成立的，美国当时极力要建立一个以美元通货为基础的"统一的欧洲市场"。英国经过了长期的抵抗后才参加了这个同盟。一直到1951年春，英国对欧洲支付同盟都有结余，是其债权国。到了1951年4月，它的结余为4.51亿美元。但是英国实行的经济军事化使其在这个同盟内的地位迅速下降。1952年夏，它已经成为负债12亿美元的债务国，到1953年底，债务虽然减少，但仍然接近8亿美元。这些赤字是要用黄金来弥补的，因此英国留在这个同盟里就只能为自己制造新的困难。英国有人不止一次地提出了完全退出欧洲支付同盟的要求。

英国加强它和欧洲支付同盟个别成员国之间的单独联系，特别是斯堪的纳维亚各国，英国和它们于1950年1月缔结了特别的金融外汇协定。它极力要"改组"欧洲支付同盟，使它和英镑区密切联系而和美元基础脱离。

经济一向是立国之本，战后保守党政府首任财政大臣巴特勒（Rab Butler）虽然秉承前任的各项大政方针，但迈出了英国经济"走走停停"的第一步，从而开始了持续20年的保卫英镑的货币政策。

工党政府执政末期，英国又发生了一次国际收支平衡危机。作为一国对外贸易状况的晴雨表，国际收支平衡情况在战后恢复时期具有不寻常的意义

---

① Information Centre-European Office of the United Nations-Geneva-General Agreement on Tariffs and Trade-Eighth Session of the Contracting Parties-Speech by the Right Honourable Peter Thorneycroft (United Kingdom) Delivered in Plenary Session on 18 Sept. 1953, GATT/118, 21/09/1953, https://docs.wto.org/gattdocs/q/GG/GATT/118.PDF.

② Clifton Daniels, "Freer Money Plan for West Pushed: Britain Holding Discussions with Europeans-U. S. Not Ready to State Attitude," *New York Times*, Aug. 1, 1953, p. 2.

和作用，因为它能为指导一国对外经济活动和深度参与国际事务提供依据。"在海外支付问题上，危机比 1947 年甚至比 1949 年更糟……而且瞻望前途情况不会更妙。"[①] 这在一定程度上反映了此时英国实际的国际收支平衡情况不断恶化。此时的英国，"对英镑的投机性压力，政府的反应既无章法，又不坚决。政府只是重新实行了 1950 年废除的进口限制，但是却没有想到要实施进口限额，也没有想到要组织备用信贷。至于削减军备计划问题，更是无人考虑。政府似乎在政治上无意进取，一味依赖文官的保守建议行事"[②]。结果，国际收支由 1950 年约 3 亿英镑的盈余变为 1951 年约 4 亿英镑的赤字，加上当时其他不利因素的影响，到保守党政府接手收拾残局的时候，财政赤字已经达到将近 7 亿英镑，以至于有了"如果英国继续挑着实施银行制度与贸易制度的重担，并且肩负着英镑作为国际通货的一切责任，我们大不列颠还能不能开张营业"[③] 的扪心自问。

保守党政府立即采取了能够改善国际收支状况的措施，到 1952 年底，成效显著，政府有了 3 亿英镑的盈余。巴特勒将银行利率由 2% 提高到 2.5%，随后不久又提高到 4%[④]，以此促进英镑区的结余上升，减少对外来物资的需求，缓冲对经济状况的压力。其实，当时的英国百废待兴，各行各业急需大量的资金、原材料进行生产建设，而在国际收支由盈转亏再到盈的过程中，经济建设受到了冲击，甚至变得有些萧条了。但是当时政府的主要目标是改善国际收支状况，不让英镑大量流失，收支盈余就是货币政策功效的标准，所以巴特勒的货币政策在当时被认为是卓有成效的，然而其实现收支盈余的真正原因是 1952 年英国对外贸易条件的改善。

---

① 〔英〕哈罗德·麦克米伦:《麦克米伦回忆录（3）：时来运转（1945—1955 年）》，张理京等译，第 359 页。

② 〔英〕阿伦·斯克德、〔英〕克里斯·库克:《战后英国政治史》，王子珍、秦新民译，第 80 页。

③ 〔英〕哈罗德·麦克米伦:《麦克米伦回忆录（3）：时来运转（1945—1955 年）》，张理京等译，第 360 页。

④ 〔英〕阿伦·斯克德、〔英〕克里斯·库克:《战后英国政治史》，王子珍、秦新民译，第 87 页。

在巴特勒担任财政大臣期间，由于 1949 年英镑贬值的好处显现和世界贸易环境好转，英国国际收支没有出现过大的问题，国内经济、对外贸易持续稳定发展。英国的进出口交换比例从 1951 年到 1952 年上升了 6 个百分点，1952 年到 1953 年又上升了 6 个百分点，尽管出口额下降，但国际收支赤字还是消失了。[①] 继 1953 年的"走"之后，政府继续鼓励投资，降低银行利率，结果英国出现了经济繁荣的局面，政府甚至能够恢复自由市场经济，取消各种物资限量供应制度。但一旦经济稳步发展，投资高潮就会造成不必要的通货膨胀。开始时，鼓励投资是完全应当的；1952 年到 1953 年，银行利率降低，英国在 1954 年的预算方案中又实行了投资津贴政策。企业缺员数已超过失业人数，繁荣已经开始。但是，考虑到大选在即，在 1955 年 4 月的预算方案中，巴特勒不仅没有采取"停"的措施，反而把所得税降低了 6 先令，并增加了个人津贴。在 1955 年的大选中，保守党凭借经济形势一派大好的优势轻松获胜，继续执政。在大选获胜之后，政府公布了秋季特别预算，巴特勒到这时才承认自己判断错误，并提高了购买税和可分配利润税。因此，这一年的年底，巴特勒因为经济政策问题处理不当去职，麦克米伦（Maurice Harold Macmillan）继任财政大臣。

英美经济矛盾此时又集中在英镑兑换的问题上，这是英镑自由兑换美元的老问题。1952~1954 年，在英国和美国，很多人热烈地讨论这件事。1952 年 12 月举行的英帝国经济会议主张过渡到英镑自由兑换，但是要逐步过渡，而且要在一定条件下过渡。1953 年 3 月 8 日，艾登和巴特勒在宣布华盛顿会谈结果的公报中声明，"切实可行的和富有成效的经济制度的基本要素"应该包括"更加自由的贸易和货币"：在财政方面，目标应该是实现"最终英镑和其他货币的自由兑换以及逐渐消除支付方面的限制"；在贸易方面，目标应该是"在某种程度上带来贸易限制和歧视性条件的放宽"，用艾森豪

---

① 〔英〕阿伦·斯克德、〔英〕克里斯·库克：《战后英国政治史》，王子珍、秦新民译，第 87~88 页。

威尔总统的话来说就是"将承认有益和公平的世界贸易"。同时，美国政府欢迎英联邦政府推行"实现更加自由的货币兑换和贸易的内部财政和经济政策"。[1]

小　结

随着《英美财政协定》签订后美元贷款的到来，英国经济并未出现好转的迹象，在随后几年间英国的财政和经济状况仍持续恶化，1946 年和 1947 年，英国的国际收支赤字分别达到 2.98 亿英镑和 4.43 亿英镑[2]。按照《英美财政协定》中的规定，1947 年 7 月英国宣布实行英镑自由兑换。令英国政府始料未及的是，英镑持有国大规模地将手中的英镑兑换为美元，一些向英国提供商品的国家也纷纷要求英国以美元支付货款，致使 1947 年 7 月至 8 月 23 日英国的黄金和美元储备减少了 9.7 亿美元，引发了英国 1947 年严重的财政危机，经济再次陷入混乱。工党政府对此一筹莫展，只能寄希望于美国再次提供援助。

此时的美国已经意识到，英国乃至欧洲战后经济的普遍萧条对于美国的出口增长、国际贸易正常秩序的维持和欧洲的复兴都是一场灾难。形势迫切需要美国进行干预。马歇尔计划适时推出，正好与急需援助的英国的想法不谋而合，立刻得到了英国政府的响应。1948 年 4 月，被称为马歇尔计划的欧洲复兴计划得到了美国国会的批准，以《经济合作法案》的形式出台，在 7 月签订的《英美经济合作协定》中，英国可在 1948~1952 年获得 26.88 亿美元援助，其中 23.51 亿美元为物资，3.37 亿美元为贷款。英国也由此成为

---

[1]　"Anglo-American Talks," *The Times*, Mar. 9, 1953, p. 6.

[2]　Jacob Abadi, *Britain's Withdrawal from the Middle East, 1947-1971: The Economic and Strategic Imperatives*, Princeton: Kingston Press, 1983, p. 6.

马歇尔计划的受援国中接受份额最大的国家。随后，美国向英国注入大量美元，英国才开始逐渐摆脱这场严重的经济危机。

马歇尔计划在强化英美经济关系的同时，也加深了英国对美国在经济上的严重依赖。1949 年英国只有 4% 的出口商品输出到美国，而到 1956 年，美国超过了其他国家，成为英国货物出口的最大市场。[1]

自 1949 年英镑贬值以后，由于英国经济增长长期处于相对停滞状况，国际收支经常出现逆差，外汇储备大量流失，英镑危机频频爆发，英镑的国际地位也日益下降。

---

[1]　S. Northedge, *Descent from Power: British Foreign Policy, 1945-1973*, London: George Allen & Unwin, 1974, pp. 179-190.

第四章

英镑区与美元的斗争

英镑区是在 20 世纪 30 年代世界经济危机的情况下建立的，这次危机彻底动摇了资本主义国家货币关系的整个体系。资本主义世界市场中形成了由某些帝国主义大国控制的具有排他性的货币区。在英镑区里，除英帝国各国外还有欧洲和近东的许多国家。

英美的经济竞争集中表现在美元和英镑之间的斗争上，表现为两国在国际金融和货币政策这一问题上的有增无减的矛盾。在美国持续的打压下，英镑的地位不断下降，但是英国并不甘愿屈服，竭力维持自己的势力范围，阻止美国经济势力进一步渗入英镑区的巨大市场。

华尔街富豪和银行家们把资本主义国家 2/3 的黄金储备集中在自己手中并在资本市场中占据统治地位，他们极力利用这种地位来建立自己的财政霸权，把美元变成唯一的世界货币而使其他资本主义国家的货币都受到美元的束缚。怀着这个目的的他们认为有必要首先占领英国的国际金融阵地。美国对英镑展开了进攻，力求取消作为英国的金融和贸易独霸地区的英镑区。他们希望把资本主义世界变成一个美元区。

到 1953 年，英镑区的成员有加拿大以外的英联邦各国，以及爱尔兰、缅甸、伊拉克、冰岛、约旦和利比亚等。英镑区各国将本国货币和英镑建立一定的联系，用英镑来结算相互间的贸易。如果任何一国对英国和英镑区的输出多过输入，就要把它的英镑结余存在伦敦，这些英镑结余照例只能在英镑区内使用。英镑区各国由"美元共储"协定联结起来，整个英镑区的黄金和美元储备都集中在伦敦（南非联邦于1948年退出英镑区的美元黄金总库，但它通过关于黄金储备的特别补充协定和美元黄金总库保持联系）。

这样，无论是在保证英国的出口这一点上还是在控制英镑区国家的信贷—货币政策这一点上，这都使英国拥有了特权。此外，英国还可以"冻结"英镑结余而不予以支付，这就是对有关国家的变相掠夺。英镑结余从大战前夕的7亿英镑增为1945年的37亿英镑，1952年底英镑结余为34亿英镑。[①] 首先遭受掠夺的是英国殖民地。

英国的垄断组织将英镑区作为它的经济扩张的基地，利用英镑区对附属于英国的国家进行剥削。

同样，美元区是华尔街财团绝对的经济、金融统治的地区，但美元区在形式上和组织上的联系较英镑区薄弱得多。属于美元区的国家和地区有（1953年底）：美国、加拿大、利比里亚、菲律宾、阿拉斯加、波多黎各、夏威夷、维尔京群岛、古巴、海地、多米尼加共和国、墨西哥、危地马拉、洪都拉斯[②]、萨尔瓦多、尼加拉瓜、哥斯达黎加、哥伦比亚、巴拿马、委内瑞拉、厄瓜多尔和玻利维亚。

美国的垄断资本家不能容忍与美国金融势力范围相竞争的英国金融势力范围的存在。美国废除英镑区的意图表现在1945年《英美财政协定》的条款中，这些条款涉及削弱英镑区内的外汇管制和让英镑按行市自由兑换成美元的要求。后来这个要求在英美之间关于金融外汇及其他经济问题的一切谈

---

① 〔苏〕列明：《第二次世界大战后的英美矛盾》，张扬等译，世界知识出版社，1956，第123页。

② 不是英属洪都拉斯。

判中，都以某种形式被提了出来。如果这个要求得到实现，英镑区国家就能够将它们的英镑结余换成美元从而向美国购买商品。因此，自由兑换的要求的目的就是破坏英镑区并保证美国畅通无阻地向英帝国和英镑区的市场进行经济扩张。

第一节　拆解英镑区和瓦解帝国特惠制

英国被称为"1914 年前的国际货币基金组织"。但在某种程度上，1914 年后，英国仍然在为一些国家提供服务。英国向那些在国际收支方面暂时遇到困难的国家提供贷款，使借贷国免于黄金出口、汇率贬值或国内通货膨胀。此外，作为一家国际中央银行，英国央行提供了宝贵的清算服务，使共同体的每个成员都可以用英镑结算其对所有其他成员的净债务。每个单位都能够以英镑的形式持有部分或全部的货币储备，并可以从中赚取收入。英国凭借其中心地位，通过巧妙的金融管理，促进了贸易和世界上许多商业活动的顺利进行，并为欠发达地区的发展提供了一定数量的资本。[①]

第一次世界大战之后，英国实力大损，"日不落帝国"的经济与金融势力范围在美国、德国和日本等新兴经济体的压迫下大为收缩。经济大萧条之后，独力难撑的英国不得不于 1932 年在加拿大渥太华召集英联邦国家开会。会议决定，英国对来自自治领和殖民地的进口商品，给予关税优惠；英国限制从帝国以外的国家输入农产品，以保证帝国各自治领和殖民地的农产品在英国的销售市场；英国工业品输往自治领和殖民地时相应享受优惠待遇；英国对来自英国以外国家的商品则征收高额关税。这便是著名的帝国特惠制。1938 年，大英帝国内部出口占英国出口总额的 40%，进口则

---

①　*FRUS, 1955-1957*, Vol. XXVII, p. 670.

占进口总额的 50%。[①]

国际贸易与金融密不可分。英镑区也随着帝国特惠制的诞生而出现。英镑区成为英国垂死挣扎和对抗美国的金融工具。英镑区主要包括除加拿大外的所有英联邦国家。在英镑区内，各国货币与英镑保持固定汇率，区内各国货币可以自由兑换，但贸易、信贷都必须以英镑结算。资金流动在区内不受限制，在区外国家流动则必须经过外汇管理机关批准。区内各国和流入的黄金和美元须按一定的比例被出售给英国财政部，集中存入美元黄金总库，作为英镑区的共同储备。

成为英联邦"牢不可破的象征"[②]的帝国特惠制与英镑区维护了英国的经济与金融利益，尤其维护了英镑的国际地位。然而帝国特惠制与英镑区对于美国的经济扩张，有极大的抗拒作用，自然被美国视为眼中钉、肉中刺。因此，美国想粉碎英镑体系，拆解英镑区，以为它争夺英联邦和英镑区市场扫除障碍。

破坏英国的国际金融霸权非一朝一夕之事。第二次世界大战给了美元迅速替代英镑的机会。20 世纪 30 年代，随着战争威胁的临近，欧洲和亚洲的黄金持有者将其资金转为美国证券和银行存款。大量欧洲与亚洲的黄金流入美国。1937 年，美国的黄金持有量超过了全世界黄金储备的一半。二战爆发后，流入美国的黄金更是多得惊人。到美国 1941 年参战时，其黄金储备增加到 227 亿美元，是 1934 年的 3 倍。[③]

几家欢乐几家愁。英国在二战中失去了几乎全部家当。英国在 1938 年尚有 40 亿美元的黄金储备，到了 1941 年 9 月 1 日，仅剩 1.51 亿美元。[④] 英

---

① 余治国:《世界金融五百年》（下），天津社会科学院出版社，2011，第 68 页。

② HC Deb, Nov. 12, 1946, Vol. 430, Col. 22-23.

③ G. C. Wiegand (ed.), *Toward a New World Monetary System: Proceedings of the First International Monetary Seminar Sponsored by the Committee for Monetary Research and Education, Inc. (CMRE)— 1973*, New York: Engineering and Mining Journal, 1973, pp. 9-10.

④ B. I. S., *Twelfth Annual Report, 1st April 1941-31st March 1942*, Basle: Bank for International Settlements, 1942, p. 95.

国政府只好将英国公民持有的海外资产征用，并将其出售或抵押，凑了45亿美元的战争基金。[①]英国卖掉全部黄金和海外资产也无法付清所欠的购买美国军备款项的一半，更不用说长期的军费开支了。

当美国通过《租借法案》时，英国只剩下1200万美元的储备资金。美国仍不肯罢休，一定要等到英国用光全部家当才伸出援手。只要英国在美国还掌握着一些有价值的企业，在这些企业未出售之前，英国人都无权要求租借援助。摩根索在1941年1月对参议院外交委员会说："为了筹款偿付过去的订货单，他们已同意在以后12个月内把英国公民在美国拥有的美元财产、不动产和证券，全部售出。"[②]结果，英国在美国残留的所有资产几乎都被廉价拍卖给美国。此外，整个大英帝国最为宝贵的财富——殖民地的各种原材料与燃料几乎都被抵押给美国。《租借法案》对于美国人来说，是让别人去流血，让自己来统治。

1941年12月，美国参战后，罗斯福总统宣称所有的同盟国家必须遵从同等牺牲原则，即每个国家将国民收入中大致相同的份额投入战争。这样分摊战争的财政费用意味着每个国家都做出比例相同的牺牲，没有任何国家能像一战时的美国一样大发战争财。实际上，一再鼓吹的同等牺牲原则从未真正实现过。

英镑区作为一个整体与世界其他地区，特别是美元区国家之间的国际收支不平衡，主要是战争和战后时代的产物。二战后英镑区面临的问题就是如何恢复英镑作为一种世界货币的地位，这是一个涉及整个贸易、金融领域及内部预算政策和外部经济关系的系统问题。为了使英镑作为一种世界货币全面复兴，人们认为恢复英镑的可兑换性和消除贸易歧视至关重要。但是，除

---

① Mildred Adams and William W. Wade, *Britain's Road to Recovery*, New York: Foreign Policy Association, 1949, p. 18.

② 〔美〕威廉·哈代·麦克尼尔:《美国、英国和俄国:它们的合作和冲突，1941—1946年》，叶佐译，上海译文出版社，2007，第982页。

非某些条件得到满足，否则这些具体目标是不可能实现的。这些条件将使英镑区能够承受可能立即对英镑施加的任何压力。1945年12月6日，英美两国签订《英美财政协定》，美国给予英国贷款，用于战后重建。但一无所有、毫无讨价还价能力的英国付出了巨大的代价：取消英镑区的外汇管制，降低关税，放弃帝国特惠制，向美国开放其殖民地及自治领的所有市场，不限制美国货物进口。从此，"日不落帝国"夕阳西下，风光不再。

然而，对英国来说，实现英镑可兑换后的英镑区既是英美关系紧张的根源，也是英国实力的源泉。"英镑区美元池"给独立的英镑区成员国带来了好处，将它们的美元赤字与附属国的美元盈余抵消，从而提供了比它们在该区域以外能够获得的更多硬通货。由于英国是该区域的资金提供者，它有责任防止中央储备下降到使成员国优势消失的地步。英国的黄金和美元储备不仅仅是其自身也是整个英镑区的第一道防线。因此，对英国储备的威胁将影响英镑区的继续存在，而且会危及工党政府的充分就业政策。因此，外汇储备的健康状况成为判断英国经济政策成功与否的参照点。1947年英镑兑换危机中，英国加速英镑自由兑换进程的行动几乎导致了灾难。此时的英国政府顾不了面子，1个多月后迅速宣布停止英镑自由兑换，这才暂时消除了此次财政危机。后来，美国利用实施马歇尔计划的契机，迫使英国同意美元通货的局部流通，各国在英国的借差的25%可以自由周转。因此，这次危机成为英国给马歇尔计划留下的一道政策印记。英国在美国压力下做出了一些让步，但这并未使美国满意。从这时起，英国至少经过了很长时间的努力，才恢复了在贸易中使实现英镑可兑换和非歧视成为可能的条件。1953年初，人们曾积极讨论过实现英镑可兑换和非歧视的想法，但英国官方似乎并不欢迎这种想法。

在这些问题上做出决定是不容易的，因为这些问题在英镑区的责任范围之外，且美国的政策和态度会带来许多变数。贸易状况不会停滞不前，但恢复英镑作为世界货币的地位的任务的执行是一场防御性的斗争。英镑区黄金和美元储备的波动以实际斗争的方式证明了这场英美货币战争的长期性。英镑区黄金和美元储备从战后接近 27 亿美元的最高值开始下降，到 1946 年底跌至 13.4 亿美元的低点。1949 年 9 月，英国政府宣布英镑贬值 30.5%，由 1 英镑兑换 4.03 美元贬值至 2.80 美元。到 1951 年 6 月底，朝鲜战争使英镑区黄金和美元储备增至 38.67 亿美元。但一年后，当大宗商品价格上涨、出口商品更难销售时，英国自英镑区其他国家的进口进一步扩大，使这些国家的进口额降至 1.68 亿美元。1952 年初英国采取了激烈的紧急措施，加上英国制成品出口的恢复，英镑区黄金和美元储备总额稳定地恢复到 1953 年底的 25.18 亿美元（见表 4-1）。

表 4-1 英镑区黄金和美元储备变化情况

单位：百万美元

年份	时间	
	6 月底	12 月底
1945	—	2476
1946	2301	2696
1947	2410	2079
1948	1920	1856
1949	1651	1688
1950	2422	3300
1951	3867	2335
1952	1685	1846
1953	2367	2518

资料来源：R. J. F. Holder, "The Commonwealth Finance Ministers' Conference," *The Australian Quarterly*, Vol. 26, No. 1, 1954, p. 19。

尽管英国采取了一些措施来增加英镑区黄金和美元储备，但美国继续想方设法破坏英镑的国际通货地位，致使美元和英镑的斗争不断扩大。1953 年美国商务部在出版的一本名为《限制美国国外投资的因素》的小册子中就公开承认，美国之所以向英国直接投资就是因为这能带来消除关税壁垒等的优势。这本小册子指出："自二战结束以来，大多数在英国投资的美国企业的一个主要考虑是，它们希望进入庞大又获利丰厚的英镑区和其他软货币市场，因为战后这些地区一直对美元进口实行限制，使它们无法进入这些市场。"[1] 而加拿大、澳大利亚、新西兰等国在 1952 年的英联邦总理会议上积极要求恢复英镑的自由兑换，正是反映了美国的观点。

一　1952 年英联邦总理会议

1950 年，整个英镑区对世界其他地区的顺差总额约为 4.27 亿英镑。在 1951 年上半年，虽然英国的情况更差，但顺差更大，为 5.5 亿英镑；下半年出现了戏剧性的变化，与世界其他国家相比，逆差不低于 14.5 亿英镑。黄金储备在 1951 年 6 月至 12 月下降了 2/5，即 5.5 亿英镑，只剩下 8.35 亿英镑。[2] 1951 年，英国（英镑区其他地方也一样）的国际收支状况严重恶化，但是工党政府在议会中只是勉强地占有多数席位，因此决定将补救措施推迟到大选以后实施，而大选是在 10 月 25 日举行的，结果保守党在下议院中获得多数席位。然而，工党政府已为英联邦财政部长会议做了一些初步安排，这种会议自 1949 年发生收支平衡危机以来就不曾举行过，因而新的保守党政府仍把这些安排继续进行下去。

自 1951 年第一季度起，国际收支状况如预期的那样逐渐恶化，这主要是进口价格上涨和进口物资囤积造成的。阿巴丹炼油厂（Abadan Refinery）的损失也导致石油销售收入减少，因此英国必须用美元购买石油。金属产品的出口受到钢铁短缺和生产能力被转移到重整军备计划中的限制，因此英国

---

① 　U.S. Department of Commerce, *Factors Limiting U.S. Investment Abroad, Part 1: Survey of Factors in Foreign Countries*, Washington，D.C.: Office of International Trade, 1953, p. 69.

② 　HC Deb, Jan. 29, 1952, Vol. 495, Col. 43.

不可能利用特别有利的市场机会来增加金属产品的出口。纺织品出口开始受到世界需求减少的影响。在英国国际收支出现这些不利趋势的同时，英镑区其他国家的国际收支也突然出现赤字，而在商品价格暴跌导致出口收入相应下降的同时，英镑区继续花巨资大量进口商品。英镑区在1951年第三季度的美元赤字为6.38亿美元，而第二季度和第一季度的美元盈余分别为5600万美元和3.6亿美元[①]，第四季度的美元赤字更是达到9.4亿美元。[②]英联邦面临短期和长期的问题，这些问题涉及英镑区的存亡问题。

1951年11月6日新议会召开时，新任大法官西蒙兹（Gavin Turnbull Simonds）勋爵代替健康状况不断恶化的英王乔治六世（George VI）宣读了他的演讲稿，认为："最近国际收支状况的恶化导致越来越多的焦虑，必须立即采取补救措施，以便对英镑的购买力恢复信心，这样我们才能继续从海外获得维持就业和越来越高的生产水平所必需的供应。为达到此目的而采取的措施必须包括采取断然的行动，以抑制经济中不断增长的通货膨胀……在推行国内补救措施的同时，他们还将邀请英联邦其他国家政府协商应当采取的行动，以消除不利的国际收支状况。"[③]新政府立即发出邀请书，定于1952年1月15日在伦敦召开英联邦财政部长会议。

英联邦各成员国可自行决定和制订达到会议所同意的短期目标的办法。英国在会议举行之前就已采取了许多措施，这些措施在随后几个月中得到了补充。1951年11月7日，巴特勒就任财政大臣，针对"政府采取的直接步骤以及财政和经济政策的一般方针"，在下议院发表讲话。他认为，"目前的情况是，英镑区的中央黄金和美元储备正在迅速消耗，以及英镑区与欧洲支付同盟的赤字规模将会迅速耗尽我们的配额，实际上可能会威胁到同盟本身

---

①　HC Deb, Nov. 7, 1951, Vol. 493, Col. 191.

②　〔英〕彼得·卡尔沃科雷西编著《国际事务概览：1952年》，吴世民、霍义明等译，上海译文出版社，1989，第33~34页。

③　HC Deb, Nov. 6, 1951, Vol. 493, Col. 50-53.

的稳定性";"今天我们正面临的是一场普遍的国际收支危机,而不像 1949 年那样,主要是英镑区和美元区之间的贸易问题。不仅英国处于赤字状态,今年早些时候拥有大量盈余的英镑区许多其他国家近几个月都出现了赤字。因此,整个英镑区在全世界范围内都处于赤字状态,而这一点在黄金储备的损失中立即反映出来……英镑区与美元区间的贸易平衡问题仍然是我们国际收支问题的核心,我们必须继续加强对美国和加拿大的出口;但在目前的危机中,与其他非英镑区国家的赤字问题同样重要,也需要得到有效的处理。"他宣布政府决定立即采取直接行动以减少进口,每年节省 3.5 亿英镑的外部支出,暂时停止并审查基本开支,"确保在提交议会的预算中削减所有不必要的支出,对于不太重要的服务,将尽可能推迟或放慢速度";提出一种比较严格的货币政策,"在货币领域采取额外措施,通过采取旨在对信贷量产生更直接影响的行动来应对通货膨胀趋势"。①

1952 年伊始,英国黄金储备已减少到 23.35 亿美元,而按当时的消耗率,这些储备维持不了 1 年。在 1 月 10 日为筹备英联邦财政部长会议而召开的内阁会议上,巴特勒认为召开此次会议的目的是使成员国建立对英镑区未来的信心:"我们必须向他们表明,在我们之间,我们可以克服我们的短期困难,并可以制定长期计划来恢复英镑的实力,最终实现自由兑换。目前危机的短期补救办法是:必须采取包括限制自英镑区的进口和遏制成员国内部通货膨胀在内的措施。"有人建议,最终目标应该是实现英镑的完全可兑换,而不是基于固定汇率的兑换,这是基于灵活多变的汇率的兑换。这样一种制度将使目前采用的方法不会造成任何贸易歧视。内阁的结论更为谨慎。英国的大臣们在会议上的目标是:"避免任何关于不歧视的承诺,并把不歧视作为货币可兑换性的次要因素来对待,虽然这在很长一段时间内可能不切

---

① HC Deb, Nov. 7, 1951, Vol. 493, Col. 191-209. 银行利率从 2% 提高到 2.5%,银行对国库债券的贴现率确定为 2%,而价值 10 亿英镑的国库债券则备有偿还本息的资金。

实可行，但应成为优先事项。"①1月15日，英联邦财政部长会议在伦敦召开，与会的还有殖民大臣和殖民地政府的代表。他们必须制止黄金和美元趋于枯竭的情况，还必须制定在经济上加强英镑区的政策，以开发其资源和恢复英镑自由兑换。在1月21日发布的一项声明中，他们承认英镑区正面临非常严重的危机，但他们宣称这种危机是可以克服的。他们将带着明确的建议回到各自的首都，限期（"至少在1952年下半年"）实现整个英镑区与世界其他地区之间的国际收支平衡。会议还从较为长远的观点出发，决定立即开始检查英联邦在食物和原材料上及在工业制成品上的生产力提高的计划，旨在根据一种大家同意的次序来进行联合的和有计划的发展，并肯定了使英镑可兑换所有货币的迫切性。英国财政大臣巴特勒后来在总结这个会议的成果时说："我认为我们已经让英镑区重获新生。"②1月24日，巴特勒在伦敦一个美国商会的午餐会上说，在面对几乎史无前例的形势下，英国决定自力更生，量入为出，平衡国人的生活方式。这次会议并不满足于对事态发展的密切关注，并且慎重地将使英镑与世界上所有的主要货币实现自由兑换作为其目标。③

面对近年来英国黄金和美元储备的急剧下降和英镑区"不得不面对的现实"，1月29日，巴特勒认为："不能允许以这种速度消耗我们的资源。如果继续这样下去，那将意味着英国人民的饥饿和失业以及英联邦其他成员的经济灾难。"他宣布了进一步的措施，包括将每年的进口值减至1.5亿英镑、使政府的开支不超过前一年、裁减公务员、减少更多的食品和其他重要物资的进口、出台限制分期付款购买法和将公开预算案的日期从4月下旬提前至3月4日（后来又改为3月11日）。④3月11日，巴特勒宣布，再次通过削

---

① PRO, CAB 128/24, CC 2 (52), Jan. 10, 1952, pp. 6-7.

② "Commonwealth Ministers' Proposals," *The Times*, Jan. 22, 1952, p. 4.

③ "Giving Strength to Sterling," *The Times*, Jan. 25, 1952, p. 4.

④ HC Deb, Jan. 29, 1952, Vol. 495, Col.40-62. 这些措施于1952年1月30日和31日在下议院都已辩论过。参见 HC Deb, Jan. 30, 1952, Vol. 495, Col.210-321; HC Deb, Jan. 31, 1952, Vol. 495, Col. 371-486。

减采购进一步减少1952年的进口[1]；将银行汇率从2.5%提高到4%，他"相信，在目前的情况下，这种相对较高的货币利率水平是我们加强货币运动的重要组成部分。它将在我们改善国际收支的努力中发挥重要作用。促使英镑变得更强的最可靠方法之一就是让它变得更加稀缺，这就是我们打算做的事情"[2]；推迟对食品补贴的任何行动[3]等。其旨在通过上述措施"向世界表明，我们将恢复我们的偿付能力，并借此恢复我们国家的伟大荣光"[4]。英联邦的其他地方，在英联邦财政部长会议之后，也采取了削减进口、削减主要支出、限制信贷和提出其他预算措施等方法。在黄金和美元不断流失的情况下，尤其是在1951年，随着马歇尔计划的援助逐渐减少，与世界其他地区相比，英镑区赤字只能通过欧洲支付同盟的信贷或借助储备来弥补。

虽然英联邦财政部长会议后实施的削减美元区货物进口的措施收到了一定的效果，提高了英国和英镑区的黄金和美元的储备，但引起了更严重的危机，整个英镑区的生产量和出口贸易量下降，最后可能会导致"美元荒"的重新出现。丘吉尔首相在6月11日警告说英国存在着"日益严重的经济危机"[5]，并把国家的困境比作一个人站在活板门上[6]。7月16日，丘吉尔表示"出口与国防需求的关系将在即将举行的经济事务辩论中处理"，在为期两天的辩论中，"影响我们国家生活的每一个领域的重大和深远的问题，无论是国内的还是防御性的，都必须被纳入对我们目前立场的新的调查和陈述中"。[7]这场辩论于7月29~30日举行。在辩论中丘吉尔首相宣布，"我们想要实现的目标是为我们的黄金和美元储备提供更有力的保护。我们的黄金和

---

[1]　HC Deb, Mar. 11, 1952, Vol. 497, Col. 1275.

[2]　HC Deb, Mar. 11, 1952, Vol. 497, Col. 1282.

[3]　HC Deb, Mar. 11, 1952, Vol. 497, Col. 1296.

[4]　HC Deb, Mar. 11, 1952, Vol. 497, Col. 1305.

[5]　"Chancellor's Statement Today," *The Times*, Jun. 12, 1952, p. 6.

[6]　HC Deb, Jun. 19, 1952, Vol. 502, Col. 1527-1555.

[7]　HC Deb, Jul. 16, 1952, Vol. 503, Col. 2149-2150.

美元储备不足 17 亿美元，这将使我们在很大程度上受制于海外或由我们提供贷款和贸易融资的广大英镑区的不利事件。因此，我们现在向众议院和全世界宣布，我们将进一步强化和整合我们的资源，这些资源的规模无论如何都不应被低估"。他建议召开一次英联邦总理会议。[1]

当英国实现收支平衡以后，就英国政府的行动来说，这主要是由于政府削减了进口，又发现生产和出口正在下降。根据初步的估计，1952 年年中，前 6 个月的工业生产比 1951 年同期减少了 6%~7%，出口量则减少了约16%。[2]英国试图进一步扩大帝国特惠制的适用范围，以巩固它在与美国竞争中的优势地位，使美国货物更难在英镑区内倾销；同时想借此要求美国降低高额的关税，让更多的英国货物能够运输到美国以换取自己国内急需的美元，从而防止"美元荒"危机的进一步恶化。

1952 年 11 月 27 日至 12 月 10 日，英联邦总理会议在伦敦举行。这次会议经过充分的准备，涉及英国和英联邦其他国家经济政策的一切重要方面的问题。像这样规模的经济会议，对于英联邦来说，在战后还是第一次。这次会议的主要议程被说成是自 1932 年渥太华会议以来英联邦最重要的事，即为这个由各国组成的联盟制定一项使各国具有偿付能力并繁荣昌盛的方针。这些国家尽管拥有庞大的资源[3]，并构成了世界上最大的贸易区，但处于严重的和长期的财政困难之中。会议决定发展英镑区的资源以加强英镑地位，然后谋求英镑区、美国和欧洲之间的合作，旨在实现以可兑换的货币为基础的更自由的贸易；会议否决了一种以帝国特惠制为基础的自给政策。[4]

---

[1]　HC Deb, Jul. 30, 1952, Vol. 504, Col. 1492-1494.

[2]　"Cleavage on the Axe, " *The Economist*, Nov. 15, 1952, Vol. 165, Iss. 5699, p. 429.

[3]　*Financial Times*, Nov. 27, 1952, p.5. 英镑区的 12 种重要商品占全世界产量的比重如下：黄麻，98%；羊毛，56%；锡，86%；锰，71%；铬，47%；云母，47%；锡，43.5%；铅，84%；铜，85%；锌，88%；橡胶，43%；可可粉，54%。

[4]　此时，英国正在谋求扩大同美国的贸易，希望以此代替美国的援助，如果它提高英国的关税或扩大帝国特惠制的适用范围，就不能同时要求美国降低其关税。

在新的经济危机之下，这次英联邦总理会议所面对的主要问题是扩大对外贸易，而单纯限制美元区进口的消极措施则早已不够用了。由于对社会主义国家实行禁运，英国和英联邦其他国家扩大对外贸易的主要对手自然是威胁着英镑区市场的美国。所以这次会议的中心目的就是：英国尽力集结离心倾向日益强化的英联邦其他国家的力量来应对美国的威胁。而这个中心目的的焦点，则落在英镑和美元之间的激烈的斗争上。

美元的阴影笼罩着整个会议的会场。争论得最激烈的是英镑的自由兑换问题。所谓英镑自由兑换有两层含义。首先，在对外贸易方面就意味着英联邦各国能用英镑从美元区购买货物，因此美国或加拿大的货物就可畅通无阻地在英镑区销售。其次，英镑区以外的国家，例如拉丁美洲国家，在跟英国进行贸易后得到的英镑盈余，也可以用来换成美元，而不是一定要用来购买英镑区内的货物。这样，英国便无法再将英镑当作武器来阻止美国货物侵入英镑区，也无法通过英镑来扩大英国自己跟英镑区其他国家的贸易关系。就是说，英国在对外贸易上被解除英镑这一货币武器。

而在英国对外贸易上解除英镑这一货币武器正是美国的目标。加拿大虽然是英联邦国家，却属于美元集团，它自然极力赞成英镑自由兑换。"美国的经济利益和看法，在许多方面与加拿大是一致的，有这样一个美元区的国家参加联邦会议，对于美国来说是一件幸事。正在商议中的某些欧洲的和英镑区的复兴计划，可能会加强对美元区的歧视；为了反对这些计划，加拿大所做的斗争是为了美国经济，也是为了它自己的经济。"[1]澳大利亚、新西兰和南非联邦也支持英镑自由兑换的建议，它们认为如果英镑不能自由兑换，这不仅会使它们在向美元区直接购买重要的工业装备时受到限制，也会使美国资本在流入这些国家时受到妨碍，这样就会损害这些国家的"工业化"。实际的理由当然不是仅仅为了单纯的"工业化"，而是美国垄断资本的暗中授意，

---

① *The Wall Street Journal*, Nov. 18, 1952.

因为澳大利亚和南非联邦早已打开了迎接美国资本和商品的大门。

印度和其他英联邦中的亚洲国家不是不赞成英镑自由兑换，而是担心实行得太快。尤其印度在伦敦有大批的"英镑债务"存款，如果实行英镑自由兑换，那么英国将加强控制这笔存款，这对于印度是不利的。此外，对于这些亚洲国家来说，英镑自由兑换也不是刺激美国私人资本流入的一个决定性因素。因此，在这次会议中，印度、巴基斯坦和锡兰等在英镑自由兑换问题上与英国的立场是一致的。

但对于英国而言，实行英镑自由兑换无异于解散自 1931 年成立至 1952 年有 20 余年历史的英镑集团（1939 年改为英镑区），而其存在就是英镑对在世界市场中排挤英镑的美元的抵抗。这是英国坚决不会放弃和让步的原则问题。因此，这次会议的公报用极为委婉的语言表达的正是英国这种坚定不移的观点。公报说："会议一致同意，英镑自由兑换乃是英联邦国家有了比较健全的经济以后需要达到的一个目标。"这其实就是说，英国坚决拒绝实行英镑自由兑换。

帝国特惠制问题也是会议中争论的问题。帝国特惠制是英国为了独霸英联邦市场和阻止美国商品侵入的重要武器。自 1932 年渥太华会议以来，英国和英联邦其他成员国间一直实行这个制度，每一个英联邦国家都有两套关税税率，一套是对联邦内各国适用的低税率，另一套是对联邦国家以外国家（主要是美元区）适用的高税率。在美国商品和在美国扶植之下的日本和西德的商品日渐渗入英联邦各国的情况下，英国保守党的某些内阁成员曾经主张在联邦会议上提出提高"帝国特惠制"的对外税率，将之作为反击美国的经济武器。

但是，符合美国利益的《关税与贸易总协定》限制了这个主张的实现，因为这个总协定规定缔约各方的关税和特惠待遇不能再被提高，而所有英联邦国家都是这个总协定的签字方。

英国在《关税与贸易总协定》的限制之下采取了折中的办法，那就是提出在实行这个总协定时应做某些修改，废除其中关于不得增加新的优惠办法的那一个条款，使它不致阻碍英联邦内部的优惠办法的实施。但这个建议没能在英联邦总理会议上通过。

尽管在会议上英联邦各国"同床异梦"，但帝国特惠制仍然被保存下来，它之所以没有被强化，是因为英国及英联邦其他国家害怕他国的报复，尤其是害怕美国的报复。它之所以能够大体上照原样被保存下来，是因为英联邦中的许多国家，尤其是其中的亚洲国家，仍然希望它能发挥一种保卫关税的作用，尽管在事实上，这种制度是英国独霸它的殖民地和附属国市场的一种专横的工具。

"英国—美国—英联邦其他成员国"这一奇特的三角关系在这个问题上体现出来，于是会议便做出了同意英国提高某些关税以保卫英国的工农业并继续执行英联邦国家来货不征税的原则的决定。

关于英镑区和帝国特惠制问题的争论是一个长期的问题，此次会议虽然没有得出更新颖的结论，却在原则上重申了两个制度继续有效。可见对于美国处心积虑破坏的两个制度，英国仍然具有一定的保卫力量。英联邦各国，尤其是美国资本已经深入其中的那些联邦自治领，对这两个英帝国赖以存在的制度虽然持有不同的意见，但毕竟英镑区还是一个向美国讨价还价的集体资本，所以原则上也不得不同意英国的观点。

对于英镑与美元的斗争来说，英镑区和帝国特惠制多少是具有防御性质的壁垒，因为英国凭借这两个制度只能在一定程度上限制美国、美元区商品和资本侵入英联邦和英镑区，还不能刺激来自美元区的输出，从而解决"美元荒"的问题。为了解决扩大商品输出的问题，英国在这次会议上提出了一个所谓的英镑区资源开发计划。这是一个极端反动的殖民地计划，其核心内容就是"工业英国—农业英国的殖民地和附属国"。战争结束后，英镑区向美元区购买了本来自己可以生产的粮食和原料，因此就消耗了大量的美元。例如，在 1950 年至 1951 年，英镑区从美元区输入了 4.9 亿美元的小麦；在

1951 年，输入了 2.4 亿美元的棉花、0.35 亿美元的铜、0.45 亿美元的锌。英镑区之所以必须从美元区输入大量粮食和原料，是由于英联邦中的自治领都在推行"工业化"计划，着重发展生产工业装备的工业，而忽略了生产粮食和发展原料工业。因此，会议决定解决英镑区与世界其他地区之间的国际收支平衡问题。这就是说，英联邦各国应以生产能够赚取美元的货物为一切经济事业的主要目的，而不应该考虑工业化的问题。依此目的，根据很不完全的材料统计，英联邦各方资源开发计划的主要项目见表 4-2。

表 4-2　英联邦各方资源开发计划的主要项目

	项目名称
英国	以生产工业装备及炼油为主
澳大利亚	小麦、糖、铅、锌、炼油
锡兰	茶、橡胶、可可
印度	小麦、大米
巴基斯坦	大米、棉花、纺织业
新西兰	粮食、肉类、新闻纸
南非联邦	棉花、纺织业、肥料、化学品、铜、燃料
南罗得西亚	烟草、铜、锌
各殖民地	已有 50 个关于原料工业的资源开发计划

资料来源：Great Britain, Central Office of Information, *Commonwealth Survey, 1950-1952*, London: Central Office of Information, 1950-1952。

会议决定，为了实施资源开发计划，成立由英格兰银行支持的英联邦银行，其提供了旨在赚取美元并节省美元的资源开发计划所需要的资金。

这个计划本身能否实现是个问题，除此之外，也反映了几个尖锐的问题。第一，这个计划反映了英国奉行美国对社会主义国家的禁运政策为英国带来的灾难。在战前，英国的粮食和木材主要从苏联和东欧输入，由于禁运，英国不得不付美元从美国和加拿大输入这些货物。英国对社会主义国家的禁运，迫使英国不得不以高价输入美元区的资源，从而加深了它的"美元荒"。

第二，这个计划反映了英国在原料政策上对美国的反抗。为了"研究美国的原料问题及其与世界上自由友好国家的关系"，1951 年 1 月 22 日，杜鲁门总统成立了总统原料政策委员会（President's Materials Policy Commission）[1]，强调"不能让原料短缺危及我们的国家安全，也不能让它成为我们经济发展的瓶颈"。该委员会主席威廉·佩利（William S. Paley）认为，其所提供的报告"将大大有助于改善美国的原料状况和加强自由世界的经济安全"[2]。他估计美国到 1975 年消费的原料，将比它生产的原料多 20%。因此他极力主张美国资本应该积极打进"落后"地区并开发那里的原料以为美国将来之用。而他所谓的"落后"地区，主要就是指英镑区。佩利报告声称，为达此目的应采用三面夹攻的办法：①美国与英镑区订立获取原料的长期合同；②美国在英镑区投资；③美国给予贷款"支持"英镑，促成英镑的自由兑换，加紧与英国对战略矿产的争夺，扩大在海外的战略控制，扩大战略储备，"并寻求建立在国内外安全地区储备原料的能力"[3]。

战略储备已经发展成为原料安全政策的最佳手段。[4] 一些材料的严重短

---

[1] 杜鲁门总统指示成立以威廉·佩利为主席的总统原料政策委员会，该委员会在工业界、大学和政府中招募工作人员，在政府部门、机构和工业部门的支持和帮助下，用 5 个月的时间编写了 5 卷本的《争取自由的资源：总统原料政策委员会提交总统的一份报告》（President's Materials Policy Commission, *Resources for Freedom: A Report to the President by the President's Materials Policy Commission, Volume I-V*, Washington，D.C.: U.S. Government Printing Office, 1952），其研究结果以及对政策和项目的建议，"将有助于美国和自由世界获得更大的经济和工业实力，并加强我们反对侵略的共同安全"。

[2] President's Materials Policy Commission, *Resources for Freedom: A Report to the President by the President's Materials Policy Commission, Volume II: The Outlook for Key Commodities*, Washington，D.C.: U. S. Government Printing Office, 1952, "Letter of Transmittal".

[3] President's Materials Policy Commission, *Resources for Freedom: A Report to the President by the President's Materials Policy Commission, Volume I: Foundations for Growth and Security*, Washington，D.C.: U. S. Government Printing Office, 1952, p. 17.

[4] President's Materials Policy Commission, *Resources for Freedom: A Report to the President by the President's Materials Policy Commission, Volume V: Selected Reports to the Commission*, Washington，D.C.: U. S. Government Printing Office, 1952, p. 149.

缺加剧了国际紧张局势。英国等西欧国家无法获得足够的棉花和硫磺等美国产品，这在一定程度上阻碍了基本工业的发展，并引起了这些国家的不满。美国的战略储备计划因"做空"世界而受到很多国家的严厉批评。反过来，美国拒绝为英镑区和其他地方生产的原料支付被认为过高的价格。因此，英国在此次会议上提出的稳定英镑区原料价格的建议，还仅仅是一个对抗美国原料政策的短期计划，而它的根本意图则体现在其资源开发计划之中，英国试图更加牢固地控制英镑区以内的原料生产，以抗拒佩利报告提出的那些令英国后怕的要求。

第三，这个计划赤裸裸地反映了英国对它的殖民地和附属国的剥削。在这个计划中，它要求它的殖民地和附属国违反历史的法则，往后退。在第二次世界大战期间，美国资本已经渗入英联邦的一部分国家的重工业部门。为了反击美国的渗入，拔除殖民地经济走向工业化的一切萌芽，英国提出了这个所谓的"工业英国—农业英国的殖民地和附属国"资源开发计划。事实上，除了这些快要被美国夺去的少量重工业的萌芽外，英国的亚洲殖民地和附属国并没有实行任何工业化的计划。

在战后英美特殊关系的重塑中，英国既是美国的竞争对手，又是美国的债务人。英国试图用美国的投资来实行在这次会议中提出的英镑区资源开发计划，这就必然使美国在投资方面对英国提出更为苛刻的条件。由此可见，这次会议所做出的任何决定，首先面临的将是美国的强烈反对。由于这次会议有关英镑区的巩固和稳定的一切建议都是直接以美元区为对手提出的，英美之间的矛盾也必然将进一步尖锐化和表面化。

会议结束时发布的公报声称无意寻求建立歧视性的经济集团，并确定了三条指导性原则：第一，稳步实施旨在抑制通货膨胀和生活费用上涨的国内经济政策；第二，鼓励经济健康发展，促进增强生产力与竞争力、提供就业机会和提高生活水平；第三，尽可能地扩大多边贸易和支付体系的适用范围。公报接着谈到发展政策。[①]公报称，英联邦辽阔，可以提高主要物资的产量和改善运输工具。基本生活必需品的发展有时因不健全的和固定不变的发展而受挫，这种发展已经过度消耗了这些国家的资源，不能对经济建设做出贡献。因此，这次会议同意，英联邦各国应该在有助于实现英镑区收支平衡这一长期目标的发展方面集中力量。为了推动发展，必须提供足够的储蓄，因为储蓄在一些国家承担发展的重任；同时也要为愿意将储蓄投资于这些国家的其他国家做准备。英国是英联邦投资的传统外部资本来源，在殖民地领土负有特殊责任。英国政府决定为促进英联邦的健康发展而保持并增加来自伦敦的资本流。会议认识到英镑区之外其他投资国家做出的重要贡献，特别是美国，必须竭尽全力创造鼓励投资的有利条件。会议还认为，所有英镑区国家应努力通过减少在货币兑换上的资本流动障碍来创造鼓励投资的条件。

关于商品价格不稳定的问题，会议只是在文字上表示，各国认为主要商品价格的剧烈波动和无利可图都是违背生产者和消费者利益的。对于帝国特惠制，会议普遍承认特惠制的存在价值。

会议讨论了英国的建议，即所有英联邦国家应该共同谋求摆脱《关税与贸易总协定》中的"没有新的特惠"（No New Preference）规则。英国的这一建议获得一些国家的代表的支持，其他一些国家的代表则认为此方法不会推进已达成一致的恢复多边主义的世界贸易目标的实现，因此会议不能支持这一建议。为了与《关税与贸易总协定》的基本条款一致，尽管在一般关税提高的情况下，英国继续对英联邦商品实行免税入境，但英联邦其他国家政府也同意在一定程度上考虑影响殖民地的特殊关税问题。

关于英镑的作用问题，会议认为：不仅对英国和英镑区，而且对整个世界来说，英镑都是重要的；作为世界贸易和货币兑换的中介，英镑应该继

---

① "Commonwealth Conference Decisions," *The Times*, Dec. 12, 1952, p. 6.

续发挥其作用。恢复英镑的可兑换性是任何有效的多边体系不可或缺的一部分，但是它仅能通过循序渐进的阶段来实现。英镑可兑换性的成就取得从根本上依靠三个条件：首先，英联邦国家自身能持续成功实施公报中概述的以上有关英镑的政策；其次，贸易国采取有利于扩大世界贸易的贸易政策；最后，有效利用国际货币基金组织等组织，由其提供适当的财政支持。[1]

总理们所提各项计划的实质乃是他们决心大规模地共同发展其疆土上的庞大而未开发的资源。这在短期内是不可能做到的，不花大的代价是不可能的；没有庞大的人力和技能的流动（主要是从英国流入白人自治领），是不可能的；没有比英联邦本身提供的更大的投资，也是不可能的。因此，这就要求英联邦有一种移民政策，根据这种政策，接收国应同意接收随同那些年富力强的劳动力和知识里手入境的一定比例的老弱病残者。同时这还要求英联邦各国采取措施以让投资者建立对英联邦某些地区的条件更大的信心以吸引资本，包括美国资本。这不仅有赖于美国愿意提供发展的资金，最终还有赖于美国愿意购买由此生产的产品。如果有人争辩说，英联邦农产品的增产可能导致这些产品相应跌价；但也可以争辩说，佩利报告所希望的是，美国需求量的增长足以使价格保持在有利的水平之上。

正如公报最后所说的，"会议很高兴能够介绍英联邦成员国之间存在的充满信心的谅解以及它们在整个经济政策范围内能够达成的广泛协议。它们的合作目标完全符合其与美国和欧洲经济合作组织成员国的密切关系。英联邦国家希望与其他国家进行类似的合作，而不是建立一个封闭的联盟。英联邦国家的共同目标就是，通过它们自己的努力，并与其他国家一道，为了各国人民的共同利益而扩大世界贸易"[2]。

在会议之前，艾登和巴特勒就已发出举行三方会谈的呼声。艾登在 10

---

[1]　"Commonwealth Conference Decisions," *The Times*, Dec. 12, 1952, p. 6.

[2]　"Commonwealth Conference Decisions," *The Times*, Dec. 12, 1952, p. 6.

月 21 日向欧洲经济合作组织理事会提议"今后几周内，英联邦、欧洲和美国这三个方面应有一个新的机会来评估形势，为重新应对共同的经济问题做准备"[1]。丘吉尔一直想偕同艾登和巴特勒前往华盛顿与美国新总统就这些事情举行会谈。在 1953 年 1 月初与即将就任美国国务卿的杜勒斯会见时，丘吉尔没有试图以实质性的方式讨论英镑可兑换问题，但他急于尽快与新政府讨论英国的财政问题。[2] 他们的主张虽未透露，但保守党对管制的反感和对可兑换性的重新强调，在此届政府第一年的任期内表现得很明显，所以英国很可能至少欢迎美国采取下列措施：削减美国关税，设立美元基金以防挤兑的冲击，支持英国可能提出的要求，即允许英镑汇率在较《国际货币基金组织协定》规定的更为广泛的范围内浮动，增加英镑区的美元投资，或提高黄金价格。[3]

此次会议的召开使英国面临巨大的内外部压力，昔日英镑在世界各地通行无阻的风光只能成为现在闲暇时的谈资，英国的当务之急是消除"美元荒"的危机，而提高英镑的国际地位只能处于次要地位了。不过英国为了缓和与英联邦其他国家之间的矛盾，安抚英联邦其他国家的离心情绪，不得不同意放宽对美国投资的种种限制，准许外国投资者转移资本利润，让美国资本进一步侵入英联邦市场内。同时，由于美国经济势力的渗透，此次会议暴露了英联邦濒临分崩离析的情况；在美国经济的大举攻击下，英国在妥协和退却中，几乎无招架之力，只能在维持英联邦表面的团结中力图守住自己最后的地盘，伺机反击。这两个资本主义大国之间的殊死斗争仍在继续。

---

[1] "Commonwealth Economic Conference," in Information Office of British Embassy, *Background Note, Nov. 27, 1952*, Washington，D.C.: British Information Services, 1952, p. 111.

[2] *FRUS, 1952-1954,* Vol. VI, p. 884.

[3] 〔英〕彼得·卡尔沃科雷西编著《国际事务概览：1952 年》，吴世民、霍义明等译，第 40 页。

二 1954 年悉尼英联邦财政部长会议与兰德尔报告

在思考英镑的未来时，英联邦各国领导人面临两种不同的做法。一方面，他们可以期待并计划在广泛的多边基础上恢复英镑在世界贸易中的地位；另一方面，他们可以对世界形势持更狭隘和更悲观的看法，并试图将英联邦或英镑区打造成为一个紧密、覆盖面良好的贸易整体。即使在最严重的危机中，尽管英镑区各国被迫采取了与此想法不一致的临时行动，它们也从未对长期多边贸易的需求失去信心。因此，采取所有共同政策的努力都是为了改善国际收支状况和提升英镑汇率，以应对不再需要限制作为保护的时刻。除了 1952 年初实行严格进口限制外，到 1953 年底，英镑区纯粹的防御机制已变得相当宽松。恢复商品市场并为其提供有效运作所需的财政安排、增加外汇便利性等措施都有助于使货币实现更自由的兑换。因此，加强英镑区内部的共同联系被视为走向多边贸易之路的一个阶段。与此同时，英镑区正在将目光投向其他地区，以促进贸易和货币壁垒逐步放松。

对于英镑在不受贸易管制支持的情况下能够实现自立所需的条件，英联邦各国达成了广泛共识，但对于必须在多大程度上实现这些条件存在分歧。简单地说，条件有四个：第一，英镑区必须使自己具有竞争力；第二，必须增加国际外汇储备；第三，美国必须奉行更加自由的商业政策，以实现更大的贸易自由；第四，需要其他西欧国家提供平行的货币和贸易政策，从而不会在技术条件上损害英镑的自由兑换。这些主要考虑因素以各种形式成为1954 年悉尼英联邦财政部长会议讨论的基础。

1954 年 1 月 8 日至 15 日，英联邦财政部长会议在悉尼召开。会议上，英镑自由兑换的问题仍旧占据重要的地位。但是悉尼会议强调英镑自由兑换要在上面所指出的条件实现的情况下才能实行。会议的最后公报特别表达了对英联邦增加产量和扩大出口市场能力的信心。英联邦国家已承诺采取适当的个别和联合措施来维持生产和贸易，并确保暂时的经济波动不会妨碍实现长期目标的进展。措施包括在一定程度上放宽英国发放贷款的条件等。公报记录了英联邦迈向更加健康经济的可喜进展，但同时也证实，世界贸易自由化的前景取决于美国尚未成形的经济政策。[①] 人们普遍认识到，英镑区为取消贸易或货币限制而采取的任何经济政策，只有在美国奉行友好和自由政策的情况下才能成功地发挥作用。众所周知，美国的态度要等到对外经济政策委员会（兰德尔委员会）向总统提交报告后才能确定，也就是要等到此次会议结束后才能确定。因此，这次会议没有比以往更确切地了解美国的意图。

公报宣称，尽管美元盈余仍是必要的，"但今天同样重要的是，我们应该在其他非英镑货币上获得可观的盈余"。通过提高效率和竞争力，英联邦各国必须尽可能地扩大出口。从公报中可以看出，1953 年是英镑区在国际收支方面取得进展的一年，赤字变成了盈余，中央货币储备增加，英镑的地位得到了加强。尽管某些大宗商品价格疲软，但这些都为 1954 年奠定了有利的经济基础，但如果想让英镑区足以承受可能的美国经济衰退带来的冲击，则需要更多的推动措施。公报清楚地表明了英联邦各国扩大贸易领域和提高贸易量的愿望，并暗示至少不考虑早日恢复英镑自由兑换的任何机会。对贸易采取扩张主义的做法，既体现在即使在美国经济出现衰退的情况下英联邦各国也继续推行其政策的决心中，也反映在拒绝歧视性安排方面。

鉴于此时小麦工业面临的困难，公报强调扩大英联邦对非美元和英镑国家以及美元市场的出口，这对澳大利亚具有特殊的利益。小麦种植者面临大量过剩的前景，而出口销售却很缓慢。在 1954 年 1 月的晚些时候，澳大利亚农业文化委员会（Australian Agricultural Council）对这一问题及其引发的建议进行了研究。

巴特勒于 1954 年 1 月 18 日将会见英联邦其他国家的总理，届时将有机会进一步讨论增加出口生产、协助实现这一目标的发展工程和从英国获得有

---

① "Commonwealth Talks End," *Financial Times*, Jan. 16, 1954, p. 1.

限数额贷款的条件等问题。在这一点上，公报的措辞是谨慎的，但表明了英国官方政策的变化。公报中说：英联邦其他国家政府现在可以在与英国政府协商后进入伦敦市场，协商的内容不仅仅涉及特定项目，在满足必要条件的情况下，英国也支持一般的发展计划。

"鉴于这一市场上的许多要求，英国政府希望首先确保这些方案总体上符合集中改善英镑区国际收支的总体政策，其次是有关国家从自己的资源中拨出足够的资金。此外，从整体利益着想，对任何此类借贷的时间安排亦须加以审慎规管。"

在闭幕会议上，澳大利亚总理孟席斯（Robert Menzies）表示，对"英联邦和美元"的一些宣传听起来几乎就像是一场板球比赛。人们认为，这次会议反映出英镑区正在与世界其他国家进行竞争的事实。孟席斯宣称，"我们确实想要发展自己，但要团结起来，而不是分裂"；"我们不是在低声谦卑地寻求自由兑换，而是通过自力更生寻求合作"。[1]

巴特勒强调，情况与两年前的英联邦财政部长会议所面临的情况截然不同。"我们的长期目标更近了，"他表示，"我们已经采取了进一步的政策，无论公平与否，这些政策都将符合我们当前的愿景"。[2]

加拿大财政部长阿博特（Douglas Charles Abbott）在离开悉尼返回国内之前表示，这次会议是他参加过的最令人满意的一次经济会议。没有什么重大的决定是可以预料到的，但是与前一次会议的危机气氛形成鲜明对比的乐观精神给他留下了深刻的印象。[3]

需要美国和西欧的配合并不是英镑区的唯一问题。更重要的是英镑区可以通过自救来增强经济实力，此次会议将大部分时间用于讨论英联邦成员国的国内政策。虽然讨论的实质内容没有被披露，但财政部长们对成员国过去

---

[1]　"Commonwealth Talks End," *Financial Times*, Jan. 16, 1954, p. 1.

[2]　"Commonwealth Talks End," *Financial Times*, Jan. 16, 1954, p. 1.

[3]　"Commonwealth Talks End," *Financial Times*, Jan. 16, 1954, p. 1.

一年内部经济的改善表示满意。财政部长们将持续控制通货膨胀置于其国内政策的前沿，尽管过去一年相对稳定，但他们认识到尚未赢得最后斗争的胜利。英联邦成员国已经从一味强调廉价货币和补贴的做法中摆脱出来，但恢复更灵活的货币政策遇到了很多形式的部门障碍，这削弱了它的效力。过去一年的政策没有发生任何变化，但是出现的一个警告表明，一个国家的缺陷可能会造成对进口的过度需求、转移出口产业的资源，并使国际收支失衡，从而影响整个英镑区的对外功能。

持续抑制通货膨胀的趋势是英镑区贸易扩张和资本发展计划的基础。过去一年的改善状况使 1952 年的广泛进口限制得到放宽，此次会议希望随着国际收支方面的进展，这种防御战略的需求将进一步减少。与此同时，会议同意加大扩大出口的努力。参加此次会议的财政部长们一致认为，此时获得大量其他非英镑货币同样重要。这源自对英镑区与非美元国家的贸易顺差下降的认识。财政部长们还希望与世界其他地区建立贸易关系，以防止美国进口的任何下滑。但会议没有提及这样一个问题，即 1952 年大幅削减进口可能会引起其他国家采取防御性措施，从而影响到 1953 年英镑区非美元世界的净收益。

在这个阶段，增加整个领域的出口并不容易。使世界贸易立即扩大的条件根本无法保证，在过去一年左右的时间里，世界市场的竞争导致英镑区高成本生产者的劣势增加。财政部长们意识到，这项任务将需要大量的创造力储备、提高效率和竞争力，但他们没有提出任何建议。整个英镑区存在的一些趋势，像英国和新西兰的工资增长压力和影响、澳大利亚政府的过度支出以及一些成员国建立和保护不赚钱的行业，都迫使几个成员国维持高成本结构。

英联邦在开发和利用其丰富的资源方面拥有自力更生的可能性。从长远来看，鉴于佩利报告中有些乐观的假设，英联邦的经济潜力和资源需求将是巨大的，使用这些资源可能有助于纠正当下的不平衡。然而，迫在眉睫的问题是，在世界风险资本已经短缺的情况下，如何吸引大量新资本用于投资。对此，会议没有给出令人满意的答案。过去几年的讨论涉及美国资本通过政府或国际机构或私人在英镑区投资的可能性。除了承认英镑区将需要来自外部的财政资源外，会议对这些问题置之不理，而是利用了英国投资英联邦发展的能力。它重申了1952年12月英联邦总理会议对成员国的劝告内容，即设法刺激国内储蓄，同时英国承诺提供更多的资金。1953年，为了英联邦的发展，英国批准了总额为1.2亿英镑的贷款和赠款。除了私人企业利用自己的资源进行投资外，英国还承诺做更多的事情。这对英国来说已经是一项巨大的努力，但这只是财政部长们心目中实现雄心壮志所需资金的一小部分。

此外，公报没有说明所需资本的数额或鼓励必要的资金积累的实际步骤。当然人们也不清楚英国如何在不降低消费水平的情况下筹集更多资本，公报对此也没有给出任何解释。英国向英联邦提供更多的资本不是一个自信的决定。但为了实现这一目标，1952年英国在两个方面做了一些修改。第一，寻求英国资本的项目应促进整个英镑区的国际收支平衡，而不是特别地促进整个英镑区的美元平衡。第二，贷款不必与特定的单个项目挂钩，只要项目满足协助国际收支平衡的首要条件，借款国履行了利用其本身资源做出充分贡献的条件，英国就可以提供贷款来支持一项总体发展方案。随着条件的放宽，英国毕竟可用于英联邦发展的资本数额有限，由于可动用的资金数额有限和计划充分的项目滞后，会议上英联邦各国财政部长得到更多资本支持的希望可能要落空。

会议结束不久，1954年1月23日，兰德尔报告（Randall Report）发布了。尽管美国经济衰退的前景对采取行动以实施兰德尔委员会建议产生不利影响，兰德尔委员会的报告基本上是一种政治妥协，但这个报告表示美国十分关心英镑的兑换问题。兰德尔委员会认为，可兑换货币是实现全球多边贸易和在完全自由的市场中保持贸易平衡的一个不可或缺的条件。它谴责仅仅通过贸易限制维持形式上的货币可兑换性。它认为，取消对付款和贸易的限制应该并行不悖。它赞成在货币可兑换方面采取循序渐进但积极的举措。它认为,随着英国大宗商品市场的重新开放,非居民的经常账户英镑持有人可能会被越来越多地允许使用其余额购买美元商品,所谓的"商品可兑换性"与更普遍的英镑可兑换性相比,从有效控制的角度来看,可能具有重要优势。委员会认识到,当实行更普遍的可兑换时,就会出现重要的问题,涉及如何处理以前累积的非居民余额的转移、资本的流动和驻地余额的转移。对于这些技术问题,正如已经指出的那样,委员会认为只有有关国家才能做出让步并承担责任。委员会不赞成"仓促"实现可兑换,也不赞成让货币"找到自己的水平",因为这种方法存在通胀恶性循环的危险,将需要比现有储备更多的储备,以防止货币贬值失控。然而,它赞同"浮动汇率"的概念,该概念提供了应对贸易和投机压力的替代方法。一个国家在外部和内部是否足够强大,能够有效地管理这样一个系统,这涉及只有有关国家自己才能做出的负责任的判断。[1] 必须时刻牢记英镑是一种关键货币,是一种可用于资助第三国贸易的货币。在兰德尔报告发布时,英镑仍占世界贸易总额的40%,如果英镑可兑换的话,它将面临比任何其他欧洲货币更大的贸易、金融和投机压力。这就是为什么在适当情况下,委员会希望英镑成为可兑换货币,以便在全球多边体系中实现更自由的贸易和支付。如果其他一些主要贸易国能够使本国货币与英镑同时实现可兑换,英镑的压力可能会得到缓解。[2]

兰德尔报告支持扩大国际贸易,但为了结束全球性的"美元荒",支持不扩大经济援助,而且它敦促美国政府"可以采取各种行动,鼓励私人投资流向国外。政府能够而且应该给予充分的外交支持,以使外国接受和理解创造有利于私人国外投资的氛围的原则。这要求美国各机构和代表更好地协调经济外交政策领域的政策和行动,特别是明确提出政府对海外私人投资方面

---

[1] Commission on Foreign Economic Policy, *Report to the President and the Congress*, Washington, D.C.: U.S. Government Printing Office, 1954, p. 73.

[2] Commission on Foreign Economic Policy, *Report to the President and the Congress*, p. 74.

的立场，强调支持私营企业制度和美国投资者的利益"[1]。为了促进这一模式的发展，华盛顿应对相关企业予以减税，委员会建议"将海外投资收入的公司税率至少降低 14%"，政府还应进行其他税务修改，使企业据以抵销缴纳国内税收后所缴纳的国外税收。[2] 还有，委员会建议继续延长现行的投资担保方案，用以刺激扩大对海外的资本输出。[3]

对于美国援助，报告把问题提得十分模糊，证明美国不愿意满足英国的要求。1954 年 3 月，英镑区实现了 1.02 亿美元的黄金和美元盈余，这是自1953 年 4 月以来的最大盈余，3 月 31 日，其黄金和美元储备增加至 26.85 亿美元，这是自 1951 年 11 月以来的最高水平。3 月 1.02 亿美元的盈余中的特殊项目是 1400 万美元的美国国防援助和从 2 月欧洲支付同盟盈余结算中获得的 200 万美元。不包括这两项，当月英镑区贸易和支付交易带来了 8600万美元的信贷。这是一个有利于英镑区支付的季节，在 3 月，英国通过欧洲支付同盟积累了 480 万英镑的盈余。这笔盈余将在 4 月中旬结算，其中 50%以黄金结算，另外 50% 通过减少英国透支来结算，这使其降至 1.94 亿英镑，这些因素有助于英国黄金和美元储备的积累。[4]

在 1953 年里，英联邦各国财政部长在提到与美国合作的必要性时，会刻意避免提及对英镑可兑换的财政支持。1953 年，人们认为，如果英国政府确保在英镑遭到挤兑时获得美国的备用信贷，那么它或许会更愿意冒险实行自由兑换。在政治上，这样的贷款对于刚上台的新一届美国政府来说似乎是不可能的，并且这个想法还没有在英镑区被正式公布过。因此，尽早恢复可兑换性已被排除在可能性的清单之外。然而，在此次会议最后声明中提到的"通过国际货币基金组织或其他方式获得足够的财政支持"是进一步实行

---

① Commission on Foreign Economic Policy, *Report to the President and the Congress*, p. 17.

② Commission on Foreign Economic Policy, *Report to the President and the Congress*, pp. 19-20.

③ Commission on Foreign Economic Policy, *Report to the President and the Congress*, p. 23.

④ "More Gold Flows In," *The Economist*, Apr. 10, 1954, p. 137.

货币自由兑换的条件之一。虽然如此，英美在1954年4月和6月仍然谈论了英镑兑换问题，把英镑自由兑换作为两国财政政策的"最近目标"。

美国在坚持英镑可以自由兑换的同时，试图破坏英镑区并在以后消灭英镑区，加强英镑对美元的依赖，削弱帝国特惠制，消除横亘在它渗入英帝国和英镑区的道路上的外汇障碍及其他各种障碍。

在英国统治集团里，则有两种关于英镑自由兑换问题的观点。一些人坚决反对英镑自由兑换，说这只会有利于美国。另一些人拥护英镑自由兑换，他们说英镑自由兑换可以巩固英镑作为国际货币的地位，可以加强英镑区，可以巩固帝国特惠制，可以消除美国对黄金价格的垄断。这一派人肯定地说，英镑自由兑换可以恢复（虽然是部分地）伦敦以前作为资本主义世界市场"结算局"的地位，可以提高人们对英国通货的信心，把它变成真正的世界通货。拥护英镑自由兑换的人还持有这样的论据：如果英镑不能自由兑换，英国在长时期内就不能抵抗英镑区和英帝国内日益加强的离心倾向，因为在"美元荒"压力下的自治领将越来越倾向于撇开伦敦而寻找自己解决财政困难的途径。

但是英镑自由兑换的拥护者为实现他们的计划提出了一系列的先决条件。[1]

第一，必须实现"要贸易，不要援助"的口号。英镑区和美元区的支付差额必须以扩大对美元区的出口和减少美元区的进口来平衡。因此，英国必须恢复提高特惠关税率的权利，而美国必须放弃高额的保护关税的政策并给英国货物进入美国的国内市场以方便。

第二，将积累大量的外汇储备作为实行英镑自由兑换的先决条件。没有得到美国新的巨大的财政支援来建立从外稳定的基金，实行英镑自由兑换是不可想象的。

---

[1] 〔苏〕列明：《第二次世界大战后的英美矛盾》，张扬等译，第126页。

第三，提出提高黄金价格的建议，将此作为英镑自由兑换的前提。这是英美经济矛盾的关键问题之一。资本主义世界所开采的全部黄金的3/4是在英帝国开采的。这些黄金的大部分因被用来抵偿英国和英镑区对美元区的收支逆差而流入美国。同时美国于1934年规定黄金价格每盎司35美元，自此之后，尽管美元急剧贬值了，美国还是拒绝提高黄金价格。英国、南非联邦、澳大利亚及其他有关国家不止一次地提出并且继续在提出提高黄金价格的问题。但是美国坚决地拒绝这样做，而变成了美国工具的国际货币基金组织也支持着这样的政策。

第四，英国有人强调说，在任何情况下，过渡到英镑自由兑换都只能逐渐地、小心谨慎地、分阶段地实行，并采取各种预防的措施。

英国的有关人士指出，现今的英镑自由兑换计划，不管垄断资本集团是用什么甜言蜜语来提出的，都是与各种"通货收缩措施"的实行相联系的，这就是说，这些计划都旨在降低英国人民的生活水平和增加金融寡头的最大利润。[1]

因此，实际上并没有什么英美共同的英镑自由兑换计划，围绕这一计划的讨论深刻反映了英美在财政经济问题上的矛盾的极度尖锐化。

第二节　美国对英联邦国家的资本渗透

英国领导层认为，以前属于英国殖民地的国家在获得政治独立后加入英联邦，具有重要的意义。英联邦的概念本身就是极端含糊的，有时候它指的是整个英帝国，有时候则仅仅是指由独立的国家即英国、旧自治领和新自治领组成的联邦。联邦内部的政治和经济联系是多种多样的，有总理会议、财

---

[1] 〔苏〕列明：《第二次世界大战后的英美矛盾》，张扬等译，第126页。

政部长会议、军事义务和协定、货币财政协定制度（英镑区）、关税优惠制度等。尽管每一种联系形式基本上都包括同样的一些国家，然而也有例外情况。例如，加拿大是公认的英联邦成员国，它参加各种共同会议和帝国特惠制，却不参加英镑区。二战以后英国签订的一系列多边军事条约（《东南亚集体防务条约》《巴格达条约》），只包括英联邦的部分国家，同时也包括不参加这个联邦的国家。

一方面，英联邦并没有任何共同的组织中心，也没有任何中央行政或军事机构。关于建立这些机构的建议，在英联邦的各个会议上遭到不断的反对。另一方面，存在许多直接和间接的途径，英国通过这些途径不仅可以影响殖民地，也可以影响旧的和新的自治领。

英联邦其他国家的历史共同特点就是，它们都曾在不同时期是英国的殖民地，并受英国的直接政治统治。然而在强大的民族解放运动的压力下，英国殖民主义者被迫做出让步，承认一系列殖民地的政治独立。英联邦国家之间的关系改变了，英联邦其他国家对英国的政治和军事依附性被削弱了，英国通过经济手段来控制和掠夺英联邦其他国家获得了日益增长的意义。

在战后英国领导层的决策当中，"英联邦和英帝国及其所包括的一切"[1]在"三环外交"中占有第一环的重要战略位置，是英国主要经济利益的重心所在。这个大帝国，曾经依靠强权和武力，在全世界范围内建立了庞大的殖民统治体系，并把通过强取豪夺得来的财富转化为原始资本，建立了强大的工业体系，然后用工业成就来武装海军舰队进行更为广泛深刻的掠夺，号称"日不落"殖民帝国。因此，英国是建立在对殖民地国家和人民的统治的基础上的。最初是从殖民地掠夺廉价原料，向殖民地输入高价工业产品，后来就是直接利用殖民地廉价的原料和劳动力，输入资本，牟取暴利，至20世

---

①   Robert Rhodes James (ed.), *Winston S. Churchill: His Complete Speeches, 1897-1963, Volume VII: 1943–1949*, New York: Chelsea House Publishers, 1974, p. 7712.

纪末，英国的殖民统治已经持续了近400年。然而，这个殖民帝国的统治并非铁板一块，自美国独立战争（1776~1783）时华盛顿的胜利把它撕开一大口子以来，这个体系在19世纪虽然有所加强，但是随着1867年《英属北美法案》的颁布，加拿大成为英帝国的第一个自治领，澳大利亚、新西兰等自治领相继出现。1931年《威斯敏斯特法案》的出台标志着英联邦"白人俱乐部"的成立，英国再也不能用同一种方式统治它的所有海外领地了。

第一次世界大战结束后，英国从世界霸主的巅峰开始衰落，一向崇尚自由贸易、曾经用坚船利炮打开别国大门的英国在1929~1933年世界经济大危机的打击下，为了稳定英镑严重动摇的国际地位，被迫与英联邦其他国家和一些与英国经济有密切联系的国家共同筑起"英镑集团"的高墙，在集团内部，参与国把自己的货币同英镑挂钩，与英镑保持固定的汇率，彼此间的经济贸易往往用英镑结算，并把自己主要的外汇储备存放在伦敦，此举有助于英国同其他主要资本主义国家进行竞争。[1] 在二战期间，英帝国各自治领和殖民地响应国家元首英王的号召，以巨大的人力、物力和财力投入了战争，为大战的胜利做出了卓越的贡献。令英帝国感到鞭长莫及的是，在大战中，随着日本占领了东亚、东南亚、澳大利亚等地区，这个老大帝国再也无力保护其殖民地和自治领了，若非以前的殖民地美国实行《租借法案》，提供帮助，包括英国本土在内的帝国体系恐怕就此覆灭。战争胜利后，大英帝国侥幸余息尚存，却摇摇欲坠。战后民族解放独立运动在英帝国殖民地上风起云涌。1947年印度的独立并加入英联邦，标志着战后英国非殖民化运动的开端。此后对英国而言，局面不可收拾。

但是，无论是英帝国还是英联邦，不管其统治形式如何变换，战后的英国仍然视其为经济利益的屏障，极力防范其他国家的经济渗透。由于帝国殖民地纷纷独立将严重影响英国维持世界大国地位的战略意图，英国迫切需要

---

[1] 王振华:《英联邦兴衰》，中国社会科学出版社，1991，第121页。

一根经济上的纽带来维持它们与英国的关系，这就是英镑。在英国的鼎盛阶段，英镑作为世界货币曾经垄断国际贸易，是最主要的储备货币，其地位相当于战后《布雷顿森林协定》中的美元。一战后英镑的这种作用遭到削弱，英镑集团随着大危机同步出现，曾经在一定程度上维护了英国的利益。二战的爆发和英国为此所做的努力，赋予了英镑集团新的凝聚力，但同时使大部分非英联邦国家离开了英镑集团，英镑区由此形成。

战后初期，维持和加强英镑区是与英国战略目标联系在一起的，维持英镑的价值和国际社会对英镑的信心成为英国政府的一项经济指标，"英国政治领导人和财政部倾向于把英镑的国际作用看作是一份帝国遗产，因为它体现着英国对那些持有英镑作为储备资产的英联邦国家承担的庄严责任，而且也作为英国的连续的大国地位的又一个尺度"①。

由于战后英帝国范围内各殖民地、附属国民族解放运动的高涨，殖民地对英国的贡献大大减少，这就使英国从殖民地原料的销售中获得的美元远不足以抵偿它从美元区购买货物所需的美元。此时出现的殖民地危机实际上是殖民地货物的不足，以及连带引起的航运收入和海外投资收入的下降，在账簿上则表现为美元危机。因此美元危机实质上是殖民地危机的具体表现形式。此外，又由于英国的扩军备战，大量资金和原料都消耗在战争工业制造方面，这就大大降低了英国的输出能力，从而加深了它的美元危机。

来自美国的威胁更是让英国感到如芒在背。战后，美国强迫英国对社会主义国家实行禁运政策，这使英联邦的市场人为地被缩小了，资源的供应地也人为地被缩小了。美国又用关税壁垒抵制英联邦货物输入美国。这就使英联邦的经济受到窒息性的打击。同时，此时的美国势力抓紧渗入英联邦内部，夺取英联邦内的原料和市场。在1952年英联邦总理会议召开前

① 〔美〕W. F. 汉里德、〔美〕G. P. 奥顿:《西德、法国和英国的外交政策》，徐宗士等译，商务印书馆，1989，第282页。

夕，伦敦美国商会的董事会出版了一本仅有 10 页的小册子，里面就提出：第一，建立美元—英镑联盟，用美元来支持英镑自由兑换；第二，降低英美两国关税，在互惠互利的基础上重申《互惠贸易协定法》(Reciprocal Trade Agreement Act)；第三，要求英镑区给予美国投资以优惠条件。该商会董事会坚决反对提高以美元计价的黄金价格，因为根据它的判断，这只能在表面上缓解英镑与美元的不平衡，而且基本上是暂时的，并不能解决问题的根本。此外，这将损害人们对美元的信心，"进一步修补我们的货币平价不仅会破坏它的完整性，而且会对我们的货币体系产生彻底的心理和通货膨胀影响"。① 这些要求与加拿大、澳大利亚等国在英联邦总理会议上提出的建议几乎完全一致。这是美国势力控制了英联邦某些自治领的一个无可置辩的证据。战后，美国对其他资本主义国家的贸易一直保持巨额出超，这就使包括英国在内的资本主义世界长期存在着"美元荒"。英国每次都采取断然的措施来限制美元货物的进口，实行节约，为出口做激烈的斗争，但出口所增加的比例都被具有较优越的装备的美国超过。

为了解决英国的经济危机，扩大对英联邦的输出，解决英国的"美元荒"问题，英国必须调动英镑区所有的力量抵抗美国对英联邦国家市场的不断渗透。

英镑区的存在和发展对英国有着至关重要的利害关系。战后，在英国领导下的英联邦对于维持英国在世界上的大国地位有着特别重要的战略意义，不仅能够增加英国在"冷战"中与苏联对抗的实力，还能使英国在处理同美国的"特殊关系"方面与之分庭抗礼。同时，维护英镑区、"保卫英镑"也有着非常重要的经济意义。英镑区的"英镑结存"使英国缓解了债务危机。二战之前，英国债务总额约为 6 亿英镑，其中有约 3.4 亿英镑属于英联邦国

---

① American Chamber of Commerce in London, *Dollar-Sterling Alliance: A Long-term Program for the Solution of the Dollar-Sterling Imbalance*, London: Municipal Finance Officers Association of the United States and Canada, 1952.

家。到 1945 年底，英国所欠债务已上升到约 37 亿英镑 ①，却根本无力偿还
（见表 4-3）。为此，英国政府和战前独立起来的前自治领和殖民地国家签订
了关于英镑结存的协定，英国仍然控制着它们在伦敦的英镑结存的解冻和使
用。这实际上是一种强迫性贷款，是对殖民地又一种方式的剥削，但它有利
于缓解战后英国的还款危机，有利于英国经济的恢复和发展。

表4-3　英国所欠海外国家的英镑债务

单位：百万英镑

时间	整个英镑区	非英镑区	合计
1945 年 12 月 31 日	2463	1231	3694
1947 年 12 月 31 日	2297	1306	3603
1949 年 12 月 31 日	2352	1065	3417
1950 年 12 月 30 日	2730	1013	3743
1951 年 6 月 30 日	3098	1070	4168
1951 年 10 月 31 日	2919	1054	3973

资料来源：PRO, CAB 129/48, C 57 (51), Dec. 20, 1951, p. 5。

同时，英镑区的存在和英镑结存为英国国民经济的发展提供了广泛的基
础。战后，英国和英镑区存在着严重的"美元荒"，根本无力购买英镑区以
外的产品。英国作为这个区内工业发达的国家，用英镑来购买区内的工农业
原料和产品，就不致增加美元缺乏的困难；而且，由于它控制着英镑结存的
解冻和使用，区内其他国家也不能随便向区外购买产品，这就有效地保证了
英国的产品能够在区内畅销，防止了其他大国的竞争和渗透。由于这些国家
通过出口原料赚得的外汇存放在英格兰银行，由英国监管，这就大大缓解了
英国的"美元荒"。

对于英国来说，以前对广大的殖民地的控制也曾经为本国工业生产带来不

---

① 　PRO, CAB 129/48, C 57 (51), Dec. 20, 1951, p. 2.

求进取的副作用，但是在战后极度困窘的年代里，英镑区还是能够为英国提供相对廉价的生产原料、生活资料和广阔的出口市场，保护了英国的经济利益。

对于英联邦国家来说，它们大多数是极不发达的第三世界国家，在经济上和英国还有千丝万缕的联系。它们在自力更生的基础上，迫切需要资金和技术支持来实现本国的繁荣富强，摆脱掉贫穷落后的境况；英国是其从前的母国，在经济、政治，文化方面它们之间长期有依从关系，因而这些国家很自然地把希望寄托在英国身上。总之，双方各有所需，英国经济的发展就有了广泛的基础，并且没有外国竞争之虞。

为此，战后英国的统治者把英联邦放在了战略第一环的重要位置上，为了巩固和加强英联邦，英国除了继承和发展1929年《殖民地发展法》和1940年《殖民地发展和福利法》外，于1945年出台了新的《殖民地发展和福利法》，来加强英镑区的经济联系。

总之，20世纪40年代初，英国继续运用英镑工具促进它同英联邦其他国家的经济联系。英国作为英镑区这一经济集团的中心的地位有助于加强它在这一政治集团中的传统领导地位，有利于它保持世界大国的形象。对于区内大多数国家来说，由于它们在英格兰银行拥有大量存款，英镑的稳定与它们有切身利害关系；并且英国严格限制向非英镑区投资，伦敦成了英镑区国家的统一中央银行，这在一定程度上促进了这些国家的生产发展。因此，无论是英国还是英联邦其他国家都非常关心英镑的稳定，特别是随着战后世界经济的发展，英国希望恢复英镑作为一种国际通货、伦敦作为一个重要国际金融中心的地位，以便从世界贸易和国际支付方面的发展中获取好处，英镑就成了英联邦团结一致、英国实力和威望的象征，"保卫英镑"一刻也不能放松。

但是，事与愿违，战后英国经济虚弱，非但不能自保，而且英镑危机一而再，再而三地发生，英国越到后面越无力维系英镑区的货币金融体系；而越是这样，为了所谓的上述种种理由，英国领导人更是不惜代价、一厢情愿地保卫英镑，其结果是导致定值过高、不肯贬值的英镑在越来越不利的世界市场中的竞争力下降，险情频发，最终导致整个国民经济一步一顿，陷入恶性循环，难以有长足发展。

英国与英联邦其他国家的贸易关系，对于英国具有重大的意义（见表4-4）。战后年代，英联邦其他国家，特别是英属殖民地在英国进口和出口中的作用整体上扩大了（见表4-5）。同时英国在英联邦其他国家（英属殖民地除外）对外贸易中的意义则缩小了。

表4-4　英联邦其他国家在英国对外贸易方面的比重

单位：%

	输出			输入		
	1935~1938 年	1948 年	1956 年	1935~1938 年	1948 年	1956 年
所有英联邦国家	43	47	46	36	44	45
其中						
英属殖民地	8	10	12	4	8	9
加拿大	5	5	5	9	11	9
澳大利亚和新西兰	11	13	12	12	13	11
印度和巴基斯坦	8	7	7	6	5	4
南非联邦	2	2	2	2	2	2

资料来源：Central Statistical Office, *Annual Abstract of Statistics*, No.94, London: HMSO, 1957, pp. 223-224。

许多自治领，特别是许多新自治领，正在努力与越来越多的国家进行贸易，希望根据最有利的条件来保证本国的进口。同时，在其他帝国主义国家方面，美国在英镑区国家进口额中的比重，已从1938年的7%增长到1953年的10%[①]。

[①]　〔苏〕米列伊科夫斯基等：《第二次世界大战后的英国经济与政治》，叶林、方林译，世界知识出版社，1960，第421页。

表 4-5 英联邦其他国家占英国出口总额的百分比

单位：%

1918 年	1929 年	1937 年	1945 年	1948 年	1949 年	1950 年	1951 年
36	45	49	54	83	51	49	55

资料来源：〔苏〕瓦尔加《帝国主义经济与政治基本问题》，王济庚等译，人民出版社，1954，第 343 页。

尽管英联邦其他国家人口不多，但它们所购买的英国商品比美国所购买的还要多，例如在 1936 年，拥有 1.3 亿人口的美国所购买的英国商品只有 2800 万英镑，仅有 700 万人口的澳大利亚却购买了 3200 万英镑的英国商品。因此英联邦其他国家成为英国销售商品的中心市场，是英国出口贸易的生命线。但是美国出口总额的 1/3 左右也是面向英联邦其他国家市场的，因此英联邦其他国家市场就成为美英争夺商品销售市场的矛盾的主要方向。英国历年来加强与英联邦其他国家贸易经济联系的主要手段就是帝国特惠制与英镑区。战后由于英联邦其他国家内部离心倾向的加强，在美国经济扩张的压力下，英国被迫放松了帝国特惠制。在 1947 年《关税与贸易总协定》中，英国与英联邦其他国家放弃了部分商品的特惠税率，所以美国商品利用这个机会乘虚而入。

1949 年 9 月 7 日至 12 日，美英加在华盛顿举行了三国金融会议。虽然这一会议起初被标榜为解决英国财政危机的会议，实际上是美国利用英国的困难千方百计牺牲英国利益的会议。会议在结束后发表公报，宣布了所谓"十点计划"。"十点计划"的内容显示，与会者"试图找出三国政府可以采取何种具体措施，来避免美元与英镑关系的严重恶化"；但美元对英镑的攻势将继续扩大。根据"十点计划"，美国资本将夺取英国的投资市场，杜鲁门主义将扩展到英镑区的印度和埃及等地，美国将夺取英国包括石油、橡胶、铅在内的战略物资。克里普斯和贝文在会议中鼓励美国资本向英镑区投资，并承诺"英国将尽可能地消除投资的障碍"。^①在英国经济情势愈益恶化的时候，鼓励美国向英镑区投资，就是鼓励美国向英镑区输出危机。在美国资本的进攻下，英镑区的大门进一步打开，英美之间的矛盾与斗争势必随之更趋激烈。

由于英国不断召集英联邦国家举行财政会议，一再强调加强英联邦各国的内部联系，并坚持利用帝国特惠制对美国予以还击，到 1952 年英国对英联邦其他国家的商品输出终于赶上了美国，美英两国所占的比重达到相对均衡状态，除了在加拿大美国仍占第一位，在南非联邦英美的比重相差不大外，在其他区域英国仍占首位。1953 年英镑区采取了更严格限制美国货进口的政策，因此美国商品进口在英镑区遭到很大的削减。总的来看，战后时期美国在英联邦其他国家市场中虽然同英国进行激烈斗争，但英国基本上仍然保持了重要的阵地。因此，英国依靠帝国特惠制向英联邦其他国家出口时，可以把自己的竞争力比美国提高大约 15%。因此美国一直试图解除英国这种经济武装，而英国则拼命采取种种措施来巩固帝国特惠制。

小　结

20 世纪 30 年代末，以英美为首的发达国家相继组成"英镑集团""美元集团"等货币集团，20 世纪 40 年代又形成"英镑区""美元区"等，以此展开竞争，争夺世界市场。这种斗争必然加剧英美之间的矛盾，使外汇市场极度混乱，影响国际贸易的正常开展。第二次世界大战后，美元的霸权地位和以美元为中心的世界货币体系的确立，使国家之间的货币战争出现了新的特点，表现为美国加强对金融领域和世界市场的控制与英、法及第三世界

---

① 《美英加金融会议结束　美资本侵入英镑区域　两国矛盾势必深刻化》，《人民日报》1949 年 9 月 18 日，第 3 版。

国家等反控制的斗争。

英镑区是英国建立的以英镑为中心的排他性的区域性组织，是英国在贸易和金融上控制其殖民地和区内国家，防止外国货币渗透的工具。参与国有英国、英联邦其他国家以及一些与英国经济联系密切的国家。这必然与战后美国美元霸权和争夺世界市场的战略相冲突。

英镑区和"美元共同储备"的问题是英美矛盾的焦点之一。在战后时期，美国垄断资本利用英国在美国领导下的侵略集团中的从属地位，加紧在英帝国国家内实行扩张，夺取了以前属于英国资本家的销售市场。在1938~1951年，美国输往澳大利亚的出口值增长了187%，美国输往新西兰和南非联邦的货物价值增长了1.5倍，输往加拿大的货物价值增长了3倍多，输往马来西亚的货物价值增长了近4倍，输往印度和巴基斯坦的货物价值几乎增长了10倍。[①]

同时，美国的财政渗透和美国资本在英国殖民地和半殖民地进行的对重要原料资源的掠夺也起着巨大的作用。美国在加拿大的投资在1939~1951年从40亿美元增加到90亿美元，美国在澳大利亚和新西兰的投资也有很大的增加，美国也日益渗入印度。美国垄断资本还在近东石油工业中取得了优势地位，把英国资本而排挤到第二位。在1938年，英国控制近东石油开采量的80%，美国控制的部分只占14%。到1952年，英国控制的部分已降到30.5%，而美国控制的部分已增加到63.5%。[②]

但是，英国资本仍在英镑区其他国家的经济中占据主要阵地。英国正借助在几十年时间中建立起来的分布很广的银行分支系统和与区内其他国家密切的贸易关系，对美国的扩张进行顽强的反抗。英镑区以及帝国特惠制和英国同它的对外贸易对手所缔结的双边贸易协定的体系，是英国与它的竞争者

---

① 〔英〕阿·尔·康南：《英镑区》，汉敫译，世界知识社，1956，第12页。

② 〔英〕阿·尔·康南：《英镑区》，汉敫译，第12页。

美国进行斗争的重要武器。因此，难怪在第二次世界大战后的整个时期美国垄断资本一直在试图剥夺英国的这类武器。从战后签订的《英美财政协定》到 1948 年 7 月按照马歇尔计划强迫英国接受的双边协定中的许多条款就有破坏英镑区的意图。1949 年 9 月，当英镑区的美元危机严重恶化时，美国强迫英国实行的英镑贬值，也是旨在破坏英镑区，不断抢占英联邦的巨大市场。

1952 年底举行的英帝国联邦总理会议和 1954 年 1 月在悉尼召开的英联邦财政部长会议，都充分证明了面对美国扩张，英国竭力更加广泛地利用英镑区来保卫自己的对外经济地位。但是美国乘英国之危，对英国和英联邦其他国家进行渗透和控制，打击了英国在英联邦中和英镑区的利益，加强了英联邦其他国家对英国的离心力量，加速了英联邦的解体进程。

第五章

英美主导多边贸易体制的货币权力之争

早在第二次世界大战还未结束前的整个 1941 年和 1942 年初，美国的官僚和利益集团为在国内和国际层面控制经济外交政策而斗争。美国政治家、出口商、银行家联合起来支持多边主义，这一理念的目标是在不牺牲美国繁荣或冒犯美国保守派的情况下在国内外实现社会正义。英国是建立需要同时减少贸易壁垒和取消外贸管制的多边贸易世界的主要障碍。虽然英镑区是一个歧视非英镑国家商品的封闭体系，但美国外交政策制定者认为，美国可以利用英国战时对美国的依赖，迫使英国放弃英镑区并接受多边主义。[1]

第二次世界大战后形成的以国际货币基金组织为主要治理平台的国际货币金融体系和以《关税与贸易总协定》为主要治理平台的国际贸易体系就是英美之间经济外交较量的结果。虽然美国拥有绝对的经济实力，一边打压英镑，一边将其主导的多边贸易体制作为经济扩张的工具之一，大量输出资本和商品，主导了战前和战后一系列谈判进程，并利用英国濒临破产的困境施压，但谈判结果绝非美国独家意志的体现。最终，两国的相互妥协造

---

[1] Randall Bennett Woods, *A Changing of the Guard: Anglo-American Relations, 1941-1946*, p. 10.

157

就了"布雷顿森林—关贸总协定体制"。在国际贸易领域，为了实现非歧视规则，达成的妥协是以美国削减关税换取英国取消帝国特惠制；在国际金融领域，为了维持货币关系稳定，达成的妥协是以建立国际流动性储备换取各国停止货币战争；除出于国际收支原因外，放弃对经常项目的汇兑管制和对贸易的数量限制，但保留资本管制。上述机制主要通过国际贸易组织（关贸总协定）和国际货币基金组织实现。为顺利实现从战时经济到多边主义经济体系的过渡，国际复兴开发银行成立，为各国进行战后重建和恢复提供贷款担保。[①]

尽管建立了多边主义的机制，但英美在货币领域的斗争一直存在。战后初期美苏政治关系恶化，导致国际货币基金组织、国际复兴开发银行无所作为，国际贸易组织胎死腹中，关贸总协定前途未卜，但英美关于自由贸易与充分就业、特惠贸易与非歧视贸易、国际货币体系与国家主权货币以及赤字国与盈余国调整责任等问题的争论与分歧一直存在。虽然英国在形式上保持了帝国特惠制，所享受的特惠关税出于种种原因仍然被保留下来，但英帝国特惠体系最终被打开了重大缺口，其完整性已不复存在，美国的国际贸易霸主地位也逐渐确立起来。

第一节　英美日内瓦谈判的危机重重
和关贸总协定的签订

一　羊毛关税减让与美国日内瓦谈判"诚意的考验"

羊毛曾经是英帝国的财富和权力的基础，强大的英帝国就是建立在羊

---

① 具体参见符荆捷《国际经济关系的基本矛盾与中国的多边经济外交——从"英镑美元外交"谈起》，《复旦国际关系评论》2014年第1期，第259~262页。

毛生产和羊毛制造的基础上的。最初欧洲殖民者带着他们的羊在美国定居下来，从 1609 年在弗吉尼亚州的詹姆斯敦（Jamestown）引进绵羊到 1788 年马萨诸塞州罗利（Rowley）市和康涅狄格州哈特福德（Hartford）的第一家毛纺厂的建立，牧羊业和羊毛制造业在美国已经发展得远远超出第一批定居者的想象，绵羊已经扩散到了美国西南部等地区。但截至 1947 年初，美国在世界绵羊养殖国中已经从第 3 位下降到第 5 位，而作为英联邦成员国的澳大利亚却是居第 1 位的绵羊养殖国。[1]1945 年 7 月初，世界羊毛库存约为 50 亿英镑，约为战前年平均结转库存的 3 倍，而此时英国的羊毛库存总数超过世界的 2/3。南部英联邦国家是主要的羊毛生产国和出口国，在战争结束后，澳大利亚、新西兰和南非联邦处理了羊毛旧库存的 40%。[2]所有国家都采用了通过其国营贸易公司有序清理这些剩余库存的做法，这在事实上却导致了羊毛价格的上涨。这些羊毛库存需要至少 10 年的时间来消化；面对战后羊毛需求的减少，多国急于开拓包括美国在内的更多的国外市场解决它们的库存压力。而美国战时经济对羊毛需求的 57% 来自进口，随着战争的结束，美国国内积压了大量的羊毛库存，但是仍旧大量进口羊毛，这引起了美国牧农们的抱怨。虽然美国政府一直采取补贴牧农们的手段来保护国内羊毛生产，使国内羊毛不会以低于向牧农支付的价格出售，却导致美国羊毛无法和外国羊毛竞争，并且牧农们发现在年度采购中羊毛所占的比例越来越小，总库存量却不断增加。整个世界羊毛市场因战争期间美国参与的紧急储备计划中积累的巨额结转库存而雪上加霜。

因此，羊毛问题成为战后初期国际贸易领域亟须解决的重大问题，引起了相关各国的高度重视。为了交换信息和建立一个永久性的研究组织，1947

---

[1] Raymond V. McNally, "The American Wool Problem," *The American Journal of Economics and Sociology*, Vol. 7, No. 2, 1948, p. 186.

[2] Raymond V. McNally, "The American Wool Problem," *The American Journal of Economics and Sociology*, Vol. 7, No. 2, 1948, p. 188.

年3月30日，12个羊毛生产国在伦敦召开了国际羊毛会议。在这次会议上，英国的自治领敦促美国取消或至少降低羊毛价格，而杜鲁门总统希望制定长期的国内羊毛政策。参加这次会议的美国代表团继续参加了4月10日在日内瓦召开的联合国贸易与就业会议筹备委员会第二次会议。

接下来的6个月的时间里，包括美英在内的23个国家在日内瓦会议上就减少关税和贸易壁垒的具体安排进行了艰苦谈判。在日内瓦谈判期间，美国与英联邦国家间的关税谈判成为最重要的谈判，而羊毛问题成为美国与英联邦国家关税减让谈判的关键。

在1947年上半年的几个月的时间里，美国国会审议了要求总统提高羊毛进口关税的羊毛法案，美国试图实现"继续实施价格支持计划"和"清算商品信贷公司（Commodity Credit Corporation）持有的大量国内羊毛"的双重目的。这种贸易保护主义的政策却给接下来美国进行的日内瓦谈判投下了阴影，引起了南部英联邦国家等的强烈反弹，也给美国代表团的羊毛问题谈判带来了很大压力。

英美关于羊毛问题的谈判尽管跌宕起伏，但其主要是在美国与英国的南半球自治领之间进行的，英国在羊毛关税谈判中发挥的作用十分有限。3月31日至4月3日，羊毛研究小组（The Wool Study Group）在伦敦举行了第一次会议，其主要目标是寻找解决世界多余羊毛库存的手段。[①]4月3日，在艾奇逊、克莱顿、布朗与杜鲁门的对话中，他们呼吁杜鲁门总统"批准贸易协定委员会（Trade Agreements Committee）的建议，即向要求参与日内瓦谈判的其他国家做出让步"。对于羊毛纺织品，杜鲁门提出了他的具体意见，认为，"这个建议是合理的，为了向英国提供额外的美元，我们进口更多的羊毛纺织品是非常重要的"，布朗"建议的让步是非常明智的"。[②]

---

① United States Department of State, *The Department of State Bulletin, Vol. XVI, No. 406, April 13, 1947,* Washington，D.C.: U.S. Government Printing Office, 1947, p. 826.

② *FRUS, 1947,* Vol. I, pp. 913-914.

4月15日，美国驻日内瓦领事特劳特曼（Harry L. Troutman）致信国务卿，认为含有进口费用规定的羊毛价格支持法案将会"使日内瓦贸易会议陷入严重尴尬的局面"，"不利于羊毛研究小组就寻求剩余处置协议继续进行的谈判"。[①] 在代理国务卿艾奇逊的复信中，他"赞赏羊毛关税减让的谈判现状及其对英帝国国家的重要作用"。[②]

历时4周的谈判结束时，美国与英联邦国家的谈判并不是非常顺利，有的进展缓慢，有的甚至陷入僵局。5月5~6日，美国代表团连续两天举行会议商讨在被视作"人类历史上最复杂的国际谈判"[③]的日内瓦谈判中遇到的困难。对于帝国特惠制，美国代表团副团长威尔考克斯（Clair Wilcox）认为，如果美国针对羊毛税采取行动，那么美国将处于一个完美的位置，可以"打破英帝国集团"，要求英联邦国家改变它们的报价，并真诚地进行谈判。美国驻英国临时代办霍金斯（Harry C. Hawkins）指出，如果会议接着顺利进行的话，那么可以要求取消对美国很重要的所有特惠，如果英帝国国家不愿意这样做，美国可以相应地修改其提议。美国关税委员会主席奥斯卡·莱德（Oscar Ryder）则表示，只有在英联邦国家根据它们的特惠采取果断行动的前提下，他才会同意降低羊毛关税。霍金斯提醒参与谈判的美国代表团说："我们在特惠问题上使用的是步枪而不是猎枪，并没有要求它们针对对美国贸易不重要的特惠采取行动。"然而，当"所有国家都希望这次会议取得成功，并做出努力，确保这次会议不会失败"时，"英国正在竭尽全力确保会议不会成功"，因为"如果这次会议主要因为羊毛问题而失败，那么在外国指责美国破坏这次会议时，美国将很难为自己辩护"。[④] 鉴于"英联邦国家是带着美国将削减羊毛关税的信念来到日内瓦"的，英国同意进行降低关税

---

① *FRUS, 1947*, Vol. I, p. 916.

② *FRUS, 1947*, Vol. I, p. 917.

③ *FRUS, 1947*, Vol. I, pp. 961-962.

④ *FRUS, 1947*, Vol. I, pp. 920-923.

和取消特惠的谈判，以换取美国方面的充分让步，而美国与会者讨论了如何对英国施加压力，强迫英国放弃对其他国家（例如加拿大）的特惠权，以便这些国家在与美国谈判中降低特惠关税的税率。最后，美国与会者一致决定，各谈判小组的负责人向克莱顿提交备忘录以便其继续了解英联邦国家的实际情况，而克莱顿将单独与英联邦各国代表团团长会见，就采取的最佳行动方案是"斗争"还是"妥协"做出判断。①

5月6日，特劳特曼向国务卿马歇尔汇报美国与英联邦国家谈判的现状。在特惠关税问题上，最初英联邦国家提出的要求普遍不充分：澳大利亚政府已经撤回了根据其他英联邦国家协定做出的关税减让和放弃特惠待遇的承诺；南非联邦提交了一份明显经过修改的、薄薄的关税减让清单，后来又提交了表明不能达成任何基础协议的言辞生硬的信函，同时表示将采取类似澳大利亚的行动；澳大利亚带领欠发达国家反对美国在《国际贸易组织宪章》②问题上的观点。特劳特曼在会见英联邦各国代表团团长时，敦促其改进他们的提议，但猜测他们会用美国不能做到关税减让作为他们坚持谈判的理由。这个问题若得不到解决，日内瓦会议将会陷入无限期的僵局中。但是，特劳特曼认为："如果我们能提供最大限度的关税让步，羊毛法案将使我们处于有利的战略地位，能够最大限度地要求英联邦国家削减关税，并取消对美国具有重要意义的帝国特惠制。氛围的变化也将重振《国际贸易组织宪章》谈判成功的前景。"③

5月8日，英美两国代表团团长举行了会谈，双方围绕着关税减让、帝国特惠制等问题展开了激烈的争论。会谈伊始，美国代表团团长克莱顿开门见山地告诉英国代表团团长赫尔默（James R. C. Helmore），与美国的关税

---

① *FRUS, 1947*, Vol. I, pp. 925-928.

② 《国际贸易组织宪章》，即《哈瓦那宪章》。在本书的行文中，在引用他人论述时，为忠实于原文，保留原文的称谓，但所指含义均相同。

③ *FRUS, 1947*, Vol. I, pp. 923-924.

减让相比，英国的关税减让"令人失望"。克莱顿指出，美国的关税减让影响了 1939 年 95% 的英国从美国进口的产品。美国代表团成员、商务政策司助理司长比尔（Wilson T. Beale）则指出，英国的关税减让仅涉及美国从英国进口总额的 34%，尽管英国的统计表明这一数字大约为 42%。赫尔默同意将 34% 与 42% 之间的某一数字作为双方讨价还价的基础。赫尔默还辩解称：英国的关税已经很低，美国不能指望英国提供对等的百分比范围内的关税削减幅度；对低关税的约束应被视为与减少高关税一样的让步。关于取消特惠关税，赫尔默表示，英国的关税减让应被视为英国关税削减和降低英国在英联邦市场中享有的特惠待遇的有机结合，而美国的关税减让代表一个整体，所以对英国关税减让的评估涉及对英联邦其他国家给予英国的特惠减少的考察。克莱顿对此并不认同，以双方签订的《英美财政协定》中的相关条款为依据指责英国没有履行降低关税和取消帝国特惠制的义务。赫尔默立刻反驳道，只有通过审查有关各国提出的特惠政策，才能判断帝国特惠制在多大程度上受到该制度下所有国家提出的关税减让政策的影响；根据伦敦宪章的规定，特惠差额应该受到限制，英国和英联邦其他国家认为这就是一项重要贡献。他还表示，虽然美国等国家可能会退出该组织并采取提高其关税的措施，但一旦特惠差额受到限制，扩大特惠体系将更加困难。因为这样的行动需要六国达成协议，而不仅仅是由一国采取单方面行动。

在谈判期间，双方讨论了羊毛问题在英联邦国家提出的关税减让政策中所扮演的角色。克莱顿认为，美国羊毛关税的削减不会给美国羊毛市场带来任何实质性的好处，澳大利亚政府对羊毛关税减让的重视程度被严重夸大了。赫尔默认为，如果未能确保对羊毛关税做出减让，这几乎肯定会导致澳大利亚政府的垮台。克莱顿承认认识到羊毛问题给澳大利亚和美国带来的政治影响，但他并不同意澳大利亚关于这个问题的经济方面的看法。[①] 双方在会谈中针锋相对，在帝国特惠制和关税减让等核心问题上的分歧不断加深。

---

① *FRUS, 1947*, Vol. I, pp. 929-932.

在 12 个谈判小组都在尽力争取达成最好的协议时，美国代表团利用各种机会打探英国代表团的谈判意图。美国代表团非正式观察员布朗（William Adams Brown）也参与进来，于 5 月 9 日与赫尔默举行了一次非正式会谈。会谈一开始，赫尔默就向布朗发出了悲观的评论，他认为会议缺乏进展的根本原因是美国代表团似乎并不真正知道自己想要什么。美国代表团正在追求两个相互矛盾的目标：①建立一个对私营企业实行最低限度的贸易限制的世界；②在关税方面获得与其他国家同等的关税和特惠待遇。导致这两者相互矛盾的原因是在关税谈判中的让步无助于扭转美国出口顺差的形势。如果美国人真正想通过关税谈判的方式走向一个更自由的贸易体制，他们就必须在这一领域进行不平等的贸易，并做出让步，通过转移美国的一些生产资源和能力，使之有利于进口，真正推动国际专业化生产。赫尔默认为，为了实现美国真正的长期经济利益，美国至少应该接受达成不平等的关税和特惠协议的想法；美国现在是时候应该认识到："作为一个债权国，美国在处于有利地位的同时也会有不便之处。"[1] 即使英国没有在此次会议上同意达成一份像美国希望的那样严格的宪章或者大幅削减关税，英国仍然能取得实质性进展，然后根据事态的发展决定是否采取进一步的措施。布朗通过与赫尔默的会谈，了解了英国的一些立场，英国会利用日内瓦谈判和美国的政治局势以及"美国正经历一段经济衰退时期"等进行讨价还价，反对"与英国出口利益背道而驰"的国际收支数量限制制度，促使美国接受关于不平等关税和特惠交易的解决方案。

美国希望通过与个别英联邦国家的谈判取得进展，因为美国代表团不能无限期地进行日内瓦关税谈判，如果美国不采取合理的行动，这将会导致产生长期累积的负面影响。随后美国分别与加拿大[2]、南非联邦[3]、新西

---

① *FRUS, 1947*, Vol. I, pp. 937-941.

② *FRUS, 1947*, Vol. I, pp. 933-937.

③ *FRUS, 1947*, Vol. I, pp. 941-944.

兰①、澳大利亚②等国进行单独谈判，希望了解它们的想法并各个击破。但是，以上国家都强硬表示，英联邦国家已经牢牢地将羊毛问题与特惠问题联系在一起，羊毛关税减让是美国谈判"诚意的考验"。

在美国与包括英国在内的英联邦国家的谈判毫无进展之时，美国国会就是否增加羊毛进口关税展开激烈辩论，这给本来已困难重重的日内瓦谈判蒙上阴影。克莱顿致信众议员哈罗德·库利（Harold Cooley），对库利5月19日对国务院拟议的羊毛立法的意见进行答复。克莱顿详细阐述了国务院对于羊毛法案的立场，并强调征收进口关税（实际上是增加关税）将会损害美国利益的严重后果。克莱顿认为，羊毛是美国目前为扩大世界贸易和就业而进行的谈判中的一个关键项目。虽然羊毛产量不到美国农业收入的0.5%，但其在世界贸易中占有非常重要的地位。羊毛是美国从澳大利亚、新西兰和南非联邦这几个南部英联邦国家进口的最重要产品。到1947年，羊毛贸易是澳、新、南三国购买美国出口产品所急需美元的最重要来源。如果美国对这种贸易设置新的壁垒，美国就不能指望上述国家会全心全意与其开展合作，创建美国所希望的那种战后世界。没有这种合作，英联邦其他国家将难以加入美国的互利计划中。其他国家会质疑美国声称的不打算退回到经济孤立主义的诚意。③因此，克莱顿强烈希望国会不通过未经参议院修改的羊毛法案。可见，羊毛问题成为美国与其他国家日内瓦谈判的巨大障碍，同时也会"通过影响美国的外交关系而损害美国的利益"。

在此期间，克莱顿与参议院和众议院的领导人举行了多次会议，向他

---

① *FRUS, 1947*, Vol. I, pp. 944-935.

② 在美国约见英联邦主要国家代表团团长的同时，澳大利亚代表团的主要成员已返回国内，双方的谈判暂时中断。但是美澳通过电报等其他渠道进行沟通，澳大利亚政府1947年5月16日通过美驻澳使馆电报转告美国政府和5月28日澳大利亚总理奇夫利（Joseph Benedict Chifley）亲自致函美国代表团团长等形式阐述了其对羊毛关税减让等的立场。参见 *FRUS, 1947*, Vol. I, pp. 950-951。

③ *FRUS, 1947*, Vol. I, pp. 949-950.

们表示，羊毛法案如果被参众两院通过将会对日内瓦会议造成无法弥补的损害。由于参议院和众议院之间对羊毛法案存在巨大分歧，其被送交参众两院审议。尽管克莱顿和国务院官员不断呼吁，希望阻止羊毛法案在两院的通过，但是事与愿违，美国众议院和参议院分别于 6 月 16 日和 6 月 19 日通过了羊毛法案，这导致了澳大利亚和英国的强烈抗议。澳大利亚代表团团长戴德曼（John J. Dedman）指责美国，如果羊毛法案"成为法律，每个关心国际贸易未来的国家都会发现有必要审视本国的立场"，"怀疑美国政府是否有能力有效地执行其代表团在这次会议上陈述的有关国际贸易的政策"，并导致"日内瓦会议休会足够长的时间"。[①] 赫尔默抗议道，羊毛法案的通过"将动摇人们对美国政府通过一系列互利协议实施削减贸易壁垒政策的能力的信心"；"英国政府作为有关建立国际贸易组织提案的共同倡议国，认为有责任向美国政府指出，如果羊毛法案被允许成为目前的法律，这将是对过去几年来为从大西洋宪章到目前日内瓦会议中对消除贸易壁垒所做的一切努力的最严重挫折，不仅会危及关税谈判，而且会危及有关《国际贸易组织宪章》的谈判"。出于以上原因，英国政府"热切希望这一法案不会成为法律"。[②] 由此可见，澳大利亚和英国对羊毛法案在美国国会通过后的强烈抗议，给美国代表团带来了巨大压力，严重破坏了美国倡导的多边贸易谈判的进程。

面对国务院和国会的羊毛法案之争以及日内瓦谈判的压力，杜鲁门总统必须做出自己的抉择。6 月 26 日，他最终以"不能批准这样的行动"为由，否决了羊毛法案，并指出"该法案包含的内容会对我们的国际关系产生不利影响，而且对于我们国内牧民的支持是不必要的"；"正值我国政府带头参加在日内瓦举行的以呼吁削减贸易壁垒的联合国会议和制定《国际贸易组织宪章》之际，为了使世界恢复经济和平，制定为进口羊毛提供额外壁垒的法律

---

① *FRUS, 1947*, Vol. I, p. 956.

② *FRUS, 1947*, Vol. I, p. 957.

将是一个悲剧性的错误。这将是对我们在世界事务中领导地位的一次打击。在世界范围内，这将被全世界视为迈向经济孤立主义道路的第一步，而我们和其他国家在第一次世界大战后也曾走上这条道路，这给我们造成了灾难性后果"。[①] 羊毛法案的府院之争最终在杜鲁门总统的否决中尘埃落定，总统消除了美国与南部英联邦国家日内瓦谈判的巨大障碍，美国代表团至少暂时没有了后顾之忧，可以轻装上阵，集中精力投入日内瓦谈判。

二　英美关于帝国特惠制的分歧

在关于羊毛问题的谈判告一段落后，英美争论的焦点转向特惠问题，而美国最主要的目标就是消除帝国特惠制。1947 年 7 月 12 日和 7 月 14 日，克莱顿、威尔考克斯、布朗等美国代表团主要成员与英国贸易委员会主席克里普斯举行了两次长时间的会谈，主要讨论了两国关于关税谈判和为世界贸易会议提交制定的《国际贸易组织宪章》的"一些棘手的问题"。谈到帝国特惠制问题时，克里普斯指出："限制或消除帝国特惠制不是一个可以在短时间内实现的问题。帝国特惠制的实行使得英国的外国贸易商在短时间内不可能被放弃的自治领和海外属地方面具有市场优势。在没有从帝国特惠制中获得市场优势的情况下，英国的外国贸易商们除非有充足的时间来解决其生产和生产成本问题，否则他们就无法进行竞争。"由于英国普遍存在的经济困难状况，美国不会坚持在这个时候完全取消帝国特惠制，但是，美国认为有些特惠必须被减少或消除。就其他国家而言，美国愿意接受其逐步降低这些特惠的承诺：每年一个百分比，以便在某一特定时期结束时完全取消特惠。[②]

---

① The Office of the Federal Register, National Archives and Records Service, General Services Administration, *Public Papers of the Presidents of the United States: Harry S. Truman: Containing the Public Messages, Speeches, and Statements of the President, January 1 to December 31, 1947*, Washington，D.C.: U.S. Government Printing Office, 1963, pp. 309–310.

② *FRUS, 1947*, Vol. I, pp. 965–966.

7月29日，英国外交代办贝尔福（John Balfour）致信马歇尔，声称英国政府一直在考虑当前的美元形势对日内瓦为建立国际贸易组织而进行的谈判的影响。在之后的几个月内，英国将有可能采取激烈的行动，以使其能够通过采取有违宪章草案精神的措施从海外获得最低限度的供应，除非英国的特殊"美元荒"问题得到解决。同时，英国无法确定可能被迫采取的措施是否符合宪章草案中关于非歧视规则例外情况的最合理规定。日内瓦会议旨在使各国就1947年底提交世界会议的宪章草案达成一致，因此各国应在9月就关税和特惠以及伴随这些让步的必要的一般条款达成最终协议，关税协议的非歧视条款的形式必须得到确定。但是，此时英国政府面临"两难困境"：第一，在9月同意包含非歧视条款的总协定于11月1日生效，但由于"美元荒"，英国可能会无法执行这些条款；第二，拒绝同意宪章草案或关贸总协定中关于非歧视的任何条款，这种情况可能会使世界重回多边主义的整个计划遭受致命的打击。鉴于这种两难困境，英国政府最焦虑的是如何在短期内维护其最基本的利益，同时不会失去主要由美国和英国等国家多年来进行的建设性工作的好处。英国认为，唯一可行的方法就是在能够消除目前的"美元荒"之前"推迟做出明确的承诺"，但这一方法的采用前提是不会导致世人认为日内瓦谈判已经破裂。①

7月31日，克莱顿、布朗与克里普斯、赫尔默等英国官员就非歧视条款等问题进行会谈。克里普斯专门介绍了英国所面临的财政危机，10月英国的美元储备将告罄，这就意味着英国必须自由地采取包括非歧视形式的任何必要措施，以获得其所需的基本必需品。在此艰难时刻，英国不可能以任何形式签署或者希望议会接受任何限制其行动自由的协议；英国确实仍然受到《英美财政协定》的约束，但这只会防止对美国的歧视，但关贸总协定将适用于包括加拿大在内的16个国家，这些国家将会依据《英美财政协定》

---

① *FRUS, 1947*, Vol. I, pp. 967-969.

单独与英国联系；到明年 8 月宪章生效时英国可能会接受合理的歧视规则。克里普斯认为，英国无法在年底之前暂时使关贸总协定生效，这就意味着日内瓦会议不会产生实质性的关税削减的结果。如果日内瓦谈判没有英国的参加，其他很多国家也不会参加。英国完全愿意按照关税和特惠政策行事，非歧视规则是英国所关注的全部。他强调，英国需要宪章和关税总协定，但是建议对歧视规则进行修改，如果将非歧视规则推迟到宪章生效之时生效，英国最终可以继续执行关贸总协定。美国会谈人员则指出，如果双方有可能达成任何效力被削弱的协议的话，那么该协议在其他方面则必须非常令人满意。①

随着英国财政危机的加深，这势必给英美日内瓦谈判带来更大的阻力。克莱顿对此深有体会，他在给美国国务院的电报中指出："自我回到日内瓦以来，我与威尔考克斯和其他人讨论过应对这种困境可能的方法。我们认为，在不失去我们大部分目标的情况下，解决英国问题的唯一方法就是在《关税与贸易总协定》中规定，如果《国际贸易组织宪章》生效，非歧视规则将在 1948 年 8 月或更早的时间生效。"②

而美国的部分官员试图利用英国严峻的财政形势来迫使其在特惠问题上让步。在美国商业政策司副司长威洛比（Woodbury Willoughby）给国际贸易政策办公室副主任尼泽（Paul Nitze）的备忘录中有对贝尔福 7 月 29 日信件的回应。该信件阐述了英国政府对《国际贸易组织宪章》和关贸总协定的立场。在回复贝尔福信件之前，威洛比认为必须先听取克莱顿和日内瓦代表团的意见。根据种种考虑因素，他认为美国的立场暂定如下：

（1）我们应该尽可能地抵制推迟关贸总协定或宪章生效的意图。

（2）我们不应该允许英国人将日内瓦谈判作为支持他们援助请求

---

① *FRUS, 1947*, Vol. I, pp. 969-970.

② *FRUS, 1947*, Vol. I, p. 970.

的讨价还价的核心问题，而是应该改变立场，力促日内瓦谈判的圆满结束，而这些立场包括英国应满足我们在特惠方面的要求和推动关贸总协定早日生效，作为我们援助方案的先决条件，或至少作为我们同意放宽《英美财政协定》中非歧视条款的先决条件。鉴于我们对英国做出了许多让步，也鉴于我们认为宪章和关贸总协定都不会阻止英国采取任何必要的进口或外汇管制措施，这种坚持并不是没有道理的。

（3）根据《英美财政协定》和《国际货币基金组织协定》，我们应尽可能宽松地允许英国在任何有助于解决其"美元荒"问题的地方进行区别对待。如果它们能够证明宪章或关贸总协定阻止它们采取对解决国际收支困难有实质性帮助的行动，我们将扩大例外条款，而不是推迟生效日期。

在美国与英国进行日内瓦谈判的过程中，美国代表团副团长威尔考克斯认为，此时看来，很可能将在日内瓦谈判中达成比以前的草案更能为美国所接受的宪章。然而，关税谈判的预期结果令人沮丧。如果整个谈判失败，美国可能会与挪威、比荷卢关税同盟和黎巴嫩—叙利亚达成令人满意的协议，以及与加拿大和中国达成一项公平的协议。而美国与巴西、古巴、智利和捷克斯洛伐克达成充分协议的前景并不乐观。此外，美国将不得不等待一段时间，才能就与印度达成的协议做出答复。威尔考克斯强调说："成功或失败的真正考验取决于我们与法国和英联邦谈判的结果，我们在这里遇到了最大的困难。除非我们能在这些情况下取得令人满意的协议，否则关税谈判将面临失败。"[1] 如果谈判失败，在美国国内，美国代表团将被指责仅仅为了就宪章的规定达成协议而接受微不足道的关税让步。这将危及宪章的批准和《贸易协定法》的期限延长。在整个谈判过程中，威尔考克斯对谈判对手抱怨

---

[1] *FRUS, 1947*, Vol. I, p. 975.

连连："英国显然无意做出涉及消除特惠的任何实际进展的让步。"在特惠方面，英联邦已经使美国在日内瓦谈判中处于不利的地位，而"每一次削减或者取消一次特惠，"美国必须支付两次的价钱，"一次付给接受特惠的国家，一次付给给予特惠的国家"。从迄今的表现来看，"英国将试图从我们为缓解其短期形势而做出的每一项让步中获益，而不会在长期贸易政策方面做出任何明显的让步。在特惠制度下建立起来的既得利益是强大的，英国不愿意承担减少或取消它们所享有的特惠给予的保护的政治风险。……对特惠采取有效行动的真正障碍不在自治领，而在英国"[1]。他指出，美国舆论认为斯姆特 – 霍利关税法和渥太华体系（Ottawa system）是两次世界大战期间贸易限制的相关部分。美国此时正在清除斯姆特 – 霍利关税法的税率。除非美国政府在这个过程中废除渥太华体系，否则国内不会支持这项行动。他进一步建议道：

> 我们现在已经掌握了我们可能不会再有的讨价还价的武器：（1）我们对降低关税的极大让步；（2）羊毛关税的减让；（3）短期内通过放宽歧视性限制来缓解英国金融危机的可能性；（4）马歇尔计划的援助下的前景。如果我们现在不能废除渥太华体系，我们将永远不可能做到了。[2]

因此，威尔考克斯认为最大的目标就是实现"帝国特惠体系在日内瓦的分崩离析"。同时，他还认为美国应该严肃认真地考虑以下关键问题：如果英国坚持拒绝履行其在取消特惠方面的承诺，美国是否应该与其签订任何贸易协定；美国接受《国际贸易组织宪章》的可能性是否大到足以证明政府有

---

[1]　*FRUS, 1947*, Vol. I, p. 975.

[2]　*FRUS, 1947*, Vol. I, p. 976.

理由将其提交国会；如果这种情况确实没有希望，那么政府现在于日内瓦放弃这项计划，岂不比明年在国内冒着被拒绝的风险将之提交国会更好。基于以上情况的分析，威尔考克斯认为如果分析正确，美国应该告诉英国：

（1）此时此地必须在特惠方面做出真正而影响深远的实际行动；（2）美国不能与英国签订不涉及这种行动的贸易协定；（3）如果英国不履行这种义务，美国可能无法参加哈瓦那会议或者向国会提交宪章；（4）英国必须对该方案的失败承担责任；（5）在这方面，我们几乎不可能慷慨地处理允许短期歧视的问题；（6）这将严重损害国会批准马歇尔计划或其他项目追加援助的前景。①

因此，从长远来看，在一个多边主义和非歧视的世界中，英国的处境将比在一个永久谴责双边主义和特惠贸易的世界更好一些。达成互利协议的真正障碍在于英国内部对多边主义的政治抵制。帝国特惠制对于日内瓦会议和美国推行的多边自由贸易计划形成了严重阻碍，美国必须清除这个障碍，只有这样，美国的计划才能顺利推行。

为了解决特惠问题在与英联邦的关税谈判中的谈判滞后问题，美国对其在英联邦特惠问题上的政策立场进行了4个方面的"实质性修改"，划分了以下4类项目：必须坚持立即取消特惠的项目；可以在5年内接受逐步取消特惠的项目；要求在目前提供的特惠基础上减少差额特惠的项目；可以接受差额特惠的项目。尽管美国在采取必要的特惠行动范围方面做出了修改，但是美国把英国履行其在贷款和适当的关税减让的补偿条件方面的承诺作为交换条件。面对美国新的建议，克里普斯断言"英国在政治上不可能采取任何实质性的措施来取消特惠"，并要求对美国的削减清单进行研究后再做出

---

① *FRUS, 1947*, Vol. I, pp. 976-977.

答复。①

尽管在等待英国的回应，但美国对英国的答复并不抱有乐观的态度。在这种情况下，克莱顿于8月22日致电国务院，建议美国必须做出自己的政策应对，应该考虑以下替代方案：

　　（1）基于目前我们的关税减让，在不取消实质性特惠的情况下达成协议。（2）在不取消实质性特惠的情况下与英国达成协议，但英国做出的在数量和程度上的让步会大幅影响我们的关税减让。（3）告知英国，除非它们采取取消特惠的实质性行动，否则我们不能与其签订贸易协定，因此在拒绝我们建议的清单的基础上，我们决不能与其继续谈判；告知其他代表我们将停止与英国谈判及其原因的同时，仍尽可能在多边的基础上寻求与它们达成最佳协议。（4）无限期推迟关税谈判，或将谈判推迟到哈瓦那会议之后。②

尽管美国在特惠问题上要求英国采取的行动在短期内不会增加其负担，但英国以政治论点和国内极其严重的金融危机为借口拒绝履行其任何义务，"近乎无情地无视它们对特惠问题的承诺"，无法给予美国在特惠问题上"足够的让步"。但美国也知道它需要与英国合作。冒着"招致朋友和敌人批评"、危及与其他国家谈判进程和"重启国会之争"的严重后果，美国还是降低了对英国在帝国特惠制谈判问题上的要求。

在收到克莱顿的政策建议之后，国务院官员们和杜鲁门都进行了讨论和研判。8月26日，国务院复电克莱顿，对克莱顿建议的几个替代方案一一答复。在权衡利弊后，国务院认为在英国政府面临来自工党等的关于大幅削减英国外交承诺和从希腊和意大利撤军以减少武装力量的要求的巨大压力的时候，"应

① *FRUS, 1947*, Vol. I, pp. 977-978.
② *FRUS, 1947*, Vol. I, pp. 977-978.

要求英国做出恢复谈判的承诺，以期在英国度过当前危机后找到更令人满意的解决方法"[1]。

在得到国务院的指示后，美国代表团迅速调整了谈判策略，并制定了新的特惠谈判方案，并将之分别向英国和英联邦其他国家提交并等待它们的答复。[2] 9月9日，美国对收到的英联邦关于新特惠方案的答复感到并不满意。9月10日，美国代表团成员在巴黎讨论了谈判的步骤，同意通知英联邦美国对关税减让表示不满意并将对英国采取新措施，同意英国取消特惠关税的行动可推迟3年，但在此之后的10年内英国应逐步取消特惠关税。接下来，美国希望与英国和英联邦其他国家就此问题再次讨论。[3] 9月15日，威尔考克斯向英联邦国家发表了一份长达10页的新声明，详细阐述了美国谈判的立场以及与英联邦国家探讨新方案的影响和可能产生的后果。在声明的最后，威尔考克斯强调"日内瓦会议取得成功的唯一障碍就是英国在特惠制问题上的立场"，"我们最终恢复多边主义和非歧视政策的所有希望的成败就是特惠制问题"。因此，美国决定再次向英国政府进行呼吁，并准备尽美国所能，使英联邦各国更容易兑现其在战争期间和战后以来一再做出的部分承诺。但是这个计划的成败最终取决于英联邦各国是否同意该计划。[4]

就在威尔考克斯向英联邦国家发表新声明的同一天，美国财政部长斯奈德在向新闻界发表的声明中指出，当任何两国政府达成协议时，必须保持灵活性。这是贷款谈判最初的精髓所在，也是当下英美政府官员处理这一问题的目的和意图。《英美财政协定》的制定者指出，英国的立场存在不同寻常的方面，需要某些偏离非歧视的僵化原则。理解该协定第9条的基本原则的关键是要理解它从未打算构成对英国贸易的束缚。[5]

---

[1] *FRUS, 1947*, Vol. I, pp. 980-982.

[2] *FRUS, 1947*, Vol. I, p. 982.

[3] *FRUS, 1947*, Vol. I, p. 982.

[4] *FRUS, 1947*, Vol. I, pp. 983-993.

[5] "U.S.A. and Empire Tariffs," *The Times*, Sept. 19, 1947, p. 4.

面对出现的财政危机，英联邦各国出现了抱团取暖的意愿，呈现了空前的团结。英国财政部9月2日宣布，英国政府已向英联邦其他国家政府提议，应尽快在伦敦就总体财务状况进行讨论。9月19日，英国与英联邦其他国家在伦敦进行会谈，这是过去两个星期来英镑区英联邦各国政府代表进行的非正式会谈的正式高潮，这些代表出席了国际银行和国际基金组织的会议。大多数英镑区的国家已经调整了进出口计划以应对美元危机。协调这些计划的可行性在堪培拉得到了最早的认可，此后，英国政府发言人多次强调，这些计划几度根据贝文和克里普斯提出的帝国关税联盟的思考和威尔逊重申的需要英镑区各国之间建立更紧密的经济联盟的想法进行调整。英国政府提出的协调行动计划倡议被认为是英联邦国家愿意为彼此间互惠互利的共同利益而协商的例证。[1]

在英国和英联邦其他国家伦敦会谈进行的同时，克莱顿和克里普斯也于9月19日举行了会谈，与英联邦代表所讨论议题相关的事项也必然成为他们之间会谈的主题。会谈持续了一个半小时，在很大程度上仅限于美国关税和帝国特惠制的问题。克莱顿提出，无论是以任何方式修改现有的削减美国关税的建议，还是要求在帝国特惠制方面做出进一步让步的建议，都必须提交相关政府审议。预计任何一方都不会做出任何无条件的让步，从而使得英美能够在没有上述提及的情况下达成协议。道尔顿在9月19日的新闻发布会上强调，美国大使馆就《英美财政协定》中关于非歧视条款发表的"有益声明"表明，无论是在时间上还是在内容上，美国政府充分意识到欧洲和英联邦局势的危险以及未能处理这一局势可能对美国经济造成的影响。[2]在日内瓦的关税讨论和英联邦对暂停英镑可兑换的反应中，美国注意到英联邦国家的团结，这必然会给美国代表团在日内瓦谈判中实行的各个击破的策略带来更大压力。

---

[1] "Empire Preference and U.S. Tariffs," *The Times*, Sept. 20, 1947, p. 4.

[2] "Empire Preference and U.S. Tariffs," *The Times*, Sept. 20, 1947, p. 4.

英国不能接受美国提出的逐步取消帝国特惠制的要求，在双方关税谈判陷入僵局之时，克莱顿返回美国似乎标志着自4月以来进行的关税谈判进入了决定性阶段。英联邦各国代表团与美国代表团的谈判在帝国特惠制的问题上陷入完全的僵局。英联邦各国的提议未能得到美国方面最微弱的赞同，而美国代表团明确表示美国所需要的不是减少而是彻底取消帝国特惠制。英联邦代表团成员认为他们已经尽了最大的努力，而且英国已经付出了自治领向美国做出让步的很大牺牲。虽然在正常情况下可能有更大幅度的削减，但是考虑到英国目前的国际收支困难，此时是放弃任何形式的保障措施的最糟糕时刻，特别是那些源自帝国特惠制的保障措施。谈判的进展并没有因为美国代表团突然改变立场而有所推进，在过去1个月中，在谈判中，双方根据出口工业的利益逐项修订关税。美国人迫切想要彻底消除帝国特惠制，真正希望在美国国会中展示一项令人瞩目的成就，并证明成功摧毁了英帝国的壁垒。[1]

在与克里普斯的会谈结束后，克莱顿意识到"整个事件十分严重和危险"，决定直接与贝文举行会谈。9月21日早上，克莱顿与贝文、克里普斯进行了会谈。克里普斯认为，英国现在做出的关税让步比其所得到的更加慷慨大方，应该在此基础上达成协议，并在3年后进一步审视是否取消帝国特惠制。克莱顿随即指出，1945年签订的《英美财政协定》规定了英镑自由兑换、非歧视援助和取消帝国特惠制3个条件。由于英国政府"无法控制"的金融危机，英国已暂停履行前两个条件。如果英国再拒绝履行取消帝国特惠制的义务，他"将无法为英国在这一问题上的行动辩护"，"无疑会严重影响公众舆论和国会对英国参与马歇尔计划的看法"。美国驻英大使道格拉斯简要叙述了斯姆特－霍利关税法的通过以及该法案对1932年渥太华会议上制定的帝国特惠制的影响，并指出，到目前为止在日内瓦达成和正在执行的贸易协定，不仅消除了斯姆特－霍利关税法带来的关税增加，还给美国带来了50年来最低的关税。这些条件"使实行帝国特惠制的条件已不复存在"，而

---

① "Deadlock In Tariff Talks," *The Times*, Oct. 1, 1947, p. 3.

这个问题同时会带来严重的政治和经济问题。在听取了双方不同的观点后，贝文指出，在当前的世界形势下，英国最好奉行经济独立的政策，但尽快回归多边贸易才符合英国的利益；"无论如何，如果有可能的话"，英国想要履行与美国达成的任何承诺。①

9月23日，贝文向美国国务卿马歇尔呈递了一份声明。声明中指出，英国一直充分了解由日内瓦关税谈判引起的危机，对日内瓦谈判可能破裂"感到不安"，因为这意味着美英"在国际贸易组织计划上才刚刚开始的合作的终结，而且将对英美关系及其各自的外交政策产生更广泛的政治影响"，但是"我们不能接受美国最近提出的逐步消除特惠的要求"；"在任何情况下，为了满足美国的要求，牺牲我们在这个问题上的经济利益是不会有任何好处的"。贝文希望马歇尔在仔细研究英国的提议和上述提到的广泛影响后，采取避免谈判破裂的行动。如果美国仍然有可能决定终止谈判，希望马歇尔在做出最终决定之前给予贝文及其同事陈述观点的机会。② 很明显，英国不希望谈判破裂，两国通过各种方式的沟通和交流给双方留下了进一步谈判的空间。

9月24日，美国驻伦敦经济事务部参赞霍金斯和布朗对英国拒绝对帝国特惠制采取进一步实质性行动的利弊进行分析后，认为：

> 我们在日内瓦的成功指日可待。……与英联邦国家达成协议将使整体的多边协议普遍令人满意。这样的协议将成为经济史上的一个里程碑，并且在目前的条件下进行谈判将是一项非常重大的成就。③

9月25日，克里普斯致信克莱顿，指出其已向内阁充分报告了关于美国就英国在自治领市场所享有特惠的新方案，充分认识到，"我们致力于通

① *FRUS, 1947*, Vol. I, pp. 995-996.

② *FRUS, 1947*, Vol. I, p. 1003.

③ *FRUS, 1947*, Vol. I, pp. 996-998.

过取消或削减特惠以及降低关税来采取行动，以换取对我们的关税减让，并且由于双方必须评估多边协议可能带来的优势，不能仅仅在双边基础上结清账目"；"我们已经为英国的关税做出了让步，取消或削减我们所享有的特惠，这些特惠包含了贵国向我们提供的特惠的两倍。……我们所做出的关税减让是对我们期望获得的双边和多边竞争优势的充分补偿。……由于美国在制成品方面做出的关税让步比初级产品方面更慷慨……后者是美国从英联邦国家大量增加进口的关键，而这些国家又是我们的主要出口市场"；"根据当时的所有情况，我们应该准备好在短短的 3 年时间内进一步讨论关税和特惠问题"。[1] 因此，英国利用美国对英联邦国家市场的重视和不愿意使日内瓦谈判失败的心理，迫使美国做出更大的让步。

9 月 27 日，英国驻美大使英沃查普尔勋爵（Lord Inverchapel）致信马歇尔，状告在克莱顿与英国政府就日内瓦贸易谈判交换备忘录时，克莱顿告诉英国人，如果英国不接受美国的立场，他会建议英国停止两国的谈判。英沃查普尔说贝文并没有在其备忘录中关闭两国谈判的大门，并且贝文希望马歇尔在做出关于谈判的任何决定之前允许英沃查普尔提出贝文及其同事的观点。马歇尔请英沃查普尔转告贝文，并做出保证说："在我做出最终决定前，英沃查普尔将有机会再次与我讨论此事。"[2] 可见，美国也仍旧希望与英国保持沟通顺畅，避免出现关闭谈判大门的严重后果。

10 月 2 日，美国国务院向美国代表团发出指示，建议其与英联邦各国谈判时采取以下可能的方法：

（1）放弃逐步取消帝国特惠制的建议；（2）收回 9 月 9 日提出的新的关税取消要求；（3）在没有对英国付出代价的情况下实现尽可能多地取消已被加征的关税；（4）放弃对英国关税削减的要求，以换取进一步

---

① *FRUS, 1947,* Vol. I, pp. 998-1000.

② *FRUS, 1947,* Vol. I, p. 1003.

取消英国所享有的特惠关税;（5）我们的让步仅限于威士忌等不会有破坏其他协议风险的项目上;（6）通过获取自治领所享有最大可能数量的特惠来扩大取消关税的清单。

同时，国务院进一步强调:"在我们听到日内瓦谈判的进一步结果之前，我们不会在国内采取最后的行动。"①

接下来，美国与英国、加拿大、澳大利亚等国家就特惠问题展开谈判。就在10月2日，布朗与赫尔默的谈判取得了进展，包括初步取消几个重要项目的特惠协议和初步提议全面削减英国在殖民地所享有特惠的20%;作为混合规则，如果美国进口的天然橡胶低于规定的比例，保留英国恢复这些特惠的权利。② 至此，英美谈判打破了僵局。美国与其他几个国家的谈判也分别取得了一定的进展，美国逐步打开了帝国特惠制的缺口，为美国的日内瓦多边贸易谈判打下了良好的基础。

10月上旬，日内瓦会议也取得重大突破。虽然美国此前与英国、加拿大、法国的双边贸易协定谈判需要10~11个月，但其与17个国家的日内瓦多边谈判仅进行了6个月。108项双边关税谈判同时进行，美国参加其中的15项谈判，从其他93项谈判中做出的让步中获得间接收益。在"历史上减少贸易壁垒的最全面行动"中，在不利的经济条件下，美国完成了108项双边谈判的绝大多数，除与英联邦的谈判外，所有谈判几乎都已完成。③

10月10日，英国政府正式通知美国，表示"除了一项尚未解决问题的例外条款外，准备就过去两周在日内瓦制定的条款与美国签订关税协议"。英国谈判代表暂时同意将英国在殖民地所享有的特惠降低25%，但前提是美国持有的合成橡胶产量低于25万吨或美国消费量的25%。④ 尽管克莱顿

① *FRUS, 1947*, Vol. I, p. 1006.

② *FRUS, 1947*, Vol. I, p. 1006.

③ *FRUS, 1947*, Vol. I, pp. 1007-1009.

④ *FRUS, 1947*, Vol. I, pp. 1009-1010.

持有异议，但为了达成美国取消英联邦特惠制的目标和日内瓦谈判的顺利进行，最终不情愿地同意了这一安排。

10 月 15 日，英国内阁宣布接受布朗 – 赫尔默方案。英国的决定为结束关贸总协定谈判铺平了道路。10 月 17 日，英美签订日内瓦贸易协定。对此，布朗认为，"英国在英联邦和英帝国所享有的特惠已被取消和减少，而美国向英联邦和英帝国出口的产品却占了相当可观的美元数量，尽管这一美元数额与英国所享有特惠的美国出口总额相比来说很小"，"在美国和加拿大之间或美国和英国之间今后的所有关税谈判中，这两个国家中的任何一方都可以与我们就其最惠国关税税率进行谈判，而不需要对另一方承担任何保持特惠差额的合同义务。它等于废除了《渥太华协定》中最重要的部分，可以公平地被认为是在特惠方面的实质性行动"。①

1947 年 10 月 30 日，布朗代表美国在日内瓦签署了《关税与贸易总协定暂行适用议定书》（The Protocol of Provisional Application of the General Agreement on Tariffs and Trade）。11 月 18 日，联合国秘书长特里格韦·赖伊（Trygve Lie）向世界公布了关贸总协定。关贸总协定尽管在削减贸易壁垒和推动贸易扩大的同时包含了贸易保护主义的成分，但是它奠定了 20 世纪 40 年代末后国家之间经济合作的基础，改变了一战后主要国家采取经济孤立和限制贸易政策的趋向②。杜鲁门称关贸总协定是"国际经济关系史上的一个里程碑"，认为"在迄今为止逐渐恶化的世界经济形势下，这一协议确实令人振奋。在经济重建计划的背景下，它确认了人们已普遍接受将扩大多边贸易作为国家政策的目标"。③

---

① *FRUS, 1947*, Vol. I, pp. 1014-1015.

② 谈谭：《国际贸易组织（ITO）的失败：国家与市场》，第 172 页。

③ "216. Statement by the President on the General Agreement on Tariffs and Trade," Oct. 29, 1947, https://www.trumanlibrary.org/publicpapers/index.php?pid=1871&st=&st1=.

第二节 《国际贸易组织宪章》和英美在国际贸易 组织中的斗争

作为防御共产主义的一部分，自由贸易成为一种在经济上加强自由世界的手段，而不是像以前一样，在所有国家中消除战争紧张局势的手段。然而，将美国在日内瓦会议和哈瓦那会议上做出的让步归因于冷战，这就需要思考它特别做出这些让步的缘由。由于有 56 个国家参加了会议，美国无法平等地满足所有国家的需求。事实上，美国选择向欠发达国家做出让步，却拒绝向包括英国在内的欧洲国家做出重要让步，尽管这些国家是美国至关重要的冷战盟友。

此外，对欠发达国家给予特殊待遇不可避免地涉及牺牲发达国家的一些利益。美国人的做法激怒了英国人，他们在美国领导的同盟面前变得越来越孤立。然而，尽管对有关自由贸易原则的例外条款有所保留，英国还是签署了会议的最终法案。

因此，美国成功地利用了多边形式的谈判，以牺牲英国的利益为代价扩大了其联盟范围。此外，冷战并没有推动美国与其他国家达成协议，而是分散了其对哈瓦那谈判的注意力。美国对国际贸易组织的漠不关心更有助于解释为什么宪章最终被撤销。

然而，在第二次世界大战之前，美国的这个想法在政治上是不切实际的。当赫尔在 1933 年被富兰克林·罗斯福总统任命为国务卿后，他根据1934 年《互惠贸易协定法》，提出要在双边而非多边的情况下追求更自由的贸易。1939 年，当美国开始在国务院内部规划战后世界秩序的蓝图时，推动制定更加自由的贸易政策便提上议事日程。战时讨论导致了美国贸易政策的重大转变，其朝着制定多边自由贸易政策的方向发展。这一转变影响了 1941年以后的英美联合规划。围绕在长达 1 年的艰苦谈判后才最终签订的《英美互助协定》的第 7 条的"消除歧视性待遇"和"降低关税"等问题,英美两国政府对所达成的协议持有不同的解释,一直争执不断。

1942 年 7 月,英国经济学家和战时官员詹姆斯·米德(James Meade)提出了一项建立国际商业联盟(International Commercial Union)的建议①,其旨在建立多边贸易体系,认为国际商业联盟将有 3 个基本特征:①向所有愿意履行成员国义务的国家开放成员资格;②参与国之间没有特惠或歧视(帝国特惠制除外);③参与国承诺"完全取消对联盟其他成员国商业的某些保护措施,并在规定的最大限度内减少对本国生产者针对联盟其他成员国产品的保护程度"。②这一建议被美国贸易委员会采纳,成为 1943 年秋季在华盛顿举行的英美未来国际经济合作谈判的基础。尽管美国人和英国人都致力于通过建立一个多边论坛来恢复多边贸易,但他们对"现实和实际"的国际贸易管理方法有着截然不同的看法,这一事实使问题更加严重。米德在 1945 年 7 月总结了一个关键的态度差异:在美国有一种非常危险的思潮,以国务院的威尔·克莱顿为代表,认为解决失业问题的方法是建立更稳定的汇率和更自由贸易,而不是(更接近事实的是)认为为建立更自由的贸易和更稳定的汇率而创造条件的唯一方法是各国采取适当的国内政策来维持就业。③在谈判开始时,出于不同的原因,英美两国都认为:世界需要一个涉及多边清算的贸易体系、一个旨在减少关税的多边谈判机制,以及对该体系规则和例外情况施加多边影响的设计和运作原则。这样,双方在谈判中找到了接下来可能达成共识的要点。在多边、非歧视的基础上促进更自由的贸易,并规范贸易特惠和国家贸易等手段的使用,建立一个国际贸易组织将有助于其目标的实现。

---

① Susan Howson (ed.), *The Collected Papers of James Meade, Volume III: International Economics*, London: Unwin Hyman, 1988, pp. 27-35.

② Douglas A. Irwin, Petros C. Mavroidis, Alan O. Sykes Series, *The Genesis of the GATT*, Cambridge: Cambridge University Press, 2008, p. 29.

③ Susan Howson and Donald Moggridge (eds.), *The Collected Papers of James Meade, Volume IV: The Cabinet Office Diary 1944-1946*, London: Unwin Hyman, 1990, p. 106.

　　1945 年 12 月，美国在向英国提供贷款时，与之商定了有关商业政策的英美联合提案。美国承诺英国就大幅降低关税和取消关税特惠进行谈判，将此作为英国对减少世界贸易壁垒的"互利"贡献。[①] 随后美国在其提出的《国际贸易组织宪章》草案中详细阐述了这些提案。[②] 1946 年 10 月 15 日至 11 月 26 日在伦敦召开的联合国贸易和就业会议筹备委员会第一次会议对这一草案进行了讨论。

　　在有 18 个国家出席的这次会议上，"充分就业"成为各国争论的最重要问题之一 [③]，这实际上是对国际需求稳定性表示担忧的一种体现。在战争期间，美国人对大萧条时期深刻的痛苦记忆引发了人们对自由化世界经济中破坏性趋势的担忧，这种担忧会从美国迅速蔓延到其他地方，给世界带来混乱和灾难。尽管这次会议通过的《国际贸易组织宪章》草案对缔约国政府没有约束力，但是缔约国同意将"维持国内就业"列为草案的一章，认为"各缔约国应在其管辖范围内，通过适合其政治、经济和社会制度的措施，采取实现和保持充分的生产性就业以及高水平和稳定的有效需求的行动"，"维持就业和需求的措施应符合此协定的其他宗旨和规定，在选择此类措施时，各缔约国应努力避免给其他缔约国造成国际收支困难"。[④] 人们普遍认为，欠发

---

① James F. Byrnes, "Miscellaneous No. 15 (1945). Proposals for Consideration by an International Conference of Trade and Employment as transmitted by the Secretary of State of the United States of America to His Majesty's Ambassador at Washington, Washington, 6 Dec. 1945," in Great Britain, Parliament and House of Commons, *British Parliamentary Paper: 1945–6, XXVI*, Cmd. 6709, London: His Majesty's Stationery Office, 1946, p. 5.

② "Annexure 11 United States Draft Charter," in GATT Documents: E/PC/T/33, "United Nations - Economic and Social Council - Report of the First Session of the Preparatory Committee of the United Nations Conference on Trade and Employment, 31/10/1946," pp. 52-67, https://docs.wto.org/gattdocs/q/UN/EPCT/33.PDF.

③ GATT Documents: E/PC/T/16, "United Nations - Economic and Social Council - Preparatory Committee of the International Conference on Trade and Employment - Report of Committee I, 19/11/1946," https://docs.wto.org/gattdocs/q/UN/EPCT/16.PDF.

④ GATT Documents: E/PC/T/C.6/85, "United Nations - Economic and Social Council - Drafting Committee of the Preparatory Committee of the United Nations Conference on Trade and Employment - Draft General Agreement on Tariffs and Trade, 20/02/1947," p. 26, https://docs.wto.org/gattdocs/q/UN/EPCT/C6-85.PDF.

达国家维持其主要产品市场的能力高低取决于美国是否愿意继续保持对它们的需求。[①]但是，在这次会议上没有代表团提出扩大或维持就业的国际措施。充分就业的支持者首先认识到如下两点：第一，持续的美国出口盈余或美国对进口需求的急剧下降将使其他国家陷入国际收支困境；第二，一项规定为这些困难国家提供了比最初设想的使用数量进口限制来保护其货币储备更大的自由。

一个重要的问题是未开发地区的工业化。大部分未开发地区属于英国的殖民地和自治领。因此，澳大利亚在印度、中国、黎巴嫩、巴西和智利的支持下，敦促未开发的国家应该允许通过使用进口配额来促进本国的工业化。[②]然而，当美国代表团在《国际贸易组织宪章》草案中增加关于经济发展的一个新章节（第4章第10~13条）时[③]，这个原来看似困难的问题也就迎刃而解了。这一章规定，国际贸易组织成员国将"认识到可能需要特殊的政府援助，以促进特定行业的建立或重建，并且这种援助可能采取保护措施的形式"。国际贸易组织本身将负责判断各国允许采取此类措施的申请。[④]为了实现经济发展的目标，欠发达国家"需要自由地使用任何能够更快地促进其经济发展的措施"，"特别希望自由地使用数量限制来实现这一目标"。这些措施集中在自由使用保护措施方面，如数量限制、国民内部的差别税收、混合条例和其他方法。[⑤]

[①] *FRUS, 1946*, Vol. I, p. 1361; United Nations, Economic and Social Council, Preparatory Committee of the International Conference on Trade and Employment, *Report of the First Session of the Preparatory Committee of the United Nations Conference on Trade and Employment*, London, 1946, p. 5.

[②] *FRUS, 1946*, Vol. I, p. 1361.

[③] "Annexure 11 United States Draft Charter," in GATT Documents: E/PC/T/33, "United Nations - Economic and Social Council - Report of the First Session of the Preparatory Committee of the United Nations Conference on Trade and Employment, 31/10/1946," pp. 54-55, https://docs.wto.org/gattdocs/q/UN/EPCT/33.PDF.

[④] UN, *Report of the First Session*, pp. 27-28.

[⑤] Hector Mackenzie, *Documents on Canadian External Relations, Vol. 14: 1948,* Ottawa: Department of Foreign Affairs and International Trade, 1994, p. 900.

美国在 1947 年 3 月宣布杜鲁门主义之前，就对欠发达国家的观点做出了重大让步。对国际贸易组织规则设计的多边影响使得这种情况变得不可避免。

尽管有人声称"伦敦宪章破坏了自由贸易的理想"，但美国针对国际贸易组织的计划依然存在。[①] 联合国贸易和就业会议筹备委员会第二次会议于 1947 年 4 月在日内瓦举行。尽管致力于实现相互关税减让的同步谈判一直持续到 10 月，但宪章草案的修订工作于 8 月就完成了。此时的印度从曾在联合国贸易和就业会议筹备委员会第一次会议上发挥了重大作用的澳大利亚手中接过了欠发达国家的非官方领导的角色，担任了欠发达国家的首席代言人，争取为它们经济的快速发展在采取与多边贸易基本原则不相符的措施方面获取更大自由。在第一次会议达成的保护措施的基础上增加了邻国之间的特惠这一措施。[②] 其中的一个问题是对欠发达国家投资的外国私人资本的处理，人们普遍不愿意为其提供安全保障，认为这种资本本身的动机就令人生疑，极有可能沦为外国剥削的工具。

这一个问题后来在使美国商界疏远国际贸易组织的舆论方面发挥了重要作用：《国际贸易组织宪章》规定，除非在"正义"、"合理"或"适当"条件下，外国投资不能被没收或国有化，这可以被解释为削弱美国在国外投资之前所享有的保护。[③] 在整个谈判过程中，威尔考克斯认为，"根据迄今为止的表现，英国将试图从我们为缓解其短期形势而做出的每一项让步中获益，而不会在长期贸易政策方面做出任何明显的让步"，"对特惠采取有效行动的真正障碍不在自治领，而在英国"[④]，"互惠互利协议的真正障碍在于英国内部对

①　Thomas W. Zeiler, *Free Trade, Free World: The Advent of GATT*, p. 72.

②　Hector Mackenzie, *Documents on Canadian External Relations, Vol. 14: 1948*, p. 901.

③　Anne O. Krueger (ed.), *The WTO as an International Organization*, Chicago: University of Chicago Press, 1998, p. 186.

④　*FRUS, 1947*, Vol. I, p. 975.

多边主义的政治抵抗"①。为了维护本国的经济利益和防止在之后的谈判中处于不利地位，美国被迫在非歧视、新的地区特惠以及数量限制的使用方面做出了一些重要但非致命性的让步。② 在新的地区特惠政策方面拥有更大的自由度，这符合美国在马歇尔计划下推动欧洲经济一体化的新议程。

为了解决国际收支平衡的问题，英国人也双管齐下，不仅赞成获得实行歧视和数量限制的自由，认为与英联邦其他国家进行更密切的经济合作是必要和可取的，他们也与美国人一起合作，试图抵制欠发达国家的施压。同时英国"在欧洲和其他地方的一揽子政策措施需要美国的财政支持"，而且在英国有关官员的努力下，英国官员和美国政府的大多数部门官员之间存在密切和友好的关系，在过去的 15 个月里，美国民众和国会对英国的态度有了明显的改善。③ 然而，令美国谈判代表震惊的是，8 月 23 日，英国贸易大臣哈罗德·威尔逊（Harold Wilson）发表了一份标志着宪章草案完成的演讲，并提出了一个严厉的警告："在今后的几个月和几年里，我们可能不得不诉诸看起来与宪章草案原则和方法相悖的手段。"④ 这就令美国代表团陷入了尴尬的境地。

威尔逊声明的发表是英国经济形势不断恶化的结果，就在发表声明的几天前，这种情况导致了英镑兑换业务的暂停。英国对国际贸易组织计划的承诺正逐渐受到损害，因为人们越来越怀疑，如果它在不久的将来采纳这些承

---

① *FRUS, 1947*, Vol. I, p. 977.

② Richard N. Gardner, *Sterling-Dollar Diplomacy: Anglo-American Collaboration in the Reconstruction of Multilateral Trade*, pp. 361-367.

③ Paul Preston, Michael Partridge and Richard D. G. Crockatt (eds.), *BDFA, Part IV, From 1946 through 1950, Series C, North America 1947, Volume 2, United States, January 1947-December 1947*, pp. 93-94.

④ GATT Documents: E/PC/T/PV.2/6, "United Nations - Economic and Social Council - [Preparatory Committee of the United Nations Conference on Trade and Employment] - Second Session of the Preparatory Committee of the United Nations Conference on Trade and Employment - Verbatim Report - Sixth Meeting Held on Saturday, 23 August 1947 at 9.30 a.m. in the Palais des Nations, Geneva," 23/08/1947, p. 31, https://docs.wto.org/gattdocs/q/UN/EPCT/PV2-6.PDF.

诺，它是否能够在经济上履行作为成员国所应承担的全部义务。与此同时，英国的大臣们越来越怀疑美国是否愿意通过大幅度降低其自身的贸易壁垒来为国际贸易组织的成功提供先决条件。因此，艾德礼的工党政府采取了双重策略。一方面，在接受国际贸易组织原则的同时，它要求推迟履行最繁重的义务；另一方面，它坚决抵制美国对英国大幅度取消帝国特惠制的要求，坚持认为作为交换条件，美国提出的关税削减是力度不够的。

从短期来看，这一策略非常成功。1947 年 7 月下旬，英国人认为，如果他们接受关贸总协定的非歧视条款，那么他们就不太可能按照计划于 11 月实现其目标。他们成功说服美国人在条款生效之前同意提供一直持续到 1948 年底的准备时间，从而帮助英国和其他国家节约美元储备。9 月，他们面临来自美国的威胁，即除非英国在废除帝国特惠制方面采取重大行动，否则马歇尔计划将拒绝向英国提供援助。

日内瓦会议最终在各参与国的努力下通过了历史上第一个成功的多边贸易协定，在国际范围内降低个别关税税率和减少关税特惠，这一协定涵盖了约占世界贸易 75% 的国家的贸易；为国际贸易组织制定了一个比以前的草案更全面、更现实的章程。尽管《日内瓦宪章》有一些不完善之处，但这一重大成就的记录对那些希望在哈瓦那举行的联合国贸易和就业会议上取得成功的人来说是令人鼓舞的。[①] 这些成功的结果就是，在哈瓦那会谈期间，英国人鼓足勇气要求美国做出进一步的让步。这种策略显然激怒了杜鲁门政府，由此导致的英美间相互信任的崩溃对《国际贸易组织宪章》的最终形式和命运产生重大影响，最终导致《国际贸易组织宪章》胎死腹中。

11 月 21 日，哈瓦那会议在位于哈瓦那市中心的古巴议会大厦开幕。尽管由于日内瓦谈判曾陷入僵局，杜鲁门政府对与会英国主要大臣的评价非常低，但双方都认为彼此应继续合作。事实证明，会议在没有部长级代表参加

---

① 　John W. Evans, "Geneva Charter for World Trade: Its Character and Significance," *Foreign Commerce Weekly*, Vol. 28, No. 7, 1947, p. 34.

的情况下举行是困难重重的，英国代表团的代理团长只是英国贸易委员会的二等秘书斯蒂芬·霍姆斯（Stephen Holmes），其影响力必然由于与伦敦内阁大臣们的沟通不畅以及他们的政治干预而受到削弱。其中，英国财政大臣克里普斯对谨小慎微的现任贸易委员会主席威尔逊的影响举足轻重。后来发生的事件表明，克里普斯的长期干预适得其反，哈瓦那代表团由此产生的策略变化有可能招致人们的嘲笑。

会议取得了一定的进展，然而数量进口限制成为各国谈判的主要障碍。数量进口限制问题也影响了英美关系，对会议的未来产生了重大影响。在技术问题上，英国人认为美国的立场是僵硬和不现实的，但也担心针对数量进口限制的条款会严重损害英国的出口。[①] 英国关于非歧视的目标使问题进一步复杂化。12 月 11 日，由艾德礼担任主席的内阁委员会审议了向英国代表团发出的指示。它是否应该试图确保继续暂停履行在日内瓦商定的非歧视义务？如果是这样，还要持续多久？一种选择是要求所有这些义务推迟到 1952 年 3 月履行，到时国际货币基金组织指定的战后过渡期将结束。在出席会议的大臣中，只有威尔逊保持谨慎的态度，担心英国不受 1945 年《英美财政协定》所规定的非歧视义务约束，会使获得马歇尔计划中的援助的前景受到威胁。他认为，将缓冲期延长到 1949 年底是明智的做法。正如威尔逊在 12 月底向他的同事指出的那样，坚持延长豁免期将使英国陷入困境。他表示，如果他们坚持延长豁免期，那么欠发达国家将会对数量进口限制采取强硬态度，而美国则会将会议的失败归咎于英国。尽管事实上已经避免了哈瓦那谈判的破裂，但正如威尔逊预见的那样，英国坚持豁免的这一做法最终导致其在哈瓦那陷入孤立。

在 1947 年底，当英国的大臣们都在努力争取延长休会时间时，杜鲁门政府却考虑了自己的选择。虽然《日内瓦宪章》似乎无法获得普遍接受，但

---

① Richard N. Gardner, *Sterling-Dollar Diplomacy: Anglo-American Collaboration in the Reconstruction of Multilateral Trade*, pp. 367-368.

美国不会接受任何可能被驻哈瓦那的其他国家代表接受的类似条款。此时美国有三种选择：第一，在占 75% 以上世界贸易的 30 多个国家加入的情况下，"争取达成一个真正可接受的宪章"；第二，在哈瓦那就宪章的主要内容达成总协议，然后将会议延期到来年 6 月以讨论剩余的问题；第三，在哈瓦那"商定一个没有实质性承诺的纯协商性国际贸易组织章程"。在 1948 年 1 月初华盛顿举行的一系列会议上，克莱顿同意国务院官员的意见，他们应该选择第一种选择，"应该争取一项强有力的、可接受的宪章，只要有必要，就留在哈瓦那，以获得至少占 3/4 世界贸易的大多数国家同意"①。

对杜鲁门政府来说，国际贸易组织似乎不是其优先考虑的事情，并非所有的政府部门都对国际贸易组织感兴趣。在 1948 年 1 月初与英国人进行的一次私人讨论中，克莱顿非常坦率地承认，美国政府的注意力几乎完全集中在马歇尔计划上。他说，这是他最担心的情况之一，除非很快完成，否则《日内瓦宪章》就会被排除在政府议题之外。②同时，美国宪法的起草者们就《日内瓦宪章》的文件达成一致并不容易。③因此，如果冷战增加了美国代表团努力完成宪章的紧迫性，其至少在一定程度上使得国际贸易组织问题对政治高层而言不那么紧迫了。由于新的全球政治局势，即使做出重大妥协，杜鲁门政府也尚未决定是否与其他国家在哈瓦那达成协议。

在对宪章中第 13 条的谈判中，英国代表团最初强烈反对美国试图达成这种与拉丁美洲和其他欠发达国家的妥协，但其发现他们"在试图阻止美国逐步削弱第 13 条文本方面……孤军奋战"，只得到了加拿大和法国的温和支持。英国代表团称："在我们看来，美国在处理整个问题时表现得令人吃

① *FRUS, 1948*, Vol. I, Part 2, p. 829.

② Richard Toye, "Developing Multilateralism: The Havana Charter and the Fight for the International Trade Organization, 1947–1948," *The International History Review*, Vol. 25, No. 2, 2003, p. 294.

③ William L. Clayton, "Why and How We Came To Find Ourselves at the Havana Conference," in United States Department of State, *The Department of State Bulletin, Vol. XVIII, No. 469, June 27, 1948*, Washington, D.C.: U.S. Government Printing Office, 1948, p. 826.

惊的软弱，我们由此得出结论，他们的态度主要是希望获得拉丁美洲国家的信任。"①

1948年2月20日下午，道格拉斯在伦敦与贝文、克里普斯和威尔逊举行的会谈中，对在哈瓦那举行的国际贸易组织会议的事态发展表示了关注。道格拉斯对上午从英国代表团收到的信进行初步研究后认为：一方面，在建立贸易配额和限制以促进经济发展方面，英国正在考虑对南美洲国家、印度、澳大利亚和新西兰做出进一步让步；另一方面，英国政府被要求放弃美国在日内瓦暂时同意的一些歧视性让步。②

尽管受到英国的反对，但美国还做出了一项让步以帮助其他国家支持宪章此时的框架结构。根据宪章第15条，如果新的区域特惠协定符合在规模、期限、通知方面与其他受影响的谈判国家达成的某些商定标准，预计国际贸易组织将自动批准为经济发展而制定的新的区域特惠协定。③让步的目的是使阿拉伯和中美洲国家遵守宪章，由于这些国家集团的区域内贸易没有重大的经济意义，大多数工业化国家都愿意持默许态度。英国则认为，这种安排是在歧视英国、英联邦和英国殖民地，理由是这些国家在地理上并不毗连。英联邦和英帝国应享有为同一地区国家制定新特惠的同等权利。由于维持现有的帝国特惠制不需要国际贸易组织的批准，而且由于不太可能建立新的英联邦特惠制，英国提出这一论点应是出于安抚国内的帝国主义情绪，而不是出于经济原因。这种对国内政治因素的敏感性可以解释为什么这个问题在许多英国大臣的心目中至关重要。

2月25日，在与道格拉斯的第二次会谈中，克里普斯和威尔逊向他递交了一份备忘录，阐述了英国在区域集团、数量进口限制和非歧视等方面的

① Amrita Narlikar, Martin Daunton and Robert M. Stern (eds.), *The Oxford Handbook on The World Trade Organization*, Oxford: Oxford University Press, 2012, p. 95.

② *FRUS, 1948*, Vol. I, Part 2, p. 864.

③ Richard N. Gardner, *Sterling-Dollar Diplomacy: Anglo-American Collaboration in the Reconstruction of Multilateral Trade*, pp. 366-367.

困难。克里普斯和道格拉斯一致认为，在宪章中用更加明确的措辞来处理非歧视规则问题可能会更好。克里普斯告诉道格拉斯，他的政府唯一可以采取的其他措施就是拒绝签署宪章。他非常不愿意这样做，"因为多边贸易对英国乃至整个世界都很重要"。但他告诉道格拉斯，如果上述建议不能被接受，他将没有其他选择。[①]威尔考克斯认为这是克里普斯发出的威胁，由于他成功地与欧洲代表团合作，将与欠发达国家悬而未决的问题集中在一揽子计划中，美国此时处于有利地位。英国代表团对威尔考克斯的支持证明了其在协调与政府合作方面遇到的困难。欠发达国家应被告知接受全部或者根本不涉及新的特惠和数量进口限制的让步。美国"现在不能屈服于英国的压力从而疏远世界上大多数国家"，而是越来越成功地对发展中国家采用分而治之的策略，从而确保了它们对彼此更为极端的修正案的反对。正如威尔考克斯所指出的那样："具有讽刺意味的是，最初预计会有一个清晰而有效集团的欠发达的国家，没有一个有效的集团，因为它们的利益太过分散，甚至它们在发展问题上也无法团结在一起。"[②]通过这种方式，美国可以极少的代价实现对英国的孤立，利用不发达国家的默许作为一种手段来"瞄准"其真正关注的国家。

此外，哈瓦那的英国官员帮助制定了一揽子计划，这使得英国内阁变得虚张声势。因为如果英国代表团现在改变其对克里普斯命令的立场，那么其就几乎无法影响其他国家。它在会议上的地位已经显示出削弱的迹象。2月27日，威尔考克斯通知克莱顿：

> 如果会议休会，克里普斯威胁英国不会"签署宪章"……克里普斯去年夏天威胁要退出日内瓦谈判，除非我们给予英国一年的完全歧视自

---

① *FRUS, 1948*, Vol. I, pp. 869-872.

② Richard Toye, "Developing Multilateralism: The Havana Charter and the Fight for the International Trade Organization, 1947–1948," *The International History Review*, Vol. 25, No. 2, 2003, p. 298.

由。我们屈服了。随后，他断然拒绝履行其政府为取消特惠而真诚谈判的承诺。我们再次屈服了。现在他正在采用同样的策略。但情况完全不同了。一切都公开了。他无法我行我素了。他与英联邦其他国家、欧洲其他国家、世界欠发达国家完全隔离。我们不需要给他任何东西。英国不会动议休会。它将签署最终的法案。[①]

事实得到了证明。到 3 月 3 日，英国愿意接受关于数量进口限制的宪章第 13 条。它也愿意接受关于新的特惠的宪章第 15 条，条件是增加一项解释性说明，即如果国际贸易组织认为有关国家之间存在足够程度的经济一体化，则无须将"经济区域"一词解释为地理位置上接近的。[②] 这份增加到宪章中的说明允许将帝国或其中的一部分指定为同一经济区域；但是，由于英联邦其他国家不热衷于此，这只不过是一种政治上的挡箭牌而已。

非歧视问题仍然是谈判的绊脚石。英国政府此时担心，美国第 23 条草案将禁止英国已经签署的歧视性双边贸易协定。2 月底，英国代表团成员汤普森 – 麦考兰（L. P. Thompson-McCausland）被召回国内与大臣们专门就非歧视问题进行磋商。但是，尽管他先前得到了保证，但克里普斯现在想做的不仅仅是寻求更明确的宪章措辞。3 月 4 日，克里普斯向道格拉斯递交了一份新的英国确定的对《国际贸易组织宪章》最终立场的备忘录。道格拉斯认为："从英国人的角度来看，这是最理想的解决方案。"在该备忘录中，克里普斯以个人名义提出的倡议，无视贸易委员会官员的建议，"凌驾于强烈赞成澄清方案的贸易委员会官员之上"[③]，以区别目前所设想的现有草案。美国政府认为这一建议是试图规避 1945 年《英美财政协定》中英国对美国的双边义务，当即予以拒绝。

---

① *FRUS, 1948*, Vol. I, Part 2, p. 878.

② *FRUS, 1948*, Vol. I, Part 2, pp. 881-882.

③ *FRUS, 1948*, Vol. I, Part 2, p. 884.

　　为了使各国就宪章达成一致，美国并没有被迫全面做出实质性的让步。在欠发达国家做出普遍接受的特定让步后，美国做出了一些战略上的妥协，以帮助说服英国消除对这些让步的疑虑。英国所获得的谈判结果的价值是有争议的，它在哈瓦那会议上几乎没有任何信誉可言。

　　英国大臣们并不认为这次会议取得了成功。他们试图将关于非歧视的讨论从哈瓦那转移到华盛顿的做法遭到了美国人坚决的拒绝。[①]威尔逊维持他的务实立场："虽然最后[宪章]草案在某些方面比日内瓦草案更不能为我们所接受，但我们不应争取我们希望在草案中纳入的进一步修改，即使是英联邦国家的代表团也不应支持我们。"他认为，英国拒绝签字似乎不符合其在 1945 年发表的联合声明中阐明的态度，"也不符合我们积极参与的筹备委员会的工作，而且会严重危及美国政府已经同意的关税减让"。有大臣反对修订后的有关新特惠的条款，认为："经修订的文本所允许的更大自由可能对我们极为不利，并且在这个问题上有严重歧视英联邦的危险。"经过激烈的讨论，英国内阁最后一致认为："同意应授权[英国驻]联合王国代表[霍姆斯]签署联合国贸易和就业会议的最后文件，但前提条件是，如果他未能确保对涉及新特惠的条款做出任何改进，他将在签署之前，按照内阁讨论中建议的方针，就英国政府对《[哈瓦那]宪章》中这一条款的态度发表声明。"[②]

　　在最后一轮会议的演讲中，霍姆斯对此表示悲观。他指出："虽然英国政府确实打算在适当的时候向议会推荐该宪章，但它是否有能力这样做将取决于其无法控制的情况。《哈瓦那宪章》并不完全令英国满意，英国同意就限制、减少甚至取消帝国特惠进行谈判，但它也为基于建立在'地理基础条件偶然性'上的新的地区特惠制打开了大门。"英国将关注这一条款的执行

---

①　*FRUS, 1948*, Vol. I, Part 2, p. 894.

②　PRO, CAB 128/12, CM 22 (48), Mar. 5, 1948, pp. 152-153.

情况，以确保《哈瓦那宪章》在对待英联邦和其他经济集团时保持公平。①相比之下，克莱顿则兴高采烈地说："这很可能被证明是历史上不仅朝着国际社会成员之间经济关系的秩序和正义迈出的最伟大一步，也是朝着世界商品生产、分配和消费的巨大发展迈出的最伟大一步。"②

当然，美国人的欢欣鼓舞和英国人的失望透顶本身并不能证明美国取得了实质性的胜利。杜鲁门政府在某些问题上受到人们的指责。它未能争取到一项对宪章的修正案，根据该修正案，国际贸易组织成员国将对被占领地区的德国和日本给予最惠国待遇。它被迫放弃了在国际贸易组织中被证明是短命的加权投票原则（而不是每个国家一票）。美国商业利益集团说服它在宪章中纳入有关外国投资安全的条款，但从这些利益集团的角度来看，实际谈判达成的条款证明，这些过于薄弱的条款是令人无法接受的。

3月24日，英国与其他52个国家一起签署了会议的最后文件，"标志着一项始于1941年《大西洋宪章》和1942年《租借法案》第7条的政策宣言的事业达到了顶峰。它标志着3年的精心规划和几乎两年的持续谈判的完成"。这由50多个国家参与制定的世界贸易宪章体现了美国1945年发表的建议中所包含的原则。尽管英美两国各有各的算盘，但是"哈瓦那会议涉及的问题比国际事务史上任何其他经济会议所处理过的问题都要广泛"。它讨论的问题集多样性、复杂性和政治敏感性于一体。这是一个困难重重的问题，以至于当时谈判者的技巧可能都无法解决这个问题。然而，它达成并写入一份文件的是六项协定——一项关于贸易政策、一项关于卡特尔、一项关于商品协定、一项关于就业、一项关于经济发展和国际投资，以及一项关于在国际贸易领域成立一个新的联合国机构。成功完成其中任何一项协定都

---

①   Royal Institute of International Affairs, *Chronology of International Events and Documents, March 19-April 8, 1948: Vol. 4, Iss. 7*, London: Royal Institute of International Affairs, 1948, p. 242.

②   William L. Clayton, "Why and How We Came To Find Ourselves at the Havana Conference," in United States Department of State, *The Department of State Bulletin, Vol. XVIII, No. 469, June 27, 1948*, pp. 826-827.

是一项显著的成就。因此，克莱顿惊叹地说："在我们所处的乱世，完成所有六项协定则不啻一个奇迹。"[①]

哈瓦那会议达成的《国际贸易组织宪章》与美国最初的"建议"相比有了许多变化。由于欠发达国家的坚决要求，宪章对经济发展问题比较重视，并且为此规定了许多例外条款；由于20世纪30年代经济大萧条的影响和二战期间人们接受了大政府管理模式，加上战后初期有些国家出现经济动荡，政府主导经济发展和加强对贸易的控制成了一股世界潮流。在世界各地特别是英国和英联邦其他国家，人们要求稳定经济、充分就业和社会福利。宪章不得不包含国营贸易、政府管制贸易以及其他保护主义条款，没有坚持私人企业制度和以市场为中心的贸易原则；宪章中非歧视规则的例外情况可以适用更宽松的条款，对私人国际投资的权益保障模糊不清。这些显示了美国在从伦敦、日内瓦到哈瓦那的谈判过程中不得不做出的妥协退让。《国际贸易组织宪章》包括宗旨和目标、就业与经济活动、经济发展与重建、商业政策、限制性商业措施、政府间商品协定、国际贸易组织、争端解决以及一般条款等9章106条，还有单独适用宪章具体条款的附则。这9章中的条款涵盖三个方面的内容：提出国际贸易的明确目标、制定贸易和商业行为规则、成立一个行政和司法机构——国际贸易组织来执行新贸易规则。[②]

不言而喻，《国际贸易组织宪章》的条款十分复杂。宪章最初的目标和原则被包裹在厚重的例外和保留条款中，以至于这些目标和原则难以被有效地实施。有学者在评价宪章的复杂性时说：宪章的许多条款、章节和段落相互关联；一些条款的真正意义被隐藏在修饰语当中，以至于其基本的含义难

---

① Clair Wilcox, *A Charter for World Trade*, New York: The Macmillan Company, 1949, Forword: Ⅶ.

② Havana Charter for an International Trade Organization AND Final Act and Related Documents, Department of State Publication 3117, Commercial Policy Series 113. 也可参见 Clair Wilcox, *A Charter for World Trade*, pp. 227-327。

以辨识；宪章每个部分的意义和价值取决于许多其他部分包含的例外条款和条件；宪章中确立责任的方式复杂到人们无法准确地对之进行概括，特别是宪章中那些通过艰难谈判达成的共识，"学识渊博的人也只有通过密码才能相互交流"①。《国际贸易组织宪章》之所以如此复杂，是因为它不得不处理战后初期面临的各种复杂困难，如战后重建问题、经济发展问题、充分就业和社会保障问题，甚至还要考虑冷战形势的发展等。因而，不可避免的结果是，宪章有一个冗长复杂的文本，充满了妥协、创新和不确定。"全面性和妥协性使《国际贸易组织宪章》赢得了支持，也激起了反对。"②

小　结

在战后初期除了英美大国间的政治经济相互竞争外，国际制度也是两个大国间相互争夺资源的战场，英美除了直接的双边关系，也在国际制度中进行双边与多边的交往。国际组织和国际制度将世界大多数国家彼此联结，让每个主权国家几乎不可能脱离国际组织和国际制度而独自运作，但是国家间合作并不会自动带来国家利益，因此英美仍要透过国际组织和国际制度为自己去争取更多的利益。

战后初期英美两国在国际组织中的斗争，不论是在《日内瓦宪章》和《国际贸易组织宪章》谈判中的妥协、互让，还是受到国内政治势力和舆论影响，最终英美双方实力的差距在其中都得到了淋漓尽致的体现，也都逐一反映到国际组织的组织活动中。其在某种程度上充分反映了经济全球化和霸

---

① Clair Wilcox, *A Charter for World Trade*, p. 189.

② William Diebold, Jr., "From the ITO to GATT-And Back？" in Orin Kirshner, *The Bretton Woods-GATT System: Retrospect and Prospect After Fifty Years*, Amonk, New York: M. E. Sharpe for the Institute for Agriculture and Trade Policy, 1996, p. 156.

权政治及国际社会的组织化互为因果、彼此促进，英美两国间呈现出一种互为表里的互动关系。

在布雷顿森林体系稳定运行后，先后建立的国际货币基金组织、世界银行和缔结的关贸总协定等国际机制，虽然都是从英美斗争中产生的，但使资本主义世界经济发展有了相对稳定的制度安排，也为美元霸权提供了国际制度的平台。《关税与贸易总协定》在 1948 年生效后，使世界贸易的交易自由和市场开放的原则得以建立，为美元向全世界流动开辟了一个至关重要的领域。虽然在英国的坚持下，"废除帝国特惠制"没有被写入最终的协定文本，大英帝国的"尊严"在形式上得到保全，但是美国要求在世界贸易领域都采用美元结算，通过提高国际贸易结算中使用美元的比重，带动世界各国增加购入美元、储备美元的数量；其一直主张的"非歧视性规则"主导了《关税与贸易总协定》，成为战后国际贸易体系中具有约束力的根本性国际法原则，而这正是美国竭力倡导和推广多年的"多边自由贸易体系"的核心理念。随后在《关税与贸易总协定》这一平台上，各国进行了一系列相互削减关税的多边行动，帝国特惠制被淹没在自由贸易的洪流中，最终消失，美国领导下的全球多边自由贸易体系形成了。

第六章
苏伊士运河危机与美元霸权的最终确立

　　1956 年 7 月 26 日，埃及总统纳赛尔（Gamal Abdel Nassel）在亚历山大港群众大会上宣布将苏伊士运河收归国有，冻结了苏伊士运河公司在埃及的所有资产。由于英国政府拥有苏伊士运河 40% 的所有权，英国首相艾登认为这种行为"是挑衅和不合理的，威胁到苏伊士运河使用国的利益"[1]，如果英国顺从地接受这种现状，那将是英国"悠久历史上的一个不光彩的污点"[2]。埃及一直是英国的传统势力范围，而随着被称为现代工业"黑色血液"的石油成为每个国家生存和发展不可或缺的战略性资源，埃及对英国经济发展起到至关重要的作用。苏伊士运河"是一项国际资产和设施，对自由世界至关重要"[3]，"可以被认为是一个平衡东西方力量的巨大支点——谁控制了埃及和苏伊士运河，谁就向统治世界迈出了一大步"[4]。

---

[1]　Peter G. Boyle, *The Eden-Eisenhower Correspondence, 1955-1957*, Chapel Hill: University of North Carolina Press, 2005, p. 170.

[2]　*FRUS, 1955-1957*, Vol. XVI, p. 403.

[3]　*FRUS, 1955-1957*, Vol. XVI, p. 10.

[4]　William F. Longgood, *Suez Story: Key to the Middle East*, New York: Greenberg Publisher, 1958, p. x.

英国是苏伊士运河最大的使用者，1955 年通过运河的 14666 艘船只中，1/3 是英国船只。[①]据统计，英国从中东进口石油的一半以上要经苏伊士运河运输[②]，当时英国进口石油的 70% 左右来自中东地区。苏伊士运河战争爆发前，1956 年 1 月 12 日，麦克米伦在其日记中写道："因为我们失去了中东，我们就失去了石油。如果失去石油，我们就无法生存。"[③]几个月后，他的预言竟一语成谶。

因此，苏伊士运河是英国人绝对重要的生命线[④]，在 1954 年被丘吉尔首相视为"伟大的帝国生命线"[⑤]，在 1929 年就被时任议会私人秘书艾登视为"通往东方的后门"和"大英帝国的旋转门"[⑥]，艾森豪威尔总统则认为其对自由世界具有"非凡价值"[⑦]。在军事上，苏伊士运河将英国与东非军事基地、太平洋英联邦伙伴和盟友联系起来，每年大约有 6 万名英国士兵通过运河，往返于英国与亚丁东部的英国基地[⑧]，其在英国外交战略中起着至关重要的作用。毋庸置疑，苏伊士运河对英国具有突出的经济和外交战略意义。

美国担心苏伊士运河国有化会成为一个"对世界具有潜在危险的国际问题"[⑨]；而英国政府认为其在中东的地位岌岌可危，因为中东属于英镑区，其大国战略和以英镑购买的廉价石油供应也随之受到威胁。英国政府估计，如

---

① Donald Neff, *Warriors at Suez: Eisenhower Takes America into the Middle East*, Brattleboro: Amana Books, 1988, p. 281.

② 陈乐民：《战后西欧国际关系（1945—1984）附：东欧巨变和欧洲重建（1989—1990）》，生活·读书·新知三联书店，2014，第 138 页。

③ 参见 Peter Catterall (ed.), *The Macmillan Diaries: The Cabinet Years, 1950-1957*, London: Macmillan, 2003, p. 525。

④ *FRUS, 1955-1957*, Vol. XVI, p. 909.

⑤ HC Deb, Jul. 29, 1954, Vol. 531, Col. 735-736.

⑥ HC Deb, Dec. 29 1929, Vol. 233, Col. 2046-2047.

⑦ *FRUS, 1955-1957*, Vol. XVI, p. 69.

⑧ Donald Neff, *Warriors at Suez: Eisenhower Takes America into the Middle East*, p. 281.

⑨ United States Department of State, *The Suez Canal Problem, July 26-September 22, 1956: A Documentary Publication*, Washington，D.C.: U.S. State Department, 1956, p. iii.

果中东石油必须以美元购买，这将给英国经济每年带来 5 亿至 7 亿美元的损失。黄金储备将消失，英镑区将解体，国防预算将不可持续。[①] 苏伊士运河的关闭将增加航运成本，必然提高英国进口石油的价格。石油短缺导致的任何工业的中断都将损害出口，影响英国的国际收支状况，并进一步危及英镑的地位。到了 1956 年 8 月，英国被迫应对苏伊士运河国有化带来的后果，这不仅引发了市场对 2.80 美元兑 1 英镑汇率可持续性的怀疑，也引起银行界极大的恐慌，他们认为这会危及"英国和英联邦的生存，并对英镑构成极大的危险"[②]。截至 1956 年 9 月 1 日，英镑储备仍为 22.76 亿美元。[③] 如果英国不得不花费稀缺的美元来购买以美元计价的石油，英国的地位将进一步被削弱。

由于"在整个中东地区的影响力受到了严重威胁"[④]，英、法为了夺回对苏伊士运河的控制权，同时巩固在中东的殖民地位，在 1956 年 10 月 29 日，首先支持以色列出动 5 万军队，对埃及发起空中打击，苏伊士运河战争爆发。10 月 31 日，英法出动作战飞机 320 架，对开罗、亚历山大等重要城市和机场轮番轰炸，战争全面爆发。

1956 年苏伊士运河危机是英美权力转移的终点。当时英国的外汇储备已经快降到最低安全水平的 20 亿美元。麦克米伦继任财政大臣之后发现，英国的财政"情况比我担心的还要糟糕，……而且储备不断在下降"[⑤]。他立即实行了一系列本该由巴特勒采取的"停"的措施，又将银行利率提高到

---

①　Robert Tombs, *The English and Their History*, New York: Alfred A. Knopf, 2015, p. 780.

②　Alex Sutton, *The Political Economy of Imperial Relations: Britain, the Sterling Area, and Malaya 1945–1960*, Basingstoke: Palgrave Macmillan, 2015, p. 153.

③　Volker Rolf Berghahn, *American Big Business in Britain and Germany: A Comparative History of Two "Special Relationships" in the 20th Century*, Princeton: Princeton University Press, 2014, p. 340.

④　PRO, CAB 128/30, CM 74 (56), Oct. 25, 1956, p. 3.

⑤　〔英〕哈罗德·麦克米伦：《麦克米伦回忆录（4）：乘风破浪》，余航等译，商务印书馆，1982，第 6 页。

5.5%，并且限制购买信贷，削减公共投资，暂停投资补贴，以此放慢经济发展的速度，支持英镑的可兑换能力。在麦克米伦写的一份题为《从财政部的窗户眺望形势后的初步设想》的文件中，他"强烈地感到：如果我们承认需要采取措施来限制通货膨胀，就必须迅速而有效地行动。这一点从储备所承受的压力不断增大可以看得很清楚。我们要么决定采取一项完全革命性的政策，实行新的贬值或者浮动汇率，要么就需要尽速恢复英镑在国内外的信用。一旦这一点做到了，我们就可以进而采取刺激生产和储蓄的措施"[1]。这一经济紧缩政策的目的是消除进出口逆差，减少黄金和美元储备的消耗，并且进一步通过增加储备提高英镑区的实力和作用。最后的结果是储备有所增加，英镑受到的国内外压力大为缓解。

第一节　美国故意抛售英镑

普鲁士军事理论家和军事历史学家卡尔·冯·克劳塞维茨（Carl von Clausewitz）曾说："战争不是突然发生的，它的扩大也不是瞬间的事情。"[2]战争要以强大的经济实力为后盾，战争所使用的武器、装备、油粮等军需物资的供给都与经济实力挂钩。战争要花费许多金钱，为完成战争准备，国家的经济力量不可能不在短时间内承受巨大的负担，而国家同时也需要考虑战争发动后需要多长时间能打赢或者结束战争。然而，苏伊士运河战争爆发前，英国正处在危机中，首相艾登深刻地认识到"对埃及使用武力存在风险"，"对纳赛尔在整个非洲大陆的革命的军事干预将是一项代价更大、难度更大的任务"，尤其是"长期的军事行动以及埃及对中东石油运输通道的

---

[1] 〔英〕哈罗德·麦克米伦:《麦克米伦回忆录（4）：乘风破浪》，余航等译，第7页。

[2] 〔德〕克劳塞维茨:《战争论》（第一卷），中国人民解放军军事科学院译，商务印书馆，1982，第30页。

封锁将给西欧的经济带来巨大的压力"[①]。财政部也为此连续发出金融警告。1956 年 9 月 7 日，布里奇斯告诉麦克米伦，"从货币和我们的经济角度来看，若要确保我们不会孤军奋战，我们得到美国最大的支持是至关重要的"。任何"支撑"英镑的尝试都将适得其反，削弱人们对英镑的信心，并导致国际市场出现挤兑。麦克米伦在备忘录上用铅笔写道："是的，这就是问题所在，美国一直很难缠。"[②] 身为财政大臣的麦克米伦深知巧妇难为无米之炊，为此时的经济困难而四处奔走，希望美国在经济上支持英国。

1956 年 9 月下旬，麦克米伦利用参加国际货币基金组织和世界银行年会的机会，在美国会见了美国总统艾森豪威尔、国务卿杜勒斯和财政部长汉弗莱（George Humphrey）。这是在苏伊士运河战争爆发前英美两国最重要的接触，而其在与杜勒斯和汉弗莱的讨论中都谈到了美国给予英国财政支持的前景，特别是免除战时贷款的利息方面。[③] 麦克米伦知道，只有在汉弗莱的帮助下，获得国际货币基金组织的贷款才能成为可能。尽管麦克米伦没有明确得到汉弗莱的任何承诺，但他将汉弗莱和其他官员的言论理解为美国将在 11 月 6 日的总统选举后提供某种形式的财政援助。因此，他自信满满地认为："不管情况怎么复杂，还没有任何迹象表明有人要给我们设置障碍，或者是英国的财政将无法取得充分的支持。"[④] 他回国后更是满怀信心地认为他的美国朋友会帮助他维持"英镑的强势"。[⑤]

虽然一些英国官员，尤其是英格兰银行的乔治·博尔顿（George Bolton）爵士认为在苏伊士运河上的对抗行动会让英镑升值，但是结果显示苏伊士运河危机削弱了英国的财政地位。更具讽刺意义的是，虽然英国官员

---

① *FRUS, 1955-1957*, Vol. XVI, p. 402.

② D. R. Thorpe, *Supermac: The Life of Harold Macmillan*, London: Pimlico, 2011, p. 342.

③ 〔英〕哈罗德·麦克米伦：《麦克米伦回忆录（4）：乘风破浪》，余航等译，第 134~139 页。

④ 〔英〕哈罗德·麦克米伦：《麦克米伦回忆录（4）：乘风破浪》，余航等译，第 135 页。

⑤ James M. Boughton, "Northwest of Suez: The 1956 Crisis and the IMF," *IMF Working Paper*, Vol. 48, No. 3, 2001, p. 437.

曾督促政府对纳赛尔采取强硬态度以维护英镑的地位，然而正是英国反对纳赛尔的行动威胁到了英镑的稳定，在苏伊士运河事件之前，1956 年前 7 个月的通货膨胀基本上是通过货币和财政等手段进行控制的。英国政府的支出一直受到严格控制，即使这样并不总是受到人们欢迎，但它确实做到了。麦克米伦认为预算盈余将达到约 4.6 亿英镑。英国政府在苏伊士运河事件中的军事安排会导致产生 3500 万到 5000 万英镑的额外开支。[1] 8 月底，英国政府面临的问题就是英国货币的地位问题。外汇储备应具有可靠性和可兑换性，它被看作一国实力的象征。对此，"如果储备的下降是因为这个国家根本的贸易状况不佳，如果这个国家无法改变国内的通货膨胀的上升状态，那么，外汇储备的不断流失就是一件非常严重的事情；……如果由一些暂时的困难导致外汇储备流失，那么，情形就不一样了。外汇储备正是为此而设置的，也正是为此而使用的"。因而，麦克米伦认为："我们的外汇储备还有非常强大的可使用的后备力量，我相信这些后备力量是可以发挥作用的。"[2] 然而苏伊士运河危机以及英国政府所采取的相应措施削弱了它的这两个特点。虽然直接用在苏伊士运河僵局上的费用不多，但如果英国政府采取军事措施或者运河被关闭，那花费就要大大增加了。从 9 月中旬开始，英国每月要花费大约 200 万英镑来维持其计划的军事行动，而军事行动本身要耗费大约 1 亿英镑，相当于英国国防计划年度开支的 1/16。如果苏伊士运河被堵塞，输油通道被无限期切断，英国的国际收支将会受到威胁，但是艾登认为相关开支在没有过度压力的情况下是英国负担得起的。[3]

自埃及政府宣布苏伊士运河国有化开始，美国对埃及政府采取了临时冻结埃及政府和苏伊士运河公司在美国的财产等经济制裁的措施。美国试图利

---

[1]　HC Deb, Nov. 12, 1956, Vol. 560, Col. 684.

[2]　HC Deb, Nov. 12, 1956, Vol. 560, Col. 687.

[3]　Anthony Eden , *The Memoirs of the Rt. Hon. Sir Anthony Eden: Full Circle*, London: Cassell, 1960, p. 556.

用苏伊士运河问题实现对埃及崛起势力的压制，同时试图利用自身经济优势排挤英、法在埃及的传统势力，并抵制苏联在中东地区的不断渗透。

当时，英镑区的货币储备大量流失，交易员们急于抛售这个在国际舞台上明显被"孤立"的国家的货币。面对这种紧急形势，艾登在 1956 年 10 月 30 日上午会见了内阁其他成员，人们对英镑和黄金储备的危险下降速度感到担忧，尤其是经济衰退期间军事动员的成本很能说明问题。英国的黄金和美元储备仍在以危险的速度迅速下降，10 月 31 日的外汇储备为 22 亿美元，这非常危险地接近 20 亿美元的安全防线。因为当时英国可接受的最低储备水平被认为是 20 亿美元，这大约是"不可靠"的非英镑区国家所持有英镑的价值，人们担心这些国家可能随时要求英国当局将其兑换成美元。[①] 由于政府大臣们担心一旦发生石油危机，他们很快就会被迫向美国寻求经济援助，这就使其"不能在绝对必要的情况下疏远美国政府"[②]。

英法在美国政府不知情的情况下发动了一次政治上危险和军事上无能的行动，这使美国意识到自己不仅被背叛了，还颜面尽失。1956 年 10 月 30 日下午，对于美国没有被告知英法出兵埃及的计划和英法行动具有消极性质的事实，杜勒斯当着法国驻美大使埃尔韦·阿尔方（Hervé Alphand）的面大发雷霆，抗议道："在过去的两周里，尽管我们有理由怀疑发生了什么，但是英国和法国都故意让美国政府蒙在鼓里。"他还就英法的行为给美国与两国关系带来的负面影响发表了强硬的声明，他觉得"这是多年来英法美关系中最黑暗的一天"。他直接反问道："鉴于事态的发展，如何才能恢复到以前的信任关系？"[③] 由于美国没有得到与其作为英法亲密盟友地位相称的对待，此时寻求连任的艾森豪威尔总统对受到欺骗的事实感到强烈不满，"对英法

---

① Barry Eichengreen, *Exorbitant Privilege: The Rise and Fall of the Dollar and the Future of the International Monetary System*, New York: Oxford University Press, 2011, p. 195.

② PRO, CAB 128/30, CM 75 (56), Oct. 30, 1956, p. 3.

③ *FRUS, 1955-1957*, Vol. XVI, p. 867.

两国单方面采取这一行动感到非常愤怒，因为这违反了 1950 年《三国宣言》等各方做出的承诺"①。英法作为美国的两个核心盟国，其相关人员在事先没有与他商量的情况下，就准备发动战争，而且自己正处于激烈的总统竞选关键阶段，并不想被各种意外事件干扰，在这样的情况下艾森豪威尔对艾登和英国政府的行动十分愤怒。

就在同一天，英法否决了美国提出的谴责以色列入侵埃及的联合国安理会决议。在美国对这项否决还没有真正做出反应的时候，10 月 31 日傍晚，英法联军开始了进攻埃及的新行动。

英法的一意孤行极大地破坏了美国与盟友之间的信任，导致了美国与英法关系的不断恶化。尽管英国对美国的经济援助抱有幻想，但美国不仅以此为筹码来说服其从埃及撤军，更是利用公开场合对英国施加了全面的经济和外交压力。10 月 31 日，艾森豪威尔在通过广播和电视发表的全国讲话中认为英法的"这些行动是错误的"，因为"其在这些行动的任何阶段都没有以任何方式征求美国的意见。我们也没有事先被告知"，"所采取的行动几乎不可能与我们大家都赞同的联合国的原则和宗旨相一致"。② 美国国务卿约翰·杜勒斯"将国际会议作为抨击英国'殖民主义'的机会"③。11 月 1 日，美国在联合国大会上提出了一个既符合亚、非、拉国家的愿望又便于排挤英、法的停火决议案，对英、法、以的行为公开表示反对，要求在中东参加敌对行动的各方立即停火和撤军。但是，杜勒斯并没有幻想联合国决议能成为改变英国和法国想法的决定性力量。当美国商务部长辛克莱·威克斯（Sinclair Weeks）询问是否应该暂停对英法的军事援助时，杜勒斯给予了否定的回答，因为美国政府会以他不想宣布的其他方式向英法施加压力。正如

---

① *FRUS, 1955-1957*, Vol. XVI, p. 873.

② United States Department of State, *The Department of State Bulletin, Vol. XXXV, No. 907, November 12, 1956*, Washington，D.C.: U.S. Government Printing Office, 1956, pp. 744-745.

③ George Malcolm Thomson, *The Prime Ministers: From Robert Walpole to Margaret Thatcher*, New York: William Morrow and Company, Inc., 1981, p. 232.

杜勒斯 11 月 1 日在电话中告诉他的弟弟、中情局局长艾伦·杜勒斯（Allen Dulles）的那样，"英国和法国将会承受压力，这将是来自经济方面的，而且很快就会发生"①。毫无疑问，杜勒斯所说的"来自经济方面的"压力就是指当年夏秋两季一直存在的英镑和石油两个问题。

由于英国黄金和美元储备的匮乏，更由于抛售英镑的投机活动和纽约市场中的大量抛售造成的英国储备严重流失，英国在 11 月初面临十分严峻的财政状况，这使英国的经济地位遭到冲击。11 月 2 日凌晨 4 点 20 分，联合国大会在经过 5 个小时的辩论后终于进行投票，以 64 票赞成、5 票反对、6 票弃权的结果通过了美国提出的第 977 号决议，要求英、法、以"立即停火"，"敦促停战协定当事各方迅即将一切部队撤退至停战界线之后"，"使苏伊士运河重新开放并恢复安全航行的自由"②。面对这个结果，艾登伤感地说道："在联合国大会中带头反对以色列、法国和英国的不是苏联，也不是任何阿拉伯国家，而是美国。"③

美国在联合国的行动只是一方面。美国利用自己的货币权力优势，随后开始对英国实施金融制裁，不仅迫使英、法、以三国同意退兵，而且大大动摇了英镑在国际货币金融领域的地位，最终实现了把英国势力排挤出中东地区的愿望。截至 1956 年 11 月 2 日，英国外汇储备在 48 小时内损失了 5000 万美元。英国财政部预测，如果苏伊士运河被关闭，英国的石油进口将下降 25%，必须以其他来源弥补，这将花费超过 5 亿美元。此外，工业生产将下降，对出口造成压力，从而影响国际收支。④

---

① *FRUS, 1955-1957*, Vol. XVI, p. 918.

② UN General Assembly, "Resolutions Adopted by the General Assembly During Its 1st Emergency Special Session from 1 to 10 November 1956," p. 2, https://digitallibrary.un.org/record/228961?ln=en.

③ Anthony Eden, *The Memoirs of the Rt. Hon. Sir Anthony Eden: Full Circle*, p. 540.

④ Richard Wevill, *Diplomacy, Roger Makins and the Anglo-American Relationship*, New York: Routledge, 2016, p. 143.

随着冲突的不断升级，美国在联合国的行动只是冰山一角。11月5日，在汉弗莱的命令下，纽约联邦储备银行开始卖出英镑。他声称，由于英镑面临压力，此举是为了避免损失。但这完全是一个借口，因为美国中央银行并没有重新调整其资产组合以使收益最大化。如果硬要说有什么经济考虑，那美国的干预也是反经济周期的。纽约联邦储备银行大量抛售英镑的行为表明，美国已经准备用抛售英镑的手段对英国施加压力了。对英镑的投机活动，主要发生在美国市场中或由美国账户实施，却对英国财政大臣麦克米伦产生了更深远的影响，他曾写道："有一点可以肯定：美国联邦储备银行抛售的英镑数额，看来远远超过它为了保持自己储备的价值、避免损失而必须出售的数字。"[①] 英国财政部很快就意识到英镑不能再维持高位运行了，要想阻止英镑贬值，必须有10亿英镑以进行干预。

作为逐步重建其国际金融地位的一部分，英国虽然恢复了英镑的可兑换性，但是这增加了英镑在交易所遭受挤兑的风险。面对英镑贬值压力的不断增大，11月6日，艾登在电话中告诉法国总理居伊·摩勒（Guy Mollet）："英镑面临的压力越来越难以承受。英国人可以接受很多东西，但我不认为他们会愿意接受英镑的失败，这将对英联邦产生相当严重的后果。"[②]

英镑的地位仍是一个令人忧虑的问题。尽管美苏的反应都不利于英法的行动，但是在11月6日的内阁会议上，艾登、索尔兹伯里（Salisbury）、外交大臣塞尔温·劳埃德（Selwyn Lloyd）以及内阁其他成员，决定继续按照之前的计划行动。然而，他们做出这样的决定，仅仅是因为他们没有意识到金融危机的严重性。英国的外汇储备流失是巨大的，但是还不到灾难性的程度。英国的外汇储备在9月减少了5700万美元，10月减少了8400万美元，11月减少了2.79亿美元。2.79亿美元约占英国黄金和美元储备总额的15%。

---

① 〔英〕哈罗德·麦克米伦：《麦克米伦回忆录（4）：乘风破浪》，余航等译，第165页。

② Philip Zelikow, Ernest R. May, *Suez Deconstructed: An Interactive Study in Crisis, War, and Peacemaking,* Washington, D.C.: Brookings Institution Press, 2018, p. 310.

面对外汇储备迅速减少的现实，艾登认为"这是一种不祥的预兆，可能在未来几天内就会起决定性作用"[1]。但是，此时的麦克米伦认为，"美国那时看起来还像是积极支持我们，所以英镑的信用仍然得以维持。可是，当关键时刻到来，我们显然面对着美国的全部压力，包括来自华盛顿和纽约的双重压力，储备的流失便急速增长"[2]。

由于作为当时的世界主要石油供应国，美国立即停止了从墨西哥湾向欧洲的石油运输，加上埃及阻止了英国石油通过苏伊士运河流向位于地中海沿岸的海法的炼油厂，英国面临严重的石油恐慌。11月7日，鉴于中东局势及其对石油供应的影响，英国政府宣布"作为预防措施，立即将石油消费量减少10%"，"燃料油、汽油和柴油的供应也将减少10%"[3]，导致油价和伦敦出租车运营费用大涨。

可见，英美之间明显的分裂影响了英镑的信用，同时苏联也开始为自己的干预造势，这些因素共同使英镑危机变得更加尖锐化。而英国石油供应的中断和埃及船只对运河的封锁更加剧了英国迅速恶化的经济形势。

第二节　美国否决英国向国际货币基金组织
的贷款申请

英国知道任何增加的支出都会削弱其财政地位，使人们对政府保持英镑汇率（1英镑兑换2.80美元）的能力产生怀疑。为了应对这一局面，英国政府鼓励那些有能力用英镑兑换其他货币或黄金的外国英镑持有者去这样做。此外，那些持有英镑较多的人必然会关注在伦敦的财产，其对持有英镑的信

---

①　Anthony Eden, *The Memoirs of the Rt. Hon. Sir Anthony Eden: Full Circle*, p. 557.

②　〔英〕哈罗德·麦克米伦：《麦克米伦回忆录（4）：乘风破浪》，余航等译，第164~165页。

③　HC Deb, Nov. 7, 1956, Vol. 560, Col. 106-108.

心也会受到影响。因此，取消货币的可兑换性或采取任何进一步控制兑换的方法来加强英镑，结果都会削弱英镑的地位；而那些为增加外国英镑持有者对英镑的信任而出台的措施，如试图从国际货币基金组织提款以增加美元和黄金储备，都可能会导致事与愿违的结果，降低英镑持有者的信任度。如果英镑持有者对英镑的坚挺程度产生怀疑，那就会有许多投资者通过把他们的英镑兑换成美元来规避风险，而这会掏空英国的外汇储备。正是因为担忧相关行动会削弱投资者的信心，英国政府才没有从国际货币基金组织提款，后来想这样做时已经太晚了。

作为国际货币基金组织的重要成员国和最大存款国，英国享有贷款和提款的权利，在正常的条件下，英国可以主动从国际货币基金组织中提取最多不超过 2.35 亿美元的黄金。尽管英美在从埃及撤军的时间上存在分歧，但英国财政部和央行都认为，由于美国在国际货币基金组织的提款问题上拥有最终决定权，美国的支持对于英国随后向国际货币基金组织寻求增加外汇储备的任何举措的成功实施至关重要。面对此时的英镑危机，艾登的高级顾问、前财政大臣巴特勒和麦克米伦意识到了局势的严重性，直接打电话向美国财政部长汉弗莱请求贷款。当汉弗莱给巴特勒回电话时，他直接告诉巴特勒："除非你们遵守联合国关于撤军的决议，否则总统爱莫能助。如果你们这样做，我们将帮助你们拯救英镑。"巴特勒听到后，虽然知道"这是敲诈"，但此时的英国既在矮檐下，怎敢不低头，"我们没有资格争辩"，只能默默把苦水往肚子里咽，还向汉弗莱做出了撤军的保证。① 因为如果英国遵从了美国的要求，那么美国就不会阻止英国向国际货币基金组织求援，还会额外提供 5 亿美元进出口贷款，以纾解英国的财政困难。麦克米伦获悉，美国蓄意阻止英国提取它在国际货币基金组织中的美元份额，以防止英国用其支持英镑。麦克米伦认为，"美国拒绝贷款倒可以理解，但是阻挠我们从国际货币

① R. A. Butler, *The Art of the Possible: The Memoirs of Lord Butler,* London: Hamish Hamilton, 1981, p. 196.

基金组织提取款项，却是难以原谅的"，美国的行为"不但违背国际货币基金组织据以行动的章程的精神实质，而且违背章程的文字规定"。这是美国对英国"施加压力的一种形式"，虽然美国在苏伊士运河被抢占前后对待埃及和英国的态度"截然相反，实在令人诧异"①，但此时的麦克米伦仍旧心存侥幸，认为"只要我们在军事上能打一场决定性的胜利，英镑的信用就会很快恢复过来"；实际上，英国外汇"流失量只及我们全部黄金和美元储备的八分之一"，储备下降并不会给英国带来灾难性的后果。②

麦克米伦告诉其他内阁大臣，对英镑的挤兑是由华盛顿"邪恶而精心策划的"③，这是极为严重的，除非当晚午夜之前英国下令停火，否则美国将不会提供援助。因此，正是英镑的大量流失，使麦克米伦和一些内阁成员不仅担心日益增长的财务风险，还担心华盛顿和伦敦之间不断增加的分歧所带来的后果。由巴特勒和索尔兹伯里勋爵领导的大多数内阁成员此时都要求接受停火协议。在对苏伊士运河危机干预的问题上，原来持强硬态度的鹰派的麦克米伦"一夜之间"转变为最温和的鸽派，他的举动令艾登、劳埃德和内阁其他成员都感到十分诧异④。由于来自各方面的声音，艾登承受着巨大的压力，倾向于支持停火，⑤不情愿地向不可避免的结局迈出了半步。

1956年11月6日中午，艾森豪威尔总统在高级官员会议召开时收到了艾登的回复，英国和法国政府已接受停火协议，协议将于午夜生效。当艾森豪威尔通过刚刚投入使用的跨大西洋电话电缆给艾登打电话时，艾登也正在议会开会。在两人的电话交谈中，艾森豪威尔敦促艾登无条件接受停火协议并尽快撤出英军，只要英军当晚可以停火，英美之间的谈判就可以开

---

① 〔英〕哈罗德·麦克米伦：《麦克米伦回忆录（4）：乘风破浪》，余航等译，第165页。

② 〔英〕哈罗德·麦克米伦：《麦克米伦回忆录（4）：乘风破浪》，余航等译，第165~166页。

③ Alistair Horne, *Macmillan, 1894-1956*, Vol.1, London: Macmillan, 1988, p. 440.

④ R. A. Butler, *The Art of the Possible: The Memoirs of Lord Butler*, p. 195.

⑤ Robert Rhodes James, *Anthony Eden*, London: Weidenfeld and Nicolson, 1986, pp. 573-575.

始了。同时，他直接拒绝了艾登希望英国参与联合国紧急部队（UNEF）和运河开凿的请求，认为联合国紧急部队不应该包括联合国安理会五大常任理事国的军队。[①]虽然表面上这是一次友好的谈话，艾森豪威尔最后还邀请艾登用这种新的联系方式随时给他打电话，但是很明显，在艾森豪威尔开门见山地表明美国态度后，心事重重的艾登几乎处于乞求者的地位，其做出的"今晚6点就将停火"的承诺并不令美国总统满意，哪怕英国政府希望挽回面子的一点妥协也没有得到美国总统的同意。其实，艾森豪威尔已识破了英国政府在联合国的掩护下继续留在埃及的意图，不能容忍英法继续在埃及保持军事存在。

在当天下午发给艾登的电报中，艾森豪威尔重申其必须"无条件地接受联合国关于停火和联合国部队进驻的决议"，并强调"使用技术部队清理运河等事项可以稍后处理"。[②]艾登回复说，虽然英国政府并没有把英国军队清理运河中的障碍物作为接受关于停火和联合国部队进驻决议的条件，但"为了世界的利益，这是最迫切需要去做的事情"，而且英国军队占有在现场的优势，"也是唯一能快速完成任务的"，"我们认为应该允许我们不受阻碍地完成这项工作"。这一点成为美英争论的主要内容。如果英国和法国的军队不能参加联合国紧急部队，艾登政府坚持认为他们至少应该留下来清理运河。然而，美国政府认为，英国在埃及的扩张及希望其军事存在得到美国认可的想法是完全不能接受的。[③]

面临内外压力的艾登给摩勒打电话，告诉他自己支持停火的决定。虽然法国人不愿意屈服于美国的压力，但考虑到法英两国军事行动的安排，法国不能没有英国的支持，摩勒内阁只能愤慨地默许了英国的决定。下午5点，艾登权衡再三，最终决定不顾法国的强烈反对下令英军停火。

---

① *FRUS, 1955-1957*, Vol. XVI, pp. 1025-1027.

② *FRUS, 1955-1957*, Vol. XVI, p. 1028.

③ *FRUS, 1955-1957*, Vol. XVI, p. 1039.

为应对中东的复杂局面，下午 5 点 45 分，美国国务院高官也就苏伊士运河事态的发展等举行了一次非正式会议以展开协商，负责经济事务的副国务卿普罗奇诺（Herbert V. Prochnow）研判，鉴于英国的经济形势，其可能很快就需要美国的帮助。^①

美国总统选举尘埃落定，艾森豪威尔成功连任。11 月 7 日早上，艾登给艾森豪威尔打电话祝贺他在大选中获胜，并建议立即召开由艾登、摩勒和艾森豪威尔参加的华盛顿会议。^②艾森豪威尔和杜勒斯曾考虑在选举后邀请两位欧洲领导人前往白宫，因此认为如果他们继续追随美国，艾森豪威尔总统就可以同意参加会议。然后他把召开这次会议的打算告诉他的助手安德鲁·古德帕斯特（Andrew Goodpaster）和谢尔曼·亚当斯（Sherman Adams）上校，为消除他们对艾登访问会危及美国政策的担忧，他给艾登打了电话，以确保英国政府完全接受停火协议，一旦艾登抵达美国后，就不能食言了。在电话中，艾森豪威尔直截了当地告诉艾登，"我们必须以某种方式迅速获得协调一致的军事情报观点"，必须让参议院和众议院领导人、军队领导人参与讨论和研究，也要充分考虑人民的意见。他乘机向艾登大倒苦水，"我只是不明白我们现在有这么多事情要处理，我们不能同时处理"，自己并不是不想"与我们的朋友会面和交谈"，但是"对会面的时机有异议"，不得不将两人的会面时间推迟一点。^③虽然艾登"我们已经要求停火"的答复似乎让艾森豪威尔感到满意，但电话一结束，疑虑气氛重新弥漫开来。因此，艾森豪威尔总统当天上午第三次对艾登说，虽然他很想与其会面，"就我们共同面临的许多问题尽早进行磋商"，但"非常有必要紧急征求国会参众两院领导人的意见"，"这将需要一些时间来完成"；同时必须确保磋商的"目的和目标不会被其他国家误解"。一旦在埃及停火、联合国部队迅速开始工

① *FRUS, 1955-1957*, Vol. XVI, p. 1032.

② Stephen E. Ambrose, *Eisenhower: The President*, New York: Simon and Schuster, 1984, p. 370.

③ *FRUS, 1955-1957*, Vol. XVI, pp. 1045-1046.

作和英法军队毫不迟延地撤出埃及"这些事情都做好了，我们的会议就有了有利的条件"。[1]11月7日这一天对于艾森豪威尔和艾登来说是忙碌的一天，根据可查阅的资料，两人互相致电、致信7次，其中艾登主动的就有4次，可见艾登对尽快访美以与艾森豪威尔磋商解决悬而未决的停战问题以及随之产生的很多问题的急切。

在英法遵守联合国决议之前，美国政府拒绝公开与两国政府联系。美国政府此时的目的就是要求英法军队立即离开埃及。只有这样，美国政府才能为其昔日的盟友提供支持。尽管如此，艾登和摩勒都对美国政府的立场视而不见，因为他们仍然相信，一旦他们接受了停火协议，他们就会有相当大的回旋余地。

11月8日，尽管艾登命令英国司令查尔斯·凯特利（Charles Keightley）爵士与联合国紧急部队候任指挥加拿大伯恩斯（Eedson Louis Millard Burns）将军一起开展撤军讨论，但英国政府继续坚持认为英国军队必须至少清理苏伊士运河的某些部分，而这是美国政府拒绝允许的。

这场讨论至关重要，因为11月7日，英国面临的财政压力开始产生影响。从这一天开始，鉴于中东局势及其对石油供应的影响，英国政府已决定，"作为预防措施，立即将石油消费量减少10%"，与此同时，"燃料油、汽油和柴油的供应也将减少10%"。[2]因此，整个英国经济都感受到了燃料短缺的影响，人们开始恐慌性购买燃料，石油公司损失了约400万英镑的收入。此外，政府为实行定量配给每周要花费约2万英镑。[3]更重要的是，就在同一天，英国官员开始意识到，在英镑维持2.80美元兑换1英镑的平价的情况下，如果英镑要维持其作为世界主要交易货币的地位的话，必须进行

---

[1]　*FRUS, 1955-1957*, Vol. XVI, p. 1056.

[2]　HC Deb, Nov. 7, 1956, Vol. 560, Col. 106-107.

[3]　Major Jean-Marc Pierre, *1956 Suez Crisis and The United Nations*, M.A. Diss., U.S. Army Command and General Staff College, 2004, p. 71.

激烈的斗争。[①]

在布雷顿森林体系时代，英国致力于维持英镑兑美元的汇率平价，在1949年9月英镑贬值后，英镑兑美元的汇率固定为1英镑=2.80美元。1956年这一年内，英镑在市场上的强势受到不同力量的影响。英国经常账户的国际收支状况有了很大的改善，但是信心因素经常是不利的，长期资本净流出有所增加。1956年预算案中提出的措施和当时对外贸易额的增加对信心因素产生了有利影响。4月，美元兑英镑的汇率超过了2.81美元兑换1英镑，达到1954年8月以来的最高水平。在6月之前，美元兑英镑的汇率一直维持在平价之上，当时贸易和支付的正常季节性变动给英镑带来了一些压力；汇率下降到略低于平价，但一直稳定在这一水平，直到7月底苏伊士运河国有化。这一行动普遍削弱了民众对英镑的信心，这种状况一直保持到10月初。随后汇率出现了小幅回升，但随着10月底苏伊士运河战争的爆发，英国经济再次走弱，导致汇兑损失加速，英镑远期折价扩大。[②]

保护外汇储备和英镑成为英国的首要任务，英国人唯一需要做的就是与美国改善关系。英国面临的问题是，在英镑遭到挤兑的情况下，很难在保持英镑作为主要贸易货币的同时，在不大幅消耗外汇储备的情况下，将汇率维持在2.80美元兑1英镑。11月7日，麦克米伦和他的官员们开会讨论财务状况，讨论了英国能采取的行动：从国际货币基金组织中提取资金，出售美国财政部发行的美元证券，从美国进出口银行（Export-Import Bank of the United States，EXIM）获得信贷，甚至定量配给石油。在采取行动之前，他们决定与英格兰银行和英国驻华盛顿大使馆协商。[③]

11月9日，从英国驻美大使转任财政部联合常任秘书的梅金斯

[①] Diane B. Kunz, *The Economic Diplomacy of the Suez Crisis*, p. 136.

[②] Bank of England, *Bank of England: Report for the Year Ended 28th February 1957*, Debden: The Bank of England's Printing Works, 1957, p. 12.

[③] Richard Wevill, *Diplomacy, Roger Makins and the Anglo-American Relationship*, p. 144.

（Roger M. Makins）会见了英格兰银行行长科博尔德（Cameron Fromanteel Cobbold）。科博尔德认为英镑是最近事件的主要受害者，需要采取激进的措施来拯救它。他想动用美国国债，从纽约多家银行那里筹集资金，让美国人同意放弃英美贷款；同时从国际货币基金组织中取得不少于3笔的借款，这相当于英国13亿美元配额的75%（后来的表述为要求实际提款5.61亿美元，加7.39亿美元的备用安排）。尽管情况紧急，但科博尔德并不认为在与美国的关系改善之前应该进行这种尝试，因为这种尝试的几乎每一点进展能否取得都取决于美国是否有善意。① 这就意味着英国政府要承担外汇储备下降的风险，甚至允许外汇储备降至20亿美元以下。就在同一天，抵达华盛顿接替梅金斯担任英国驻美大使的哈罗德·卡西亚（Harold Caccia）前往白宫，参加美国总统对新任大使传统的首次接见活动，并向总统递交国书。艾森豪威尔亲切地接见了他，表示即使"英国和美国在进攻埃及的问题上存在尖锐的分歧，这也并不意味着我们不会保持长期的友谊"，但坚称，在联合国紧急部队抵达埃及且英法完成撤军之前，不可能安排艾登所希望的"与总统围绕尽可能广泛的问题的会晤"，并再次强调"有必要把夺取苏伊士运河这样的单一战役作为一个整体来考虑"。②

　　艾森豪威尔与卡西亚的会晤至少让英国政府相信两国关系正在改善，正如他在结束两人会晤时说，他"期待着与卡西亚大使进行富有成效的合作"。因此，11月11日，艾登致电艾森豪威尔，要求尽快举行三方会议。艾森豪威尔回答说，虽然"希望我们能在不久的将来见面"，但是坚持认为"必须继续推进联合国部队的进驻和英法军队的撤出"，在"这些事情以最快的速度完成"后，就可以考虑安排一次两人会晤了。③ 面对艾森豪威尔的各种提醒，英国和法国政府仍旧没能明白撤军是恢复与美国密切关

① Keith Kyle, *Suez: Britain's End of Empire in the Middle East*, London: I. B. Tauris, 2011, p. 500.

② *FRUS, 1955-1957*, Vol. XVI, pp. 1098-1099.

③ *FRUS, 1955-1957*, Vol. XVI, pp. 1110-1111.

系的先决条件。

11 月 12 日，麦克米伦向下议院呈交了一份结论为严重但并不令人担忧的财务报告，认为英国的储蓄有了很大的增加，国际收支和英镑的状况明显改善，正在考虑全新的贸易政策方向。由于受苏伊士运河事件的影响，英国的"经济和储备必然会受到严重的暂时影响"[1]，因此，财政部和英格兰银行的官员们对英镑表示了担忧，认为英国"不能在以目前的汇率继续损失外汇储备的同时，继续以目前的汇率持有英镑"，"如果不能保持英镑的当前价值，将涉及比贬值更大的风险"。他们终于开始认真考虑爆发英镑危机的可能性，认为解决当下的英镑危机需要美国的援助，"可能采取的最重要和最适当的措施是与美国接触"，"在与美国的关系变得更加友好后，就有可能以正式维持英镑制符合美国和全世界的重大利益为理由，向他们请求广泛的援助"。同时，他们还讨论了美国与英国合作的可能性安排，涉及英国在国际货币基金组织中尽可能多地提款（最高达 10 亿美元）、以持有的美国证券为抵押从美国金融机构处获得贷款等事宜，以期利用这些帮助英国克服眼前的困难。[2]因此，很多关心英国金融稳定的人很清楚，"只有美国才能拯救英国，无论要为美国的援助付出什么代价，都必须付出"[3]。这充分显示了此时美国对英国支持的重要性，如果没有美国的支持，这将会给英国带来灾难性的后果。与此同时，在第二财政大臣莱斯利·罗文（Leslie Rowan）的办公室里举行的财政部高级官员会议决定，不能继续以现有的速度损失外汇储备，同时应避免第二次英镑贬值，否则这将危及英联邦的凝聚力，并会威胁到北约的结构。[4]

---

[1] HC Deb, Nov. 12, 1956, Vol. 560, Col. 684-687.

[2] "PRO, T 236/4189, Note of A Meeting Held in Sir Leslie Rowan's Room, 3 p.m, Nov. 12, 1956," in Anthony Gorst and Lewis Johnman, *The Suez Crisis*, London: Routledge, 1997, p. 134.

[3] Anthony Gorst and Lewis Johnman, *The Suez Crisis*, p. 135.

[4] Keith Kyle, *Suez: Britain's End of Empire in the Middle East*, p. 501.

为尽快扭转英国财政困难的局面，英国财政部应该采取具体的应对措施，但不幸的是，艾登和外交大臣劳埃德都没能理解获得美国援助的先决条件。自 11 月 11 日以来，劳埃德一直在大西洋两岸四处奔走，试图挽救英国遭受重创的声誉，但无济于事。劳埃德在 11 月 13 日与美国驻联合国代表亨利·洛奇（Henry Cabot Lodge, Jr.）的会见中，坚称"如果英法军队留在埃及，英国要知道美国的立场"，并断然表示："如果我们对联合国部队的战斗力不满意，我们就不会撤军。"正如洛奇向美国国务院报告的那样，英国人在撤军和运河开凿问题上似乎仍然固执己见，他对英国采取的立场感到十分震惊，对英国人的行为"感到悲观"。[①]

在 11 月 15 日的欧洲经济合作组织会议上，麦克米伦与美国官员接触，试图讨论石油供应的重新分配问题，但遭到了断然拒绝，因为一个星期前在美国国家安全委员会第 303 次会议上，艾森豪威尔就已同意"在我们得到〔英法〕停火生效的保证并确信停火生效之前，我国政府不应插手石油供应问题"[②]。因此，在英国军队继续驻扎埃及期间，美国不会改变限制英国石油供应的政策。

面对英镑即将到来的困难，11 月 19 日，英国财政部和英格兰银行的高层官员把会议讨论的内容报告给麦克米伦："很可能无法保持货币不变，将不得不采取'灾难性措施'。这将涉及让英镑汇率自由浮动，并给予其经常性的支持。这可能会导致英镑区解体（甚至可能导致英联邦解体）……贸易量减少，国内货币不稳定导致严重的通货膨胀……正确的做法是在我们力所能及的范围内采取一切手段维持货币。"[③]梅金斯向麦克米伦建议，必须确保美国支持国际货币基金组织向英国提供贷款，并采取其他经济措施。这些措施包括免除美国贷款、在纽约出售美元证券、确定美国进出口银行给予英国

---

①　*FRUS, 1955-1957*, Vol. XVI, pp. 1123-1125.

②　*FRUS, 1955-1957*, Vol. XVI, p. 1077.

③　"PRO, T 236/4189, Nov. 19, 1956," in Anthony Gorst and Lewis Johnman, *The Suez Crisis*, p. 139.

贷款以购买石油，以及确保从美国获得充足的石油。没有美国的支持，英国向国际货币基金组织提出的任何建议都注定要失败。[①]就在当天晚上10点，麦克米伦和科博尔德与世界银行行长尤金·布莱克（Eugene Robert Black）举行了会谈。麦克米伦告诉他，11月的国际收支数据将非常糟糕。麦克米伦表示，与11月的数据相比，10月的损失"微不足道"。但是这让他面临一个非常困难的选择。他分析了12月3日公布数据后两种可能发生的情况：一是听任事态发展，届时英镑将大幅贬值，英国将沦为与荷兰和其他小国并列的地位；二是采取更强硬的立场，这是建立在英国有足够储备的基础上的，这些储备将用来支持汇率，如在国际货币基金组织中提款。然而，他意识到，他不可能在10天内做出必要的安排来使用这些储备，而且在英国军队撤出埃及之前，他无法与美国达成必要的协议。因此，如果他遵循更强硬的路线，他最多只能说英国拥有这些储备，一旦做出必要的安排，英国就准备动用这些储备。在向布莱克请教应该选择哪条路线时，他表示"多少倾向于坚持到底"。他还非常渴望与汉弗莱举行会谈，但他意识到自己去华盛顿是不明智的，并非常希望能利用汉弗莱参加12月北约部长会议的时机两人见面。[②]

英国的财政状况非常不稳定，且英镑在国际市场中遭到大规模的挤兑，这些进一步暴露了英国经济的脆弱性。英国坚信英镑遭到的大规模挤兑得到了艾森豪威尔政府的默许，更令英国头疼的是，美国阻止其提取它在国际货币基金组织中的美元份额，否决其向国际货币基金组织的贷款申请，迫切需要美国财政支持的英国也无可奈何，不得不加大与国际货币基金组织和美国政府的沟通力度。

---

① Anthony Gorst and Saul Kelly, *Whitehall and the Suez Crisis*, London: Frank Cass, 2000, p. 171.

② *FRUS, 1955-1957,* Vol. XXVII, pp. 666-667.

第三节　美国对英国施加压力达到顶峰

随着艾登首相健康状况的急剧恶化，医生建议他休养。在休养期间，艾登仍然决心对纳赛尔采取最强硬的立场，希望有条件地从埃及撤军。此时，英国政府的政策重新获得了一定程度的灵活性。为了改善陷入困境的英美特殊关系，美国驻英大使奥尔德里奇成为与巴特勒和麦克米伦建立日常联系的必要人选，充当了英美沟通的中间人角色。

奥尔德里奇大使经常收到一些私人电报，这些电报的部分内容反映了英国政府此时的极度混乱，这是伦敦局势混乱的有力佐证。美国揣摩透了英国焦头烂额之际急需美国经济援助的心思，认为经济援助可以被用作"大棒加胡萝卜"政策中的"胡萝卜"，因为缺乏援助将迫使英国撤出埃及，而提供援助的承诺将鼓励英国人遵从美国的意愿。1956 年 11 月 20 日下午 5 点 30 分，艾森豪威尔与汉弗莱、胡佛（Herbert Clark Hoover）等人商讨英国内阁可能要发生的人事变动和影响英国的苏伊士运河事件的下一步行动等问题。汉弗莱针对在经济上为英国提供帮助的问题，认为美国"可以提供美元以满足他们的迫切需要，前提是他们必须立即撤出苏伊士运河"。同时他还研判，虽然英国可以通过提取其在世界银行中的存款，并额外借入相同数额的资金，总共获得 5.6 亿美元的资金，加上英国从美国进出口银行中可以提取 6 亿美元的信贷，英国可以用其支付美国对英国的出口，但是"英国人绝对不应该到美国的银行去争取他们想要的 6 亿美元。没有那么多免费的钱，他们的尝试只会让金融界陷入混乱"。考虑到当时巴特勒和麦克米伦之间未知的关系，他们讨论了如何把美国愿意给予英国援助的信息传达给英国。① 在会议的中间，艾森豪威尔给美国驻英大使奥尔德里奇打

---

① *FRUS, 1955-1957*, Vol. XVI, pp. 1166-1169.

了电话，可见总统对这一方案的重视。当天晚上的8点35分，国务院指示奥尔德里奇向巴特勒和麦克米伦传达这一信息，建议他"明天一起去见麦克米伦和巴特勒，告诉他们我们对英国的财政困难表示诚挚的同情和理解，并愿意提供帮助"，而且叮嘱他"同他们谈话的目的不是要达成协议"，而"与麦克米伦和巴特勒谈话的实质内容不能泄露，这是极其重要的。任何泄露都可能对我们提供帮助的能力和联合国目前微妙的局势产生深远的不利影响"。同时，胡佛还告知他，考虑派伦道夫·伯吉斯（Randolph Burgess）去伦敦加入其与麦克米伦和巴特勒的私下会见，向他们明确表示美国对英国财政困境的同情，但美国"援助能力的大小取决于英国和法国是否遵守联合国决议，以及英国财政要求的性质和程度"，而且帮助英国的能力大小"也取决于苏伊士运河问题的迅速解决方案是否出台"。①

麦克米伦曾多次告诉美国驻英大使，他本来打算立即去美国。但是面对英国的固执己见，代理正在休养的杜勒斯职务的胡佛告诉奥尔德里奇："我们仍然坚信，撤军是当务之急，必须在考虑其他重要问题之前逐步完成。"②汉弗莱甚至警告说，如果英国提取它在国际货币基金组织中的黄金和美元，不理会美国的警告，英国"就离破产不远了，而且不会得到任何回报"③。

面对英国的严峻经济形势，11月20日，麦克米伦在内阁会议上痛苦地宣布："在12月的第1周，我将不得不宣布11月黄金和美元的损失。这个数字可能高达3亿美元，这对英国公众舆论和国际社会对英镑的信心都将是非常严重的冲击。然而，如果我们维持现有的英镑兑美元汇率，并在情况允许的情况下迅速有效地调动我们的财政资源，我们就有可能维持英镑区，并保持英镑作为主要国际货币的地位。"但是，麦克米伦仍旧极力推动美国产生"良好意愿"以寻求美国对英国贷款的支持，认为"尽管目前与美国的任

---

① *FRUS, 1955-1957*, Vol. XVI, pp. 1169-1170.

② *FRUS, 1955-1957*, Vol.XVI, p. 1173.

③ *FRUS, 1955-1957*, Vol.XVI, p. 1077.

何正式接触都是不成熟的，但我们应该努力通过华盛顿的财政部代表团与他们建立非正式联系，以便逐步争取他们对贷款的支持"，同时应该通过行使其在国际货币基金组织中的提款权和在美国市场上抵押英国的美元证券来筹集贷款。[①] 此时的麦克米伦已经意识到英国如果没有美国的支援，外汇储备将很快就消耗殆尽，英国只有将英镑贬值并调动英国所有的财政资源，才能维持英镑作为国际货币的地位。而在整个11月，英国外汇储备流失达到2.79亿美元，"其中大部分，即使不是全部，是在这个月的头几天里流失的"[②]，这些损失"约占我们黄金和美元储备总额的15%"[③]。

联合国秘书长哈马舍尔德（Dag Hammarskjöld）在11月21日向联合国大会报告时称"现在已收到对他向法国、以色列和联合王国政府提出的要求的答复"，英国政府"为了表明其意图，已决定立即从塞得港撤出1个步兵营"，而其他部队将在联合国部队到达后开始撤出。[④] 从这个信息可以看出，英国政府仍未能理解美国再三向其表达的立场，坚持认为把撤军作为援助批准的先决条件是"危险的无稽之谈"，并表示"英国有足够的储备来承受这种拖延（带来的后果）"。因此，洛奇向劳埃德重申"美国认为撤军是当前形势的关键因素"，认为只有英国能向美国表明英国军队已经开始实际撤离，"这看起来才是真正的进步"。[⑤]

英国的注意力现在集中在英镑日益下降的地位上。在11月22日之前的两天内，外汇储备就损失了4800万美元，11月23日又损失了2000万美元。[⑥] 作为最主要的国际金融市场之一，纽约"几乎陷入了对英镑的恐慌之中，不

---

① PRO, CAB 128/30, CM 85 (56), Nov. 20, 1956, pp. 4-5.

② 〔英〕哈罗德·麦克米伦：《麦克米伦回忆录（4）：乘风破浪》，余航等译，第164~165页。

③ R. A. Butler, *The Art of the Possible: The Memoirs of Lord Butler*, p. 195.

④ United States Department of State, *United States Policy in the Middle East, September 1956-June 1957: Documents*, Washington，D.C.: U. S. Government Printing Office, 1957, pp. 232-236.

⑤ *FRUS, 1955-1957*, Vol. XVI, pp. 1176-1177.

⑥ Richard Wevill, *Diplomacy, Roger Makins and the Anglo-American Relationship*, p. 145.

再相信瞬息万变的形势"①。这是纽约金融市场第一次开始对这种情况感到焦虑，英国财政部和央行考虑实施危机应对措施，包括减少海外承诺和提高税收。11月22日，英国财政部官员向麦克米伦汇报说："如果我们真的有机会成功地采取紧急行动，或者能更好地避免采取紧急行动，首先是要重新建立与美国的关系。很明显，经济和政治考虑之间存在冲突，政治考虑占上风的时间越长，我们货币的整个结构就会面临越大的危险。"②

英美关系的破裂和旷日持久的联合国辩论，意味着无论是美国的援助还是对运河的清理都不会很快实现。如果僵局继续下去，英镑肯定会贬值或继续保持汇率自由浮动。身在华盛顿的哈考特虽然更能感受到此时外汇市场的波涛汹涌，但他在向伦敦报告时认为，尽管美国政府拒绝援助英国，但"当情况真正危急时，这种情况就会发生改变"③。因为他已经敏锐地意识到美国对深陷财政泥潭的英国不会撒手不管。美国深知此时的英国财政困境，英国对财政援助的需求正好给了美国迫使英国从埃及立即撤军的筹码，除了通过联合国对英国施加压力外，美国继续承诺在英法撤军的情况下向英国提供财政援助，以帮助其应对复杂严峻的经济形势。11月23日，胡佛向艾森豪威尔汇报近期的情况，认为欧洲的石油形势正变得越来越严峻，艾森豪威尔让他告诉卡西亚，虽然美国政府"的头等大事是帮助解决石油问题"，但是"为了做到这一点，我们必须与联合国保持一致，所以英国必须采取一些初步行动"。④胡佛和汉弗莱不断通知卡西亚和劳埃德，称英美恢复关系和美国向英国提供财政援助的条件是英国完全遵守联合国决议，联合国部队的进驻和英法部队的分阶段撤退应立即进行。在当天胡佛与卡西亚的会见

---

① Diane B. Kunz, *The Economic Diplomacy of the Suez Crisis*, p. 145.

② "PRO T 236/4190, 22 November 1956," in Anthony Gorst and Lewis Johnman, *The Suez Crisis*, p. 141.

③ Richard Wevill, *Diplomacy, Roger Makins and the Anglo-American Relationship*, p. 145.

④ *FRUS, 1955-1957*, Vol. XVI, pp. 1178-1179.

中，他直截了当地告诉卡西亚，在坐下来开诚布公地讨论之前，英国"一旦完全遵守联合国关于苏伊士运河危机的决议，我们就会就这些问题进行充分磋商"①。11月24日，联合国大会对英国政府试图逃避制裁的行为做出回应，谴责英法两国的行为，并再次要求其"按照以往各项决议，立即从埃及领土撤出其部队"②。联合国大会对这项谴责动议进行了表决，该动议以63票赞成、5票反对、10票弃权通过，美国最终投了赞成票。③美国国务院在发给一些外交使团和领事机构的电报中，试图进一步向英法传达美国反馈的信息，表示"希望英国和法国能尽快做出决定并宣布它们完全遵守联合国决议，从埃及撤军"，称其"如果做出了这样的承诺，并且撤军的进展令人满意"，"美国应该有可能采取特别措施来应对石油危机"，当英法军队全部撤出后，美国将会对此"全力以赴"，并"为了避免影响整个自由世界利益的重大灾难，将向包括英国在内的几个西欧国家提供财政援助"。④

尽管伦敦和华盛顿高官之间通过奥尔德里奇的渠道建立了日益友好的私人关系，但美国政府要求英国撤军的强硬态度，导致两国关系依旧冷淡，未见缓和迹象，尤其是在11月24日的联合国大会投票后，英国反美主义的运动在数量和强度上达到了顶峰。⑤甚至为英美关系"提升到现在的高度做出了贡献"的丘吉尔也对英美"越来越多的误解和失望"感到不满意，致信老朋友艾森豪威尔，认为"英美同盟的主题在今天比战后任何时候都更为重要"，"让中东事件成为我们之间的鸿沟将是一种愚蠢的行为"，相信艾森豪威尔可以"履行积极无畏的责任"，有能力承担将英美关系带出现在低谷的责

---

① *FRUS, 1955-1957*, Vol. XVI, p. 1181.

② United States Department of State, *United States Policy in the Middle East, September 1956-June 1957: Documents*, p. 238.

③ General Assembly, "11th Session: 594th Plenary Meeting, Saturday, Nov. 24, 1956, New York, 1957," p. 307, https://digitallibrary.un.org/record/698476?ln=zh_CN#record-files-collapse-header.

④ *FRUS, 1955-1957*, Vol. XVI, p. 1188.

⑤ *FRUS, 1955-1957,* Vol. XXVII, p. 674.

任。① 两国之间存在着严重的分歧，哈考特的话最能体现英国政府官员在华盛顿寻求迫切需要的财政支持时的种种辛酸："我们在［美国］政府方面处处碰壁。他们在私人关系上仍然非常友好，但不准备讨论任何严肃的事务。"他认为美国政府的态度可以用一句话来概括："你们把自己卷进了这个烂摊子，现在赶紧摆脱吧。"② 他发现美国人"被我们的行为伤害和激怒了，他们认为这是一个错误，他们似乎决心把我们当作顽皮的男孩，认为我们必须被教育一顿：没有事先征得保姆的同意，我们不能擅自行动"③。

巴特勒对于美国 11 月 24 日在联合国投票赞成谴责英法的动议耿耿于怀，向奥尔德里奇抱怨，正是美国这次投下的赞成票增加了英国民众的反美情绪，使他开展工作困难重重，因此"他曾向汉弗莱表示，希望'不要再有联合国决议'"④。他一方面希望这次事件不要影响两国关系，"绝对相信美国和英国之间良好而密切的关系最终是坚不可摧的"，坚持要与美国外交部和财政部的官员见面，以缓解紧张局势，另一方面对美国施压和进行威胁，"如果联合国不坚定地采取行动，立即清理运河，英国就会退出联合国，情况甚至可能发展到要求美国放弃其在英国的基地的地步"⑤。这种软硬兼施的策略，对美国不会起任何作用，"汉弗莱对英国经济受到的整体影响深感忧虑，但仍不愿采取行动"⑥。因此，虽然代理国务卿胡佛在给奥尔德里奇的电报中认为"与英国和法国重新协商符合我们的最大利益"，但是仍旧坚持三国重新协商的基本要求是："要有确凿的证据表明，随着联合国紧急部队的集结，英法军队将更大规模地撤军。"尽管如此，胡佛还是透露出美国立场的明显软化，并补充

---

① *FRUS, 1955-1957,* Vol. XXVII, pp. 667-668.

② John Fforde, *The Bank of England and Public Policy, 1941-1958,* Cambridge: Cambridge University Press, 1992, p. 559.

③ Keith Kyle, *Suez: Britain's End of Empire in the Middle East*, p. 501.

④ *FRUS, 1955-1957*, Vol. XVI, p. 1204.

⑤ *FRUS, 1955-1957*, Vol. XVI, pp. 1196-1197.

⑥ John Fforde, *The Bank of England and Public Policy, 1941-1958*, p. 559.

说，三国"在重新就中东问题进行协商之前，最后 1 名英法士兵没有必要离开埃及"。[①]

在过去的 18 个月里，英国黄金和美元储备严重吃紧。仅在 11 月的第 3 周，英国的黄金和美元储备就损失了 1.02 亿美元，这使英国的总储备降至略高于 20 亿美元。中东石油的损失施加了更大的压力，这使英国立即失去了美元和西欧货币收入的来源，迫使其增加购买美元石油（此后 6 个月达到 2.25 亿美元），并最终导致工业生产减少，从而对出口产生不利影响。在英国国内经济已经全速运转的情况下，石油供应的减少会增加国内生产成本，这反过来又会推高英国商品在国际市场上的竞争价格，进一步使英国的前景变得黯淡。再加上在上述困难的情况下支撑英镑的问题，11 月美元和黄金储备的损失可能超过 2 亿美元。还有持续的欧洲支付同盟赤字（这需要 75% 的黄金结算）及 12 月偿还美国和加拿大贷款的 1.9 亿美元利息和本金的义务，以及较少的经济合作署贷款（约 500 万美元）。[②] 因此，如果没有外部援助，英国很有可能很快就会陷入最严重的金融危机。

11 月 27 日，英国内阁讨论了苏伊士运河局势的最新发展，认为英国"迫切需要与美国重新建立令人满意的政治关系"，急切需要在下周初宣布 11 月黄金和美元储备的流失程度时"获得美国政府的支持，使其采取必要的行动来支持英镑"。[③] 就在同一天，汉弗莱在与卡西亚和哈考特的会见中告诉他们，美国无力采取行动支持英镑，除非英国政府以一种全世界可以接受的方式表明，英国是在服从而不是违抗联合国的意愿。[④] 美国政府将支持英国从国际货币基金组织中提取总额约为 5.61 亿美元的黄金份额贷款和第一档信用贷款，这超出了英国政府的预期。一笔美国进出口银行的贷款就很可

---

① *FRUS, 1955-1957*, Vol. XVI, p. 1201.

② *FRUS, 1955-1957,* Vol. XXVII, pp. 668-669.

③ PRO, CAB 128/30, CM 89 (56), Nov. 27, 1956, p. 3.

④ John Fforde, *The Bank of England and Public Policy, 1941-1958*, p. 560.

能足以支付英国所有石油费用。关于债务豁免的问题，汉弗莱向英国保证：
"美国将积极审查我们愿意采取的任何措施。"[1]即便如此，他也警告说，从国
际货币基金组织中提取超过第一笔贷款（超过 5.61 亿美元）的资金将是有
问题的。汉弗莱认为，更大规模的抽资可能导致"国际货币基金组织出现挤
兑，这可能与英镑出现挤兑一样严重"[2]。但是，这次会见是意义重大的，至
少使英国财政部和英格兰银行相信，美国的大量援助很快就要到来。

　　英法撤离埃及是美国援助的先决条件，然而，英国政府仍未准备承认完
全失败。劳埃德发电报告诉巴特勒，"［美国］政策制定者中的核心人物，其
中一些人过去一直是强烈支持英国的……他们认为，我们必须以某种方式消
除对总统的蔑视"，"美国人无意动一根手指来帮助我们避免金融灾难，除非
他们确信我们正在迅速地从塞得港撤军……美国人的这种态度在很大程度上
是不理智的，而且坦率地承认这与他们自己的长期利益相悖，但是他们……
暂时超出了理性的界限，即使我们威胁要退出联合国、北约组织等也无法使
那些必须做出决定的人清醒过来。这种情况肯定会继续下去，直到我们用迅
速撤军的方式来弥补他们所认为的应受损失为止"。[3]

　　劳埃德的理解是正确的，至少一些美国政府官员是持这样的态度，劳埃
德的话语也反映了英国此时的无奈，"迅速撤军"将是其最后的选择。11 月
27 日，艾森豪威尔在电话中告诉杜勒斯，考虑到有迹象表明英国政府"已
经准备好与联合国合作"，美国现在可以明确表示，美国将尽快制定提供石
油援助的计划。杜勒斯表示反对艾森豪威尔的建议，对总统说："在他们表
示将遵守联合国决议之前，很难想象我们如何开始使用这些石油援助来满足
他们的需求。"艾森豪威尔随后做出了让步，并说他"唯一的想法是说我们

---

①　Diane B. Kunz, *The Economic Diplomacy of the Suez Crisis*, p. 148.

②　James M. Boughton, "Northwest of Suez: The 1956 Crisis and the IMF," *IMF Working Paper*, Vol. 48, No. 3, 2001, p. 440.

③　Richard H. Immerman, *John Foster Dulles and the Diplomacy of the Cold War*, Princeton: Princeton University Press, 1990, p. 155.

知道他们会遵守"联合国决议。①

11 月 28 日下午 4 点 30 分的英国内阁会议上,与会者就是否支持英法联军撤军的问题进行了激烈讨论。刚从纽约参加联合国大会返回国内的英国外交大臣劳埃德报告说,根据他的判断,"经济方面的考虑现在甚至比政治方面的考虑更重要"。虽然联合国的气氛最近几天有了一些改善,但是联合国大会将继续隔一段时间就围绕苏伊士运河局势进行辩论,并将继续就英法联军早日撤军对英法进行施压。他认为,一方面,英国或许还能在联合国维持三四个星期的地位,但是如果推迟英法联军的撤军(可能在今后两周内完成),英国非但得不到任何好处,反而有失去公众好感的危险。另一方面,"如果我们尽快撤出英法联军,我们就会重新赢得美国政府的同情;我们就能更好地请求他们支持我们可能需要采取的任何经济措施"②。接下来发言的财政大臣麦克米伦强调,有必要在下周早些时候宣布英国在 11 月所遭受的黄金和美元的损失。他认为,"这一声明将暴露出外汇储备的严重流失,并将对英国公众舆论和国际社会对英镑的信心造成相当大的冲击。因此,重要的是,我们必须能够同时宣布,我们正在采取行动,通过求助于国际货币基金组织和其他方式来增加外汇储备",以使这种冲击变小。他强调,要想得到美国的援助,得到美国政府的善意是必要的。但是如果不"立即无条件地从塞得港撤出英法联军",美国政府的善意是不可能得到的。因此,他赞成立即宣布英国打算撤出英法联军,并为这一行动进行辩护,理由是"我们现在已经达到了我们最初对埃及发动英法军事行动的目的,我们愿意把解决中东问题的责任交给联合国,由美国支持,现在可以认为大会已经接受了这一责任"。尽管会议上有人认为英国政府仍能从当前的局势中获得进一步的好处,但有人也很清醒地认识到必须将之与英国"继续蔑视联合国和继续与美

---

① *FRUS, 1955-1957*, Vol. XVI, p. 1203.

② PRO, CAB 128/30, CM 90 (56), Nov. 28, 1956, p. 2.

国疏远可能造成的经济后果相权衡"，当前应该继续充分利用占领塞得港作为谈判的一个有利因素，但是如果到必须公布 11 月遭受的外汇储备损失时，还没有得到美国对英国必须采取的维持英镑强势的措施的积极支持，英国与联合国进一步讨价还价的能力将大大削弱。[①]

11 月 29 日上午 11 点，麦克米伦在召开的内阁会议上分析了当前的英国经济形势，"在 11 月，我们的黄金和美元储备严重流失。今年前两个季度是复苏时期：我们第一季度盈利 1.57 亿美元，第二季度盈利 1.08 亿美元。第三季度净亏损 5700 万美元……10 月的损失为 8400 万美元。11 月，最终公布的净亏损可能为 2.7 亿美元左右。仅在这个月的第 3 周，我们就损失了 1 亿多美元。"他将此归结为"由于对战争或持续经济困难的紧张情绪，人们对欧洲货币普遍缺乏信心，导致这些货币通过英镑转为美元或瑞士法郎"。接下来一个很重要的任务就是必须在 12 月 4 日之前公布 11 月的经济数据，他认为："这将进一步动摇人们对英镑的信心，并对英镑地区的稳定造成严重冲击。"他建议政府必须采取紧急措施进行补救，"立即行使我们在国际货币基金组织中的提款权，并以政府持有的证券为抵押寻求美元贷款"，"采取有效措施来修复我们与美国政府政治关系中的裂痕"。[②]

11 月 30 日，在美国国家安全委员会召开的会议上，汉弗莱对英国的财政问题进行了分析，认为："事实上，英国的财政问题比其物质状况还要严重。英国的外汇储备正在迅速减少。即使是货币挤兑的轻微迹象也可能会给英国带来灾难。"他还对美国对英国的援助信心满满，"我们已准备好处理这种情况，并帮助他们恢复健康"，"一定会坚持到底"，并认可国防部长威尔逊（Charles Erwin Wilson）提出的"更明智的做法是通过世界银行和国际货币基金组织向英国提供帮助，而不是直接向英国提供帮助"的建议。[③] 就在

---

① PRO, CAB 128/30, CM 90 (56), Nov. 28, 1956, pp. 2-3.

② PRO, CAB 128/30, CM 91 (56), Nov. 29, 1956, pp. 2-3.

③ *FRUS, 1955-1957*, Vol. XVI, p. 1226.

同一天，梅金斯发给麦克米伦的一份英格兰银行备忘录显示，英国财政部和英格兰银行面临巨大压力。[①]

英法联军撤军日期的不确定成为美国给予英国援助的障碍。尽管巴特勒和麦克米伦敦促其他内阁大臣同意撤军，但是内阁上下仍然存在较大的争议。关于授权劳埃德12月3日发表的撤军声明[②]，内阁在4天之内先后召开了6次会议讨论这份"更全面、更深思熟虑的政策声明"，同意劳埃德在12月3日向全世界宣称英国的"意图是立即开始撤军"。直到经过11月30日中午和晚上的讨论，内阁才初步达成了在保证运河通航的前提下撤军的共识。

英国内阁采取的一系列行动确实起到了预期效果。麦克米伦12月1日在内阁会议上说，他现在收到了来自美国财政部长汉弗莱的信息，该信息使他有理由对英国人援引豁免条款的能力感到比英国人迄今为止所感到的更加乐观。[③]汉弗莱通知卡西亚，一旦艾森豪威尔总统给予他支持的绿灯打开，英国就可以得到期待的"大规模援助"[④]。但是麦克米伦忧心忡忡地告诉与会者，现在的"黄金和美元储备的流失比内阁在11月29日讨论这个问题时更加严重。11月底，外汇储备已降至略低于20亿美元的水平；12月，我们偿还了1.8亿美元的美国贷款和7000万美元的欧洲支付同盟的债务，这意味着当月至少净亏损3亿美元是可以预见的"。前后仅两天，麦克米伦更加意识到英国外汇储备问题的严重性和复杂性，可见当时英国的财政面临更大的压力。鉴于这种情况，他认为英国必须成功地与美国重新建立正常的政治关系，通过行使英国在国际货币基金组织中的提款权和援引《英美财政协定》

[①] Diane B. Kunz, *The Economic Diplomacy of the Suez Crisis*, p. 150.

[②] PRO, CAB 128/30, CM 91 (56), Nov. 29; CM 92 (56), Nov. 29; CM 93 (56), Nov. 30; CM 94 (56), Nov. 30; CM 95 (56), Dec. 1; CM 96 (56), Dec. 3, 1956.

[③] PRO, CAB 128/30, CM 91 (56), Nov. 29, 1956, p. 3.

[④] "PRO, FO 371/120816, 3 December 1956," in Anthony Gorst and Lewis Johnman, *The Suez Crisis*, p. 144.

中的豁免条款来调动英国的美元资源，采取适当的国内政策，以此促使局势得到根本改善。[1]

在 12 月 3 日上午 11 点 30 分召开的内阁会议上，劳埃德宣布通过艾登首相审查的这份声明，"将充分支持内阁建议做出的决定"[2]，也接受了没有具体撤军日期的说法。在内阁的授权下，劳埃德在下议院发表"现在可以毫不拖延地"从塞得港地区撤军的声明，并"宣称我们已经阻止了一场局部战争……已经阻止了它的蔓延"。[3] 奥尔德里奇立即向美国国务院报告说，他已告诉巴特勒，美国重视劳埃德发表的声明。在英国没有说明撤军具体日期的情况下，他强调，"公开宣布这一日期，对于确定美国可能按照英国的迫切要求发表的任何支持性声明的性质至关重要"，希望尽早获得劳埃德的演讲文本，只有这样才能决定"美国可能发表的任何支持性声明"。[4]

当劳埃德在下议院发表声明时，英国政府指示卡西亚通知美国政府，他们在不危及有序登船的情况下未能确定一个撤军日期，但卡西亚必须"给［美国］政府留下深刻印象，我们已经决定毫不拖延地行动，我们也打算毫不拖延地行动"。卡西亚提醒美国官员，联合国秘书长哈马舍尔德已经接受了英法不确定日期的撤军，美国也理应如此。当负责政治事务的副国务卿墨菲（Robert D. Murphy）向卡西亚重申需要一个确切的撤军日期时，卡西亚告诉墨菲，英国人"君子一言，驷马难追"，必须"确保这件事得到最高层的重新考虑"。[5]

中午 12 点 32 分，汉弗莱和杜勒斯通了电话，杜勒斯认为："他们［英

---

[1] PRO, CAB 128/30, CM 91 (56), Nov. 29, 1956, pp. 2-3.

[2] PRO, CAB 128/30, CM 96 (56), Dec. 3, 1956, p. 4.

[3] United States Department of State, *United States Policy in the Middle East, September 1956 - June 1957, Documents*, pp. 240-244.

[4] *FRUS, 1955-1957*, Vol. XVI, p. 1238.

[5] Richard Lamb, *The Failure of the Eden Government*, London: Sidgwick & Jackson, 1987, pp. 294-295.

国人］这边做了这么多，所以我们这边必须做好兑现承诺的准备。"汉弗莱接着说："这是一个全心全意服从的举动，我们应该就事论事——我们应该施加压力来启动运河的工作。"紧接着，下午 1 点 30 分，杜勒斯在打给艾森豪威尔的电话中汇报了劳埃德发表的声明，他们一致认为英国"已经充分满足了要求"，总统"感到已经取得了令人满意的进展"。杜勒斯还告诉总统，国务院已经准备了一份表明美国对英国声明感到满意的声明，并"希望联合国不要在清理运河、为运河运营建立永久基础以及处理该地区更广泛的问题等方面继续采取行动"。此外，汉弗莱准备批准麦克米伦计划于第二天发表的一份声明，该声明表明英国可以从国际货币基金组织中提取黄金，也可以向美国进出口银行借款。[①] 这说明美国政府在英国充分满足其要求后，态度马上改变，不仅给英国在国际货币基金中的提取松绑，还准备提供大量的经济援助。

　　美国国务院随后发表了一份热情的声明，表达了对英国新政策的欢迎和支持，表示"将继续全力支持联合国部队充分和有效地执行其任务所需的措施"，并希望与联合国秘书长在执行这一计划上进行"慷慨合作"，"愿意为实现该地区的稳定与公正和平做出贡献"。[②]

　　劳埃德声明发布后的效果立即显现，在得到了艾森豪威尔和杜勒斯等高层政要的肯定后，美国政府迅速采取行动，向处于艰难时刻的英国提供了其迫切需要的支持，陷入低谷的英美关系出现了一线转机。美国国务卿杜勒斯甚至认为此时的英美关系"发生的事情本质上是一场激烈的家庭争吵，但不是一场可能以离婚告终的争吵"[③]，这在一定程度上不仅说明了两国关系的尴尬，更是两国特殊关系的真实反映。

---

① *FRUS, 1955-1957*, Vol. XVI, p. 1240.

② United States Department of State, *United States Policy in the Middle East, September 1956 - June 1957, Documents*, pp. 244-245.

③ *FRUS, 1955-1957*, Vol. XVI, p. 1221.

第四节　美国援助英国和衰落大国的最后一搏

　　整整一周，英国内阁几乎每天都在召开会议，英国人试图与美国达成一些能挽回其面子的妥协，让他们尽可能有尊严地退出这个棘手的事件。事实上，伦敦和华盛顿的高层谈判从 11 月的最后一周就已开始了，以确保英国的撤军声明发表和美国开始援助之间可以无缝衔接。然而，金融和外交压力的叠加已是不可抗拒的，因为英国按惯例每月发布一次外汇储备声明，而发布的这一声明将尴尬地公开其严峻的经济状况。

　　1956 年 12 月 4 日，麦克米伦在下议院宣布，英国遭遇了财政危机。黄金和美元储备的例行月度公告显示，英国黄金和美元储备从 10 月底的 22.44 亿美元，降至 11 月底的 19.65 亿美元，减少了 2.79 亿美元。麦克米伦认为英国外汇储备的下降是在"纳赛尔上校占领苏伊士运河之后开始的，并不是由我们贸易状况的疲软造成的。联合王国的贸易地位一直并将继续保持基本稳健"，但是他不得不承认"苏伊士运河和伊拉克石油公司管道的关闭对我们的国际收支产生了不利影响"，"过去 4 个月发生的事件以及由此引发的国际紧张局势增加了英镑的压力。这几乎是造成最近损失的全部原因"。由于英镑被广泛持有和使用，为世界上一半的贸易和支付提供资金，英镑特别容易受到全球信心波动的影响。他坚持认为"低估储备所遭受损失的严重性是错误的"，"随着形势的改善，这一趋势将会逆转"。"我们当前面临的问题是英镑的短期压力，而不是我们贸易地位的长期缺陷"，"眼下的任务是击退对英镑的攻击"，为巩固英镑而立即采取必要的措施。他建议接下来政府应向国际货币基金组织和美国申请贷款，如果得到美国的批准，英国政府将申请从其国际货币基金组织 13 亿美元的配额中提款，并向加拿大和美国请求免除过去贷款的利息。[①]

---

① 　HC Deb, Dec. 4, 1956, Vol. 560, Col. 1050-1055.

12月3日，刚上任13天的国际货币基金组织总裁皮尔·雅各布森（Per Jacobsson）在汉弗莱的支持下宣布"确定英国将获得总计13亿美元的财政援助"，认为"对英镑的投机活动……只有在大量资金可用的情况下才能停止"，"必须提供最大限度的财政援助"[①]，以帮助英国解决迫在眉睫的财政危机。12月5日，哈考特在华盛顿开始与国际货币基金组织就麦克米伦先前宣布将寻求的英国提款展开谈判，要求提款5.6147亿美元，并要求提取7.3853亿美元的备用信贷。美国政府明确支持英国政府得到巨额资金：英国的黄金份额贷款和第一档信用贷款（5.6147亿美元）以及英国作为备用的剩余的第二档信用贷款（7.3853亿美元）。[②]由于国际货币基金组织的加权投票制度，美国的支持确保了英国政府能够获得这笔资金。

在国际货币基金组织收到英国的申请后，其工作人员立即向董事会建议国际货币基金组织应同意这一请求，并指出："除非黄金和美元储备的下降趋势得到遏制，否则英国将面临在当前国际收支中重新建立顺差的严重困难，这将对世界贸易量产生不利影响……这将严重危及目前不受贸易和国际收支限制的自由，从而丧失迄今为止在实现国际货币基金组织目标方面取得的进展。"[③]

随着哈考特与国际货币基金组织谈判的持续推进，哈考特会见了汉弗莱，开始讨论英国政府用于石油和石油相关开支的美国进出口银行贷款问题。在讨论备用安排的规模时，作为英国驻国际货币基金组织执行董事的哈考特认为，支持基金规模越大，成功的可能性就越大，实际使用的可能性就越小。[④]时任美国驻国际货币基金组织执行董事的弗兰克·索瑟德（Frank A.

---

① Erin E. Jacobsson and Erin Elver Jucker-Fleetwood, *A Life for Sound Money: Per Jacobsson: His Biography*, Oxford: Clarendon Press, 1979, p. 283.

② Diane B. Kunz, *The Economic Diplomacy of the Suez Crisis*, p. 154.

③ Kazuhiko Yago, Yoshio Asai and Masanao Itoh (eds.), *History of the IMF: Organization, Policy, and Market*, Tokyo: Springer, 2015, pp. 59-60.

④ Harold James, *International Monetary Cooperation since Bretton Woods*, Washington，D.C.: International Monetary Fund, 1996, p. 102.

Southard, Jr.）见证了哈考特和汉弗莱之间的决定性谈判。哈考特没有冒险寻求高达 13 亿美元的提款，他初步建议提取 7.5 亿美元左右，将之分为提款和备用信贷两类。在与索瑟德的一次私下会谈中，汉弗莱告诉索瑟德，如果要处理一项重大工作，就应该全力以赴。索瑟德回忆称，然后汉弗莱"问我英国的配额是多少。我回答说是 13 亿美元。他询问国际货币基金组织是否可以处理英国的全额业务。我感到吃惊，因为我也不会提出这么大的数额，我回答说，当然可以，只要他授权我在执行董事会中给予支持"。有了对美国立场的了解，哈考特完成了与雅各布森的谈判。这次行动很成功，对英镑的挤兑停止了，英国没有对备用安排进行任何提款。①

　　鉴于苏伊士运河冲突引发的英镑信任危机，12 月 10 日，国际货币基金组织执行董事会接受了英国提取 5.6147 亿美元和 7.3853 亿美元备用信贷的请求，这合计为英国配额的 100%。虽然英国政府认为，已经采取的措施应能确保 1956~1957 年的经常账户收支达到令人满意的水平，但其担心，如果不能解决英镑持有者对英镑丧失信心的问题，就会危及这一结果。国际货币基金组织批准了英国的请求，认为恢复对英镑信心的需要是英国获得提款和备用信贷的最有力理由。② 在国际货币基金组织回应了英国的提款申请后，外汇市场得到了积极反应，英镑兑美元汇率在当天脱离了波动区间底部的支撑点，为英格兰银行在 12 月维持更高的利率水平提供了进一步的支持。③

　　12 月 11 日，英国财政部官员通知内阁，财政部"已做出令人满意的安排"，使英国政府能够从国际货币基金组织获得 13 亿美元的全部配额，可以"立即提款约 5.61 亿美元……还将有一项备用安排，即在未来 12 个月的任何

① Frank A. Southard, Jr., "The Evolution of the International Monetary Fund," *Essays in International Finance*, No. 135, Princeton: Princeton University Press, 1979, p. 20.

② International Monetary Fund, *IMF History Volume 2 (1945-1965): Twenty Years of International Monetary Cooperation, Volume II: Analysis*, Washington, D.C.: International Monetary Fund, 1996, pp. 412-413.

③ William A. Allen, *Monetary Policy and Financial Repression in Britain, 1951–59*, Basingstoke: Palgrave Macmillan, 2014, p. 110.

时候，可以用英镑从国际基金组织购买相当于约 7.38 亿美元的外币"。英国向国际货币基金组织提出的申请得到了"友好的接受"，并得到了美国代表的大力支持。[1] 在国际货币基金组织对英国申请的贷款进行投票时，16 名国际货币基金组织执行董事会董事参加了最终投票，没有人投反对票，只有代表埃及的董事投了弃权票。1956 年，英国的经常账户盈余总体上为 2.33 亿英镑，在从国际货币基金组织处获得约 5.61 亿美元后，1956 年底英国的黄金和美元储备几乎与年初持平。[2] 因此，已获得的国际货币基金组织 13 亿美元的贷款和信贷的承诺，加上 12 月 21 日美国进出口银行宣布批准的 7 亿美元的信贷额度，英国政府将获得 20 亿美元的金融储备，这笔金额超过了当时英国的外汇储备总额。这不仅证明了英国政府维持英镑汇率的决心——到年底不利的投机行为实际上已经停止——而且在很大程度上弥补了由苏伊士运河事件导致的外汇储备流失。

在英国与国际货币基金组织的谈判顺利进行的同时，英镑的地位日益提高但尚未稳定，英国政府考虑寻求从美国那里获得美国最多的援助贷款。卡西亚和哈考特敦促英国财政部和英格兰银行"趁热打铁"，尽快获得美国的贷款承诺。他们认为："在目前的形势下，我们几乎肯定会从美国那里获得更多的贷款，而不是让这个问题酝酿太长时间，特别是在国会即将召开的情况下。"[3]

在美国政府眼中，曾经犯错的盟友做到了知错就改，英国在美国的推动和帮助下获得了丰厚回报。12 月 6 日，美国副总统理查德·尼克松（Richard M. Nixon）在纽约市汽车制造商协会晚宴上发表演讲，详细阐述了美国政府的新政策。他盛赞美国政府在苏伊士运河危机上的立场，强调说："美国经

---

[1]　PRO, CAB 128/30, CM 98 (56), Dec. 11, 1956, p. 7.

[2]　International Monetary Fund, *International Monetary Fund Annual Report 1957 of the Executive Board*, Washington，D.C.: International Monetary Fund, 1957, p. 10.

[3]　Diane B. Kunz, *The Economic Diplomacy of the Suez Crisis*, p. 155.

受了历史的考验。联合国得救了。法治得到了维护。"与此同时，他对美国
"在第一次世界大战和第二次世界大战中的盟友"英国和法国在苏伊士运河
事件中的表现给予了高度评价："它们接受了联合国的决定，同意停火和撤
军，即使它们认为这一决定不符合它们的最大利益，这是它们持久的功绩。"
面对"英国朋友现在面临的财政困境"，美国"在他们困难的时刻帮助他们
符合我们的利益，也符合他们的利益"。[①]作为美国政府中曾经对英国对埃
及行动持毫不妥协的态度和最具报复心的成员，汉弗莱现在却变得对英国政
府异乎寻常的慷慨。他在12月8日接受纽约宾夕法尼亚协会颁发的杰出公
共服务金奖时发表讲话，在讲话中对"盟友"英国的信念进行了阐释："我
们的盟友现在已经全心全意地接受了谈判原则，并停止使用武力，他们有权
得到我们的全力支持，以公正地解决他们的问题。当他们的行为违反我们信
奉的基本原则时，我们采取了反对的立场。因此，我们现在必须全心全意地
努力支持他们通过谈判达成公正和公平的解决方案。"[②]从尼克松对盟友的溢
美之词和汉弗莱态度的改变可以看出，美国释放出对英国"给予这样的援助
将在国会得到两党强有力的支持"的积极信号，显示出对修复英美关系的主
动姿态。

12月10日，杜勒斯和汉弗莱利用到巴黎参加北大西洋理事会会议的
时机，开始与劳埃德就英国关切的"无条件"撤军举行会谈。杜勒斯认为：
"重建我们两国之间密切关系的条件已经成熟，我们能够向目前处于困境的
英国提供这种货币援助。"针对英镑的挤兑在过去几天里已经得到遏制，他
认为"需要担心的不是货币的经济压力，而是心理压力"，"一旦外界知道美
国准备向国际货币基金组织提供大规模贷款，最终结果可能是我们不必借出

① United States Department of State, *United States Policy in the Middle East, September 1956-June 1957: Documents*, pp. 5-15.

② Nathaniel R. Howard (ed.), *The Basic Papers of George M. Humphrey as Secretary of the Treasury, 1953-1957*, Cleveland: Western Reserve Historical Society, 1965, pp. 484-485.

特别多的钱。我们愿意借出这么多钱的事实，可能最终会让我们没有必要真的这么做"。然而，他还警告说，因为"现代武器装备的巨大开支带来的国防费用不断增加"，美国正面临预算紧缩。接下来，他提醒劳埃德，他会发现汉弗莱在财政援助问题上"仍然会很强硬"。在态度强硬的同时，他对劳埃德进行了安抚，表示美国政府在国内获得公众对这些计划的支持的唯一方法就建立在英国将履行其撤军承诺的基础之上，"美国不能让英国放弃这一承诺，因为正是在这个基础上，我们制定了未来对英国援助的计划"。[①]

12月12日下午，麦克米伦同杜勒斯进行了长时间的秘密会晤。他呼吁杜勒斯寻求修复英美关系，并与首相艾登保持一定的距离。他告诉杜勒斯"他个人对［苏伊士运河］事件的处理方式和时机非常不满，但艾登完全是自作主张，而他本人除了支持艾登之外别无选择"。他并没有掩饰他一直赞成采取强硬行动的事实，但关键是他不喜欢这种方式和时机，尤其是针对美国。他还无可奈何地表示，英国［在苏伊士运河事件中］采取的行动是一个衰落大国的最后一搏，也许200年后，美国"将体会我们的感受"。[②]在讨论中东问题时，麦克米伦强调："我们应该为中东制定一些宏大而富有想象力的计划，借此我们可以在阿拉伯国家间建立某种国际权威机构，来处理石油、运河等问题。"他建议成立一个阿拉伯—西方联合机构以进行石油生产，而且英美两国必须让阿拉伯人接受以色列的存在。[③]从麦克米伦的谈话中，可见他对当前形势的了如指掌，尽管对此时英国实力的下降表示无奈，但同时对英美重新建立一种特殊关系以在中东发挥影响力表示期许。

麦克米伦不知道的是，在美国援助英国的背后，美国政府已经开始制定其宏大的中东蓝图——艾森豪威尔主义了。正如胡佛所说："因为世界上很大一部分地区都依赖英镑贸易，美国的援助不仅对英国有广泛的影响，而且

---

① *FRUS, 1955-1957,* Vol. XVI, pp. 1281-1283.

② *FRUS, 1955-1957,* Vol. XXVII, p. 677.

③ *FRUS, 1955-1957,* Vol. XXVII, p. 678.

关系到许多人的福祉。"① 对于英法两国以清理运河等借口迟迟不能确定最终撤军日期，杜勒斯抑制不住心中的愤怒，强硬地表示两国在清理运河问题上"要么全有，要么全无"的立场是不明智的。② 而最终两国和以色列从埃及撤军，洛奇直言不讳地告诉哈马舍尔德其根本原因就是"美国的经济压力"，如果不能解决苏伊士运河问题，这对美国来说是严重的，但对联合国来说更是灾难性的。③ 这充分反映了美国对自己盟友的颐指气使和盲目自信，其新战略锋芒毕露。

随着美国在中东扩张的序幕徐徐展开，其战略意图已经昭然若揭。而美国对苏联在中东地区的渗透的恐惧也是影响美国政府政策的重要因素。美国政府也急切希望利用苏伊士运河危机高潮带来的独特机会来改善阿拉伯地区国家和美国的关系。在 12 月，美国政府官员们讨论了如何最好地利用他们在苏伊士运河危机中的新机会，使美国能够改善与阿拉伯世界的关系，参议员威廉·科特兰（William F. Knowland）称"相信我们的中东政策是完全合理的，并且在历史上将成为世界秩序发展的里程碑"④。在 12 月 20 日的白宫会议上，杜勒斯认为中东地区"已经真正消除了英国的影响，苏联人正试图进入该地区"，"如果我们不采取行动，苏联可能会占领该地区，从而可以通过欧洲依赖的石油来控制欧洲"。经过广泛讨论，杜勒斯最终赞成要求国会通过一项授权拨款 4 亿美元、为期 2 年的、"具有充分的灵活性"的经济和军事援助决议，"以此为建立我们在中东的地位的手段"。⑤

12 月 27 日，杜勒斯给艾森豪威尔重新起草了一份他提议的国会报告，并告诉副总统尼克松，总统在新的一年里的首要任务对象是中东，而非匈牙利。两天后，杜勒斯向卡西亚和法国驻美大使埃尔韦·阿尔方公布了这一计

---

① *FRUS, 1955-1957*, Vol. XVI, p. 1308.

② *FRUS, 1955-1957*, Vol. XVI, p. 1310.

③ *FRUS, 1955-1957*, Vol. XVI, p. 1335.

④ *FRUS, 1955-1957*, Vol. XII, p. 397.

⑤ *FRUS, 1955-1957*, Vol. XII, p. 415.

划。但杜勒斯要求大使们在向伦敦和巴黎提交的报告中，不要使用可能暗示美国政府已经与西方盟友进行了磋商的措辞。虽然杜勒斯将这一要求归因于国会的敏感性，但他在中东问题上让美国疏远英国和法国。杜勒斯对《美国新闻与世界报道》创始人兼主编戴维·劳伦斯（David Lawrence）说："我们必须填补英国已填补了一个世纪的权力真空——不仅在紧急情况下采取行动，而且在那里日复一日地存在下去。"[①] 鉴于英国和法国在中东的影响力已经降至谷底，美国国务院官员认为"此时只有美国才能领导自由世界"[②]。基辛格后来也评价说："苏伊士事件变成美国介入环球权力赛场的第一个起点，它的第一课就是权力真空永远会被填补上，主要问题不是填补这个真空，而是由谁来填补权力真空。英国和法国在中东地区的历史地位被夺占后，美国发现保持中东地区势力均衡的责任已经责无旁贷地落在美国肩膀上。"[③]

面对中东地区的"权力真空"，艾森豪威尔已经对为未来制定一个详细的双边和多边经济计划胸有成竹。1957 年 1 月 5 日，艾森豪威尔亲自向国会提出了关于中东问题的特别咨文，要求向中东国家提供 2 亿美元的经济援助，并寻求事先获得军事行动的授权，"以保护这些国家的领土完整和政治独立，并要求提供这种援助，以对抗任何由国际共产主义控制的国家的公开武装侵略"[④]。艾森豪威尔主义的提出标志着西方与中东关系史上的一个重要里程碑，美国的目的是"在权力斗争中获得优势"[⑤]，以遏制共产主义的蔓延

---

① Diane B. Kunz, *The Economic Diplomacy of the Suez Crisis,* p. 159.

② *FRUS, 1955-1957*, Vol. XVI, p. 1277.

③ 〔美〕亨利·基辛格：《大外交》，顾淑馨、林添贵译，海南出版社，1998，第 525 页。

④ Stephen E. Ambrose, *Eisenhower: The President*, New York: Simon and Schuster, 1984, p. 382.

⑤ United States Congress, Senate. Committee on Foreign Relations, et al., *The President's Proposal On the Middle East: Hearings Before the Committee On Foreign Relations And the Committee On Armed Services, United States Senate, Eighty-fifth Congress, First Session, On S. J. Res. 19 And H. J. Res. 117, Joint Resolutions to Authorize the President to Undertake Economic And Military Cooperation With Nations In the General Area of the Middle East In Order to Assist In the Strengthening And Defense of Their Independence*, Part I, Washington, D.C.: U.S. Government Printing Office, 1957, p. 594.

和保护其在中东的利益，艾森豪威尔本人更是认识到在中东地区"英国和法国目前作为强国继续存在的重要性"，"法国和英国目前不可能作为制衡力量，以及美国必须赶在苏联之前填补现有的真空"，"美国必须向中东国家展示我们的友善，并且必须在经济上帮助他们"[①]，从此以后，是美国而不是英国打算对中东地区承担主要责任。美国利用艾森豪威尔主义在中东进一步排挤英、法，抵制苏联，加大力度同英国争夺中东地区的控制权，开始实施独霸中东的野心勃勃的计划。

小　结

1956 年 7 月 26 日埃及将苏伊士运河国有化，以及英国、法国和以色列试图以武力夺回运河的失败，不仅导致了一场严重的政治危机，也带来了严重的经济后果。在艾登"已指示参谋长们准备相应的军事计划"[②]的情况下，艾森豪威尔总统曾警告他称，"最初的军事成功可能很容易，但最终的代价可能变得过于沉重"，"可能发展到产生最深远后果的程度"。[③] 美国总统乔治·布什（George W. Bush）领导下的国家安全委员会前高级官员弗林特·莱弗里特（Flynt Leverett）认识到美元作为国际储备货币对美国维持全球霸权地位起到的关键作用，认为："货币政治是非常非常强大的，也是让美国如此长久占据霸权地位的原因之一，就像之前的英国一样。"他随后举的就是美国政府在苏伊士运河危机中曾以抛售英镑威胁英国从埃及撤军的经典例子。[④]

---

① *FRUS, 1955-1957*, Vol. XII, p. 433.

② *FRUS, 1955-1957*, Vol. XVI, p. 10.

③ *FRUS, 1955-1957*, Vol. XVI, p. 70.

④ Daniel Dombey, "America Faces a Diplomatic Penalty as the Dollar Dwindles, " *Financial Times*, Dec. 28, 2007, p. 9.

苏伊士运河危机是历史的转折点，它宣告了西方殖民主义的终结和美国作为西方大国进入中东。在整个苏伊士运河事件中，美国打着反殖民主义的旗号，这"被用作在这个地区取代英国的一副面具"[1]，但是在"面具"的背后，美国利用货币这一武器，三管齐下迫使英国让步，利用货币金融制裁向英国施加了巨大的压力，对昔日的"日不落帝国"极尽羞辱。美国对英国的货币金融制裁仅是一部分，"美国在抛售英镑时，只是以一个相对固定的价格出售一种货币，换取另一种货币，因此成本可以忽略不计，而阻断英国获取国际货币基金组织的资金也是无本买卖"[2]，但具有见效迅速、目标明确而有针对性和几乎没有成本的特点。美国对外关系委员会（Council on Foreign Relations）的国际经济主任本恩·斯蒂尔（Benn Steil）表示："美国非常幸运，因为它的货币也是国际价值标准——如果这种情况消失，美国在许多方面的影响力也将会消失。"[3] 因此，美国将使用全部力量来保证美元世界储备货币的地位。

对英国来说，苏伊士运河危机不仅是"英国战后历史上的分水岭"[4]，更是一场财政危机，它清晰而残酷地标志着英国作为世界强国的终结。英格兰银行行长科博尔德深刻地总结了此时英国的外部财政困境，并致信给麦克米伦："无论苏伊士运河［危机］对经济的长期影响如何，它无疑产生了直接影响，使我们长期以来一直意识到的某些弱点暴露在国内外公众的眼前。"[5] 英国在苏伊士运河危机的军事阶段花费了 9800 万美元，在石油上花费了 8400 万美元。尤其是英国在 7 月 26 日至 12 月 7 日经历了严重的汇

[1]　Steven Z. Freiberger, *Dawn over Suez: The Rise of American Power in the Middle East, 1953–1957*, Chicago: Ivan R. Dee, 1992, p. 12.

[2]　Jonathan Kirshner, *Currency and Coercion: The Political Economy of International Monetary Power*, p. 81.

[3]　Daniel Dombey, "America Faces a Diplomatic Penalty as the Dollar Dwindles," *Financial Times*, Dec. 28, 2007, p. 9.

[4]　D. R. Thorpe, *Selwyn Lloyd*, London: Jonathan Cape, 1989, p. 267.

[5]　John Fforde, *The Bank of England and Public Policy, 1941-1958*, p. 544.

率危机，其货币价值受到投机压力，英格兰银行被迫耗尽其美元储备。麦克米伦不得不承认："苏伊士运河危机以及随之而来的国际投资者对英镑信心的丧失，暴露了我们战后经济的内在弱点。"为了增加货币储备和保持英镑的稳定，英国"不得不调动所有可用的信贷，以维持英镑的平价"①，不仅从国际货币基金组织处获得了十几亿美元，并将其中的约 5.61 亿美元用于各个方面，还从美国进出口银行获得了信贷额度②，以维持英镑对美元的固定价值。

随着苏伊士运河危机的结束，世界上最大帝国最终衰落，这是以对英镑的投机性挤兑为标志的，因为英镑不再是世界储备货币了③。被剥夺了英镑区银行家地位的英国，伴随着失去对中东石油供应和运输基本手段的控制，几乎沦为物质意义上的二流强国。④ 在货币权力的交接中，苏伊士运河危机成为英镑最终向美元权力转移的象征，美元最终成为不可匹敌的国际储备货币。

---

① PRO, CAB 128/30, CM 2 (57), Jan. 8, 1957, p. 3.

② United States Congress, *Congressional Record: Proceedings and Debates of the 85th Congress, First Session, Volume 103, Part 4, March 25, 1957 to April 12, 1957*, Washington，D.C.: U.S. Government Printing Office, 1957, p. 5462.

③ James M. Boughton, "Was Suez in 1956 the First Financial Crisis of the Twenty-First Century?" *Finance & Development*, Vol. 38, No. 3, 2001, https://www.imf.org/external/pubs/ft/fandd/2001/09/boughton.htm.

④ *FRUS, 1955-1957,* Vol. XXVII, p. 671.

结　语

　　国际货币权力是大国权力的重要组成部分，也是大国竞争的焦点。实行本国货币自由兑换，最终使本国货币成为世界货币是世界大国国家竞争战略的一个重要组成部分。国际货币关系史揭示的一个规律就是，经济强国必然是货币强国。

　　在美元意欲"逆袭"成为世界货币，实现霸权之时，唯一能与之抗衡只有依然是国际储备货币的英镑。美国争夺战后国际货币体系中的主导地位，必然会引发国际货币格局的深刻变革和英美之间深刻的矛盾。布雷顿森林小镇见证了英美在这场货币战争中刺刀见红。在两个国家激烈的争夺中，布雷顿森林会议最终确立了美元对国际货币体系的主导权，美元取代英镑成为国际货币体系的核心，实现美元和黄金挂钩，1盎司黄金等于35美元，成员国的货币再与美元挂钩，实行可调整的汇率制度，构建了战后国际货币体系的新秩序。布雷顿森林体系由此开启美元的霸权之路，奠定了美元之后的优势地位。布雷顿森林体系是英美两国在国际货币金融领域争夺霸权的产物，因此它实际上就是英美之间货币权力"换岗"下的产物。

　　这一守成大国与新兴大国之间货币权力转移的过程中斗争不断，这充分说明了货币的力量不是偶然的，时势造英雄，时势也同样呼唤一个新的世界货币走上历史舞台。货币的兴衰实际上是一个国家经济政治实力的深刻体现，美元成功逆袭的背后是这个国家综合国力的支撑。伴随着一个国家综合国力的不断强大，优胜劣汰、物竞天择、适者生存的大自然规律同样会发生在货币领域，昭示了货币规律同样是不以人的主观意志为转移的强大力量。

布雷顿森林会议之后，美元虽然初步确立了在国际货币体系中的霸主地位，英镑作为世界结算货币的地位逐渐被美元取代，但是英镑仍然是横亘在美元霸权面前最大的障碍。但战后英国经济实力不断下降，通货膨胀上升，国际收支长期存在逆差，导致资本外流严重，外汇储备锐减，致使英镑信用每况愈下。美国趁英国此时亟待经济援助之机，向英国提供了以承认美元在资本主义世界霸权地位为前提的巨额贷款，进一步削弱了英镑的国际地位。虽然马歇尔计划给英国送来了大量贷款，却给英国的工业和对外贸易带来了危害。马歇尔计划加速推动了美元国际化的进程，把包括英国在内的西欧国家纳入美元体系之内，帮助美元更加全面地从英镑手中夺取了世界货币的霸主地位。

双方通过经济外交的手段激烈地争夺战后世界的领导权。美国发起了咄咄逼人的攻势，先是拆除英镑区，确立了美元的中心地位；之后通过建立多边自由贸易体系，逐渐瓦解了英国人精心构建的以帝国特惠制为基础的双边贸易体系，迫使英国和英联邦国家在金融和贸易市场方面全面开放，扫除了国际自由贸易的最大障碍；借助或直接操纵新成立的国际组织作为对外经济扩张的工具，采用经济援助等手段有效地扩大了使用美元的地区和领域，操纵了资本主义世界的国际金融体系。

两国的相互妥协造就了"布雷顿森林—关贸总协定体制"，国际贸易组织（关贸总协定）和国际货币基金组织等国际组织成为它们较量的舞台，具体表现在：在国际贸易领域，为了实现非歧视规则，达成的妥协是以美国削减关税换取英国取消帝国特惠制；在国际金融领域，为了维持货币关系稳定，达成的妥协是以建立国际流动性储备换取各国停止货币战争；除出于国际收支原因外，放弃对经常项目的汇兑管制和对贸易的数量限制，但保留资本管制。

战后初期英美的货币关系变化尽管前后仅持续 11 年的时间，但两国在重要阶段的货币策略调整和攻防转换，有利于我们认识货币权力在大国外交中的地位和作用，有助于我们理解一国参与国际货币竞争的内外约束条件和因素，针对一国处理货币关系的一般操作机理提供了生动的经验镜鉴和丰富的历史资料。在当前中美货币金融竞争日趋激烈的背景下，借鉴二战后初期英美货币关系的历史，可以为中国应对国际货币金融压力，维护国家经济、金融安全提供重要而深刻的启示。

一　从战略性高度认识国际货币关系的重要性

"国际货币关系"是指一系列特定的安排和行为，而这些安排和行为能影响国家发行的国民货币（National Currency）的价值、使用、稳定以及其他属性。[1]货币关系不但是大国关系发展的引擎，也是战略思维和外交艺术得到充分发挥的阵地。因此，国际货币关系被认为是最高层次的国际经济关系之一。[2]国际货币关系既影响世界经济的运行效率，也从根本上塑造经济利益和政治权力在不同国家之间分配的模式与路径。[3]关键货币国因为其货币在国际货币体系中的特殊地位，通常在这一体系中获得最大的权力和利益，并致力于长期维持其主导地位。当某一国家试图打破旧有的国际货币关系格局时，不仅关键货币国的经济利益会受损，其政治和安全利益也会间接受到重大冲击。正因为如此，国际货币关系不仅是国际经济问题，而且是重

---

[1]　Jonathan Kirshner, *Currency and Coercion: The Political Economy of International Monetary Power*, p. 3.

[2]　李巍:《制衡美元：政治领导与货币扩张》，上海人民出版社，2015，第 41 页。

[3]　John Odell, *US International Monetary Policy*, Princeton: Princeton University Press, 1982, p. 263.

大的国际政治问题，对关键货币国和货币体系内其他国家的国家利益具有战略性影响。[①]

国家在面对国际环境压力与限制时运用货币权力的方式便形塑了该国货币国际化策略。对二战后初期英美货币关系的研究表明，国家经济实力与政治意志对于本币国际化具有重要作用。从一战前后到二战结束初期时美元取代英镑的轨迹来看，货币是一种特殊的经济权力，美元的国际货币发行权、支付清算权、交易定价权，是美国国家权力的关键组成部分[②]，这是理解美元货币权力的生成、操作的机理的基础。

国际货币关系的高度政治性和战略性决定了大国货币关系的对抗性，而又由于国际货币的权力属性，美国有目的地利用国际货币权力的政治操作来实现国家利益，通过货币外交削弱英镑的地位和抢夺英联邦国家的市场，在与英国激烈的国际经济和政治对抗中也往往更容易赢得主动，而英国面对美国咄咄逼人的进攻，无可奈何。为了赢得货币对抗的胜利，取得制胜先机，两国最高领导人直接领导、参与了几乎所有重大货币外交行动，动用了两国各自可以动用的几乎全部安全、政治、经济和外交资源。对抗性是国际货币关系的内在属性，不会随着时代的变化而改变，只要国际体系仍然由主权国家组成，围绕国家利益发生的国家间货币对抗就将长期存在。

二　应深刻认识在大国货币博弈中安全利益优先于货币金融利益

强调国际货币关系的战略地位，并不意味着货币关系能够凌驾于安全问

---

① 　陈平、管清友:《大国博弈的货币层面——20世纪60年代法美货币对抗及其历史启示》,《世界经济与政治》2011年第4期，第44~47页。

② 　陈平、赵昌平:《美元货币权力及其对中国的经济安全影响》,《上海交通大学学报》(哲学社会科学版) 2016年第6期，第67~70页。

题之上。笔者在梳理战后初期英美货币关系后发现，英美货币斗争和分歧不断，但斗而不破。两国政治层都清楚地认识到对方的重要性，两国的技术官僚在谈判中讨价还价。在苏伊士运河危机中，英国迫于财政困难、石油禁运和美国在联合国大会上提出的停火决议的压力宣布撤军，没有使最初的冲突继续扩大，而最终自己也获得了想要的借款，就是这方面的明显例证。

安全利益之所以会被美国置于货币关系之上，主要基于两点原因：一方面，国家安全是包括货币权力在内的一切国家权力最重要的支撑，在安全方面的妥协和退让，会对包括货币权力在内的整体国家利益造成不可弥补的损失；另一方面，对关键货币国而言，国际安全体系和国际货币体系的可替代性不同。国际安全体系具有很强的不可替代性，旧的安全体系一旦被打破，原来的霸权国家通常很难在体系内维持主导地位。国际货币关系则不然，只要关键货币国仍然在国际安全领域维持主导地位，就能够在必要时利用结构性货币权力改变国际货币体系的规则。

三　英国在对美国货币权力斗争中的重大失败及其启示

就英美货币对抗的结果而言，英国尽管在战后英美货币权力的斗争中取得了一定策略和经济等方面的成功，在货币博弈中恢复英镑昔日荣光和削弱美元与美国霸权的雄心仍在，但无奈江河日下，随着英镑国际地位的下降和帝国特惠制的终结，支撑大英帝国的两大柱石相继坍塌，大英帝国的崩溃也就不可避免，英国失去全球经济霸权的地位，这更是英镑货币权力的重大失败。

英美在苏伊士运河危机上的分歧严重影响了两国关系，导致同盟所依赖的包括货币关系在内的相互信任结构遭到破坏。尽管时间会抚平旧伤，但英国作为大国的角色将永远改变。总结战后英美货币关系中英国的失败，我们可以得到如下的教训和启示。

　　首先，一国货币权力必须以强大的经济实力为后盾。国际体系中的大国关系史同时是一部货币主权的斗争和变迁史。大国在其中追逐其货币的国际化以及由此带来的霸权和利益，同时竭力排斥别的国家与自己竞争和取代自己的位置。国际货币体系主导权的争夺深刻地反映了大国力量的对比。[①]虽然拥有货币权力的国家可以缓解货币失衡的压力、享受过度特权和发挥货币政策带来的溢出效应，但失去经济实力支撑的货币权力扩张注定不能持久，必然成为无源之水、无本之木，其在货币权力的竞争中自然也就无法成功。美国的经济总量在20世纪初就已经超过英国，经过两次世界大战的洗礼，美国在经历曲折历程后获得世界领导地位[②]，而美元凭借美国强大的军事和经济实力成为全球货币。二战后英国在重建方面面临巨大的资金与资源缺口，然而英国政策制定者误以为只要恢复英镑的汇率，就可以回到以英镑为核心的国际货币体系。事实上，二战后世界经济的脉搏已经掌控在美国手中，布雷顿森林体系确立了以美元为核心的国际货币体系，被高估的英镑汇率为美国提供了价值操纵的机会，一旦英国的外汇储备消耗殆尽，英镑的固定汇率制就会变得无法维持。同样，包括英国在内的欧洲国家的重建所需的资金需要依赖美国，如果美国对英国实行融资制约，英国的经济复苏便会出现停顿。这两方面的竞争劣势，早已注定英镑要丧失主导国际货币的地位，英国的货币权力注定要被大幅削弱。

　　其次，确保自身政治和经济的稳定是挑战货币霸权的最基本条件。挑战货币霸权需要一国拥有稳定的政治和经济基础，只有这样，其才有稳定的货币，才能具备挑战货币霸权的最基本条件。如果守成大国在某一方面或领域存在着崛起大国易于攻击的脆弱性，这都会极大地削弱本国的货币权力，导致在货币竞争中降低了对崛起大国或其他国家施加政治和经济影响的能力，

---

① 范跃进主编《世界经济概论》，山东人民出版社，2012，第239页。

② 王立新：《踌躇的霸权：美国获得世界领导地位的曲折历程》，《美国研究》2015年第1期，第10~33页。

最终在货币权力的争夺中败下阵来。在英美货币矛盾和分歧的背后，是英国国内经济困难和政局的动荡，尤其是1947~1948年席卷欧洲的经济危机，使英国不利的经济形势雪上加霜，加上英联邦国家离心倾向的不断加强等因素，其巨额资本外逃和黄金储备流失严重，破坏了英国政治和经济的稳定，使英国失去与美国进行货币对抗的政治和经济基础，被美国抓住致命弱点，在一次次的谈判中只能望"币"兴叹，丧失了一次次谈判筹码。

再次，军事和政治实力是大国货币博弈的力量根源。战后英美货币关系的历史证明，崛起大国通过操作货币关系撬动大国政治，除了需要具备一定的经济实力和货币国际化水平外，还需要具有一定的军事和政治实力，这是其参与货币博弈的力量根源。在国际货币关系史中，大国在货币对抗中虽然很少有直接的武力使用行为，但包括军事力量在内的硬实力，是大国政治、经济权力的力量根源，一个霸权国家必须拥有足够的军事力量，只有这样其才有能力去保护它所主导的国际政治经济秩序，使之免遭敌对国家的侵犯[1]。二战结束后英国的综合实力，并不足以与美国展开全面对抗，即使凭借昔日"尊严"与美国放手一搏，最终仍会受到美国削减援助等的报复。英国的军事、经济实力决定了其已不能凭一己之力在与美国的货币博弈中取胜，唯一的希望是利用英镑区和帝国特惠制构建起反对美元霸权对英联邦渗透的壁垒。在英联邦总理会议和财政部长会议等召开期间，英联邦各国"同床异梦"，离心倾向不断加强，必然导致英国先安抚英联邦其他国家，使其最终在国际多边谈判桌上未能或者很少迫使美国做出实质性妥协。由此可见，如果没有足够的军事和政治实力去阻止其他国家进入或关闭世界政治经济中的重要领域，崛起大国根本无法挑战守成大国的货币霸权。

最后，货币权力是决定大国货币博弈结果的关键和有效武器。战后美元霸权建立的过程，就是证明美元货币权力的真实存在及其有效性的过程。美

---

[1] 〔美〕罗伯特·基欧汉：《霸权之后——世界政治经济中的合作与纷争》，苏长和、信强、何曜译，第46页。

国凭借在经济实力、美元国际货币功能和国际组织等方面的明显优势，才有了对英国使用货币权力这一关键和有效武器的底气。苏伊士运河战争爆发后，英国财政的捉襟见肘和英镑的脆弱，使英国只能向国际货币基金组织求援。而国际货币基金组织是以经济实力决定成员国发言权和表决权的，美国是其最大的"股东"，底气十足的汉弗莱很快就向麦克米伦发出了"英国要么立即停火，要么靠英镑打仗"的最后通牒，如果英国不接受联合国的停火协议，美国控制下的国际货币基金组织和美国进出口银行就会对英国"断贷"。巧妇难为无米之炊，面对美国挥舞的金融制裁大棒，英国不得不宣布撤军。在美国的支持下，英国的国际货币基金组织借款申请最终得到批准。因此，此时美国对英国货币权力不对称的优势得到充分体现，英国的货币权力立即就被削弱，英国也根本无招架之功，很快败下阵来，丧失了与美国进行货币对抗的能力。

参考文献

一　档案及政府公开出版文献

Bank of England, *Bank of England: Report for the Year Ended 28th February 1957*, Debden: The Bank of England Printing Works, 1957.

Central Statistical Office, *Annual Abstract of Statistics*, No. 94, London: HMSO, 1957.

Commission on Foreign Economic Policy, *Report to the President and the Congress*, Washington, D.C.: U.S. Government Printing Office, 1954.

Committee of European Economic Co-operation, Volume 1, General report, Paris, September 21, 1947, Washington, D.C.: Department of State, Division of Publications, Office of Public Affairs, 1947.

D. J. Murray and S. R. Ashton, British Documents on the End of Empire, Series A Volume 2, Ronald Hyam, *The Labour Governtnent and the End of Empire 1945-1951, Part II, Economics and International Relations*, London: HMSO, 1992.

D. J. Murray and S. R. Ashton (eds.), British Documents on the End of the Empire,

Series A Volume 2, Ronald Hyam, *The Labour Government and the End of Empire: 1945-1951, Part I: High Policy and Administration*, London: HMSO, 1992.

D. J. Murray and S. R. Ashton (eds.), British Documents on the End of the Empire, Series A Volume 2, Ronald Hyam, *The Labour Government and the End of Empire: 1945-1951, Part II: Economics and International Relations*, London: HMSO, 1992.

D. J. Murray and S. R. Ashton (eds.), British Documents on the End of the Empire, Series A Volume 2, Ronald Hyam, *The Labour Government and the End of Empire: 1945-1951, Part III: Strategy, Politics and Constitutional Change*, London: HMSO, 1992.

D. J. Murray and S. R. Ashton (eds.), British Documents on the End of the Empire, Series A Volume 2, Ronald Hyam, *The Labour Government and the End of Empire: 1945-1951, Part IV: Race Relations and the Commonwealth*, London: HMSO, 1992.

Great Britain, Parliament and House of Commons, *British Parliamentary Paper: 1945–6, XXVI, Cmd. 6709*, London: His Majesty's Stationery Office, 1946.

Great Britain H. M. Board of Customs and Excise, *Annual Statement of the Trade of the United Kingdom with British Countries and Foreign Countries, 1947*, London: HMSO, 1949.

H. M. Treasury, *United Kingdom Balance of Payments, 1946-57*, London: HMSO, 1959.

H. M. Board of Customs and Excise, *Trade of the United Kingdom*, 1947, Vol. 4.

Hector Mackenzie, *Documents on Canadian External Relations, Vol. 14: 1948*, Ottawa: Department of Foreign Affairs and International Trade, 1994.

House of Commons (British), Parliamentary Debates (Hansard).

J. K. Horsefield(ed.), *The International Monetary Fund, 1945-1965: Twenty Years of International Monetary Cooperation, Vol. III: Documents*, Washington, D.C.: International Monetary Fund, 1969.

Paul Preston, Michael Partridge and Iwan Morgan (eds.), *British Documents on Foreign Affairs: Reports and Papers from the Foreign Office Confidential Print (BDFA), Part V, From 1951 through 1956, Series C, North America 1952, Volume 2, United States, 1952,* 「Bethesda: LexisNexis, 2006.

Paul Preston, Michael Partridge and Iwan Morgan (eds.), *BDFA, Part V, From 1951 through 1956, Series C, North America 1953, Volume 3, United States, 1953*, Bethesda: LexisNexis, 2007.

Paul Preston, Michael Partridge and Iwan Morgan (eds.), *BDFA, Part V, From 1951 through 1956, Series C, North America 1954, Volume 4, United States, 1954*, Bethesda: LexisNexis, 2008.

Paul Preston, Michael Partridge, and Peter Boyle (eds.), *BDFA, Part V, From 1951 through 1956, Series C, North America 1951, Volume 1, United States, 1951*, Bethesda: LexisNexis, 2005.

Paul Preston, Michael Partridge, Piers Ludlow and Iwan Morgan (eds.), *BDFA, Part V, From 1951 through 1956, Series C, North America 1955, Volume 5, United States, 1955*, Bethesda: LexisNexis, 2009.

Paul Preston, Michael Partridge, Piers Ludlow and Iwan Morgan (eds.), *BDFA, Part V, From 1951 through 1956, Series C, North America 1956, Volume 6, United States, 1956*, Bethesda: LexisNexis, 2010.

Paul Preston, Michael Partridge and Richard D. G. Crockatt (eds.), *BDFA, Part III, From 1940 through 1945, Series C, North America , Volume 5, United States, January 1945-December 1945*, Bethesda: University Publications of America, 1999.

Paul Preston, Michael Partridge and Richard D. G. Crockatt (eds.), *BDFA, Part IV, From 1946 through 1950, Series C, North America 1946, Volume 1, United States, 1946*, Bethesda: University Publications of America, 1999.

Paul Preston, Michael Partridge and Richard D. G. Crockatt (eds.), *BDFA, Part IV, From 1946 through 1950, Series C, North America 1947, Volume 2, United States, January 1947-December 1947*, Bethesda: University Publications of America, 2001.

Paul Preston, Michael Partridge and Richard D. G. Crockatt (eds.), *BDFA, Part IV, From 1946 through 1950, Series C, North America 1948-1949, Volume 3, United States, January 1948-December 1949*, Bethesda: University Publications of America, 2002.

Paul Preston, Michael Partridge and Richard D. G. Crockatt (eds.), *BDFA, Part IV, From 1946 through 1950, Series C, North America 1950, Volume 4, United States, January 1950-December 1950*, Bethesda: University Publications of America, 2003.

President's Materials Policy Commission, *Resources for Freedom: A Report to the President, Volume I: Foundations for Growth and Security*, Washington, D.C.: U. S. Government Printing Office, 1952.

President's Materials Policy Commission, *Resources for Freedom: A Report to the President by the President's Materials Policy Commission, Volume II: The Outlook for Key Commodities*, Washington, D.C.: U.S. Government Printing Office, 1952.

President's Materials Policy Commission, *Resources for Freedom: A Report to the President by the President's Materials Policy Commission, Volume V: Selected Reports to the Commission*, Washington, D.C.: U. S. Government Printing Office, 1952.

Public Record Office, Kew

CAB 128 Post War Conclusions: Cabinet Conclusions 1945 to 1951, Cabinet Conclusions 1951 to 1955, Cabinet Conclusions 1955 to 1957, http://www.nationalarchives.gov.uk/cabinetpapers/cabinet-gov/cab128-post-war-conclusions.htm.

CAB 129 Post War Memoranda: Cabinet Memoranda 1945 to 1951, Cabinet Memoranda 1951 to 1955, Cabinet Memoranda 1955 to 1957, http://www.nationalarchives.gov.uk/cabinetpapers/cabinet-gov/cab129-post-war-memoranda.htm.

CAB 195 Cabinet Secretary's Notebooks: Notebooks 1945 to 1951, Notebooks 1951 to 1955, Notebooks 1955 to 1957, http: //www.nationalarchives. gov. uk/Cabinetpapers/cabinet-gov/cab-195-cabinet-secretarys-notebooks. htm#Notebooks%201945.

Research and Planning Division, Economic Commission for Europe, *A Survey of the Economic Situation and Prospects of Europe*, Geneva: United Nations, 1948.

Roger Bullen and M. E. Pelly, assisted by H. J. Yasamee and G. Bennett, Documents on British Policy Overseas (*DBPO), Series I (1945-1950), Series II (1950-1955)*, London: Her Majesty's Stationery Office, 1984-2016.

Royal Institute of International Affairs, *Chronology of International Events and Documents, June 9-22, 1947: Vol. 3, Iss. 12*, London: Royal Institute of International Affairs, 1947.

Royal Institute of International Affairs, *Chronology of International Events and Documents, March 19-April 8, 1948: Vol. 4, Iss. 7*, London: Royal Institute of International Affairs, 1948.

The Office of the Federal Register, National Archives and Records Service,

General Services Administration, *Public Papers of the Presidents of the United States: Harry S. Truman: Containing the Public Messages, Speeches, and Statements of the President, January 1 to December 31, 1947*, Washington, D.C.: U. S. Government Printing Office, 1963.

The President's Committee on Foreign Aid, *European Recovery and American Aid: A Report*, Washington, D.C.: U.S. Government Printing Office, 1947.

U. S. Department of Commerce and U. S. Bureau of the Census, *Statistical Abstract of the United States: 1944-1945, Sixty-Sixth Number*; *1946, Sixty-Seventh Number* ; *1947, Sixty-Eighth Edition*; *1948, Sixty-Ninth Edition; 1949, Seventieth Edition; 1950, Seventy-First Edition; 1951, Seventy-Second Edition; 1952, Seventy-Third Edition; 1953, Seventy-Fourth Edition; 1954, 75th Annual Edition; 1955, 76th Annual Edition; 1956, 77th Annual Edition* ,Washington, D.C.: U.S. Government Printing Office, 1945-1956.

U.S. Bureau of the Census, *Historical Statistics of the United States, Colonial Times to 1957*, Washington, D.C.: U.S. Government Printing Office, 1960.

U.S. Department of Commerce, *Factors Limiting U.S. Investment Abroad, Part 1: Survey of Factors in Foreign Countries*, Washington, D.C.: Office of International Trade, 1953.

U. S. Department of State, *The Department of State Bulletin, Vol. VI, No. 132-157, January 3-June 27, 1942*, Washington, D.C.: U. S. Government Printing Office, 1942.

U.S. Department of State, *Department of State Bulletin, Vol. XI, No. 262-288, July 2-December 31, 1944*, Washington, D.C.: U.S. Government Printing Office, 1945.

U. S. Department of State, *The Department of State Bulletin, Vol. XVI, No. 406, April 13, 1947*, Washington, D.C.: U. S. Government Printing Office, 1947.

U. S. Department of State, *The Department of State Bulletin, Vol. XVIII, No. 469,*

June 27, 1948, Washington, D.C.: U. S. Government Printing Office, 1956.

U. S. Department of State, *The Department of State Bulletin, Vol. XXXV, No. 907, November 12, 1956*, Washington, D.C.: U. S. Government Printing Office, 1956.

U.S. Treasury Department, *Annual Report of the Secretary of the Treasury on the State of the Finances for the Fiscal Year Ended June 30 1947*, Washington, D.C.: U. S. Government Printing Office, 1948.

United States Congress, *Congressional Record: Proceedings and Debates of the 85th Congress, First Session, Volume 103, Part 4, March 25, 1957 to April 12, 1957*, Washington, D.C.: U. S. Government Printing Office, 1957.

United States Department of State, *Foreign relations of the United States(FRUS): Diplomatic Papers, 1945, Vol. VI; 1946, Vol. V; 1947*, Vol. III; *1948*, Vol. III; *1949*, Vol. IV; *1950*, Vol. III; *1951*, Vol. IV, Part 1; *1951*, Vol. IV, Part 2; *1952-1954*, Vol. V, Part 1; *1952-1954*, Vol. V, Part 2; *1952-1954*, Vol. VI, Part 1; *1955-1957*, Vol. IV; *1955-1957*, Vol. IX; *1955-1957*, Vol. XVI; *1955-1957*, Vol. XXVII, Washington, D.C.: U.S. Government Printing Office, 1969-1992.

United States Department of State, *The Suez Canal Problem, July 26-September 22, 1956: A Documentary Publication*, Washington, D.C.: U.S. State Department, 1956.

United States Department of State, *United States Policy in the Middle East, September 1956-June 1957: Documents*, Washington, D.C.: U. S. Government Printing Office, 1957.

United Nations, Economic and Social Council, Preparatory Committee of the International Conference on Trade and Employment, *Report of the First Session of the Preparatory Committee of the United Nations Conference on Trade and Employment*, London, 1946.

〔英〕彼得·卡尔沃科雷西编著《国际事务概览：1947—1948》，徐先麟、李信慧等译，上海译文出版社，1990。

〔英〕彼得·卡尔沃科雷西编著《国际事务概览：1949—1950年》，王希荣、林勇军等译，上海译文出版社，1991。

〔英〕彼得·卡尔沃科雷西编著《国际事务概览：1952年》，吴世民、霍义明等译，上海译文出版社，1989。

〔英〕彼得·卡尔沃科雷西编著《国际事务概览：1953年》，季国兴、刘士箴译，上海译文出版社，1989。

〔英〕杰弗里·巴勒克拉夫、〔英〕雷切尔·F.沃尔：《国际事务概览：1955—1956》，陆英、普修等译，上海译文出版社，1985。

〔英〕科拉尔·贝尔、〔英〕F.C.贝纳姆编《国际事务概览：1954年》，元汀、吴元坎等译，上海译文出版社，1984。

法学教材编辑部《国际关系史资料选编》编选组：《国际关系史资料选编（上、下）》，武汉大学出版社，1983。

齐世荣主编《当代世界史资料选辑》（第2分册），首都师范大学出版社，1996。

上海市国际关系学会编《战后国际关系史料》，上海市国际关系学会，1979。

世界知识出版社编辑《国际条约集（1945—1947）》，世界知识出版社，1959。

世界知识出版社编辑《国际条约集（1948—1949）》，世界知识出版社，1959。

世界知识出版社编辑《国际条约集（1950—1952）》，世界知识出版社，1959。

世界知识出版社编辑《国际条约集（1953—1955）》，世界知识出版社，1960。

世界知识出版社编辑《国际条约集（1956—1957）》，世界知识出版社，1962。

中国科学院经济研究所世界经济研究室编《主要资本主义国家经济统计集（1848—1960）》，世界知识出版社，1962。

中国人民大学世界通史教研室编《世界通史参考资料·现代史部分之五：第二次世界大战后资本主义国家（上）》，中国人民大学出版社，1959。

二　报纸

China Daily

Financial Times

New York Times

The Banker

The Economist

The Times

The Wall Street Journal

《经济日报》

《人民日报》

《中国证券报》

三　回忆录

Ben Pimlott, *Hugh Dalton*, London: Jonathan Cape, 1985.

Dean Acheson, *Present at the Creation: My Years in the State Department*, New York: W. W. Norton & Company, Inc., 1969.

Dwight D. Eisenhower, *Mandate for Change, 1953-1956: The White House Year*s, New York: Doubleday & Company, Inc., 1963.

Forrest C. Pogue, *George C. Marshall: Statesman (1945-1959)*, New York: Viking

Penguin Inc., 1987.

Harry S. Truman, *The Memoirs of Harry S. Truman, Volume One, Year of Decisions, 1945*, London: Hodder & Stoughton, 1955.

Harry S. Truman, *The Memoirs of Harry S. Truman, Volume Two, Years of Trial and Hope, 1946-1952*, London: Hodder & Stoughton, 1956.

Joseph M. Jones, *The Fifteen Weeks (February 21-June 5, 1947)*, New York: The Viking Press, 1955.

R. A. Butler, *The Art of the Possible: The Memoirs of Lord Butler*, London: Hamish Hamilton, 1981.

〔美〕艾奇逊:《艾奇逊回忆录》,上海《国际问题资料》编辑组、伍协力合译,上海译文出版社,1978。

〔美〕福雷斯特・C. 波格:《马歇尔传（1945—1959）》,施旅译,世界知识出版社,1991。

〔美〕哈里・杜鲁门:《杜鲁门回忆录》（上、下）,李石译,东方出版社,2007。

〔英〕哈罗德・麦克米伦:《麦克米伦回忆录（3）:时来运转（1945—1955年）》,张理京等译,商务印书馆,1980。

〔英〕哈罗德・麦克米伦:《麦克米伦回忆录（4）:乘风破浪》,余航等译,商务印书馆,1982。

〔美〕德怀特・D. 艾森豪威尔:《艾森豪威尔回忆录》（1—4）,樊迪、静海等译,东方出版社,2007。

四　英文著作

A. Goldenweiser, *American Monetary Policy*, New York: McGraw-Hill Book Company, Inc., 1951.

A. R. Conan, *Essays in International Finance*, No. 27, Princeton: Princeton University, 1956.

A. R. Crosland, *Britain's Economic Problems*, London: Jonathan Cape, 1953.

Aharon Klieman, *Great Powers and Geopolitics: International Affairs in a Rebalancing World*, Cham: Springer International Publishing, 2015.

Aiyaz Husain, *Mapping the End of Empire: American and British Strategic Visions in the Postwar World*, Cambridge: Harvard University Press, 2014.

Alan Booth, *The British Economy in the Twentieth Century*, Houndmills: Palgrave, 2001.

Alan P. Dobson and Steve Marsh, *Anglo-American Relations: Contemporary Perspectives*, London: Routledge, 2013.

Alan P. Dobson and Steve Marsh, *US Foreign Policy since 1945*, London: Routledge, 2001.

Alan P. Dobson, *Anglo-American Relations in the Twentieth Century: Of Friendship, Conflict and the Rise and Decline of Superpowers*, London: Routledge, 1995.

Alan P. Dobson, *The Politics of the Anglo-American Economic Special Relationship*, New York: St. Martin's Press, 1988.

Alan P. Dobson, *United States Economic Statecraft for Survival, 1933-1991: Of Sanctions and Strategic Embargoes*, New York: Routledge, 2002.

Alan S. Milward and George Brennan, *Britain's Place in the World: A Historical Enquiry into Import Controls, 1945-60*, London: Routledge, 1996.

Alan S. Milward, *The Reconstruction of Western Europe, 1945-51*, London: Routledge, 2005.

Albert Henry Imlah, *Economic Elements in the Pax Britannica: Studies in British Foreign Trade in the Nineteenth Century*, Cambridge, Mass.: Harvard

University Press, 1958.

Alec Cairncross and Barry Eichengreen, *Sterling in Decline: The Devaluations of 1931, 1949 and 1967*, Basingstoke: Palgrave Macmillan, 2003.

Alec Cairncross, *Years of Recovery: British Economic Policy, 1945-51*, New York: Methuen, 1985.

Alex Sutton, *The Political Economy of Imperial Relations: Britain the Sterling Area and Malaya, 1945-1960*, Basingstoke: Palgrave Macmillan, 2015.

Alistair Horne, *Macmillan, 1894-1956*, Vol.1, London: Macmillan, 1988.

American Chamber of Commerce in London, *Dollar-Sterling Alliance: A Long-term Program for the Solution of the Dollar-Sterling Imbalance*, London: The Chamber, 1952.

Amrita Narlikar, Martin Daunton and Robert M. Stern (eds.), *The Oxford Handbook on The World Trade Organization*, Oxford: Oxford University Press, 2012.

Andrew Gamble, *Britain in Decline: Economic Policy, Political Strategy and the British State*, Basingstoke: Macmillan Education, 1990.

Ann Deighton, *Britain and the First Cold War*, Basingstoke: Palgrave Macmillan, 1990.

Anne O. Krueger (ed.), *The WTO as an International Organization*, Chicago: University of Chicago Press, 1998.

Anne Orde, *The Eclipse of Great Britain: The United States and British Imperial Decline, 1895-1956*, Basingstoke: The Macmillan Press, 1996.

Anthony Gorst and Lewis Johnman, *The Suez Crisis*, London: Routledge, 1997.

Anthony Gorst and Saul Kelly, *Whitehall and the Suez Crisis*, London: Frank Cass, 2000.

Arie Arnon and Warren Young, *The Open Economy Macromodel: Past, Present and Future*, New York: Springer Science+Business Media, 2002.

Armand Van Dormael, *Bretton Woods: Birth of a Monetary System*, Basingstoke: The Macmillan Press, 1978.

B. Smellie, *Great Britain since 1688: A Modern History*, Ann Arbor: The University of Michigan Press, 1962.

Barry Machado, *In Search of a Usable Past: The Marshall Plan and Postwar Reconstruction Today*, Lexington: George C. Marshall Foundation, 2007.

Behçet Kemal Yeşilbursa, *The Baghdad Pact: Anglo-American Defence Policies in the Middle East, 1950-1959*, London: Frank Cass, 2013.

Benn Steil, *The Battle of Bretton Woods: John Maynard Keynes, Harry Dexter White, and the Making of a New World Order*, Princeton: Princeton University Press, 2013.

Benn Steil, *The Marshall Plan: Dawn of the Cold War*, New York: Simon & Schuster, 2018.

Brian Tew, *International Monetary Co-operation, 1945-1956*, London: Hutchinson University Library, 1958.

C. R. Dow, *The Management of the British Economy, 1945-1960*, Cambridge: Cambridge University Press, 1964.

C. R. Whittlesey and J. S. G. Wilson (eds.), *Essays in Money and Banking*, London: Oxford University Press, 1968.

Cabell Phillips, *The Truman Presidency: The History of a Triumphant Succession*, New York: The Macmillan Company, 1966.

Catherine R. Schenk, *Britain and the Sterling Area: From Devaluation to Convertibility in the 1950s*, London: Routledge, 1994.

Catherine R. Schenk, *The Decline of Sterling: Managing the Retreat of an International Currency, 1945-1992*, Cambridge: Cambridge University Press, 2010.

Charles A. Kupchan et al. (eds.), *Power in Transition: The Peaceful Change of International Order*, Tokyo: United Nations University Press, 2001.

Charles P. Kindleberger, *Power and Money: The Economics of International Politics and the Politics of International Economics*, Basingstoke: Macmillan and Co., Ltd, 1970.

Charles P. Kindleberger, *The World in Depression, 1929-1939*, Berkeley: University of California Press, 1975.

Christopher Baxter, *The Great Power Struggle in East Asia, 1944-50: Britain, America and Post-War Rivalry*, Basingstoke: Palgrave Macmillan, 2009.

Clair Wilcox, *A Charter for World Trade*, New York: Macmillan Co., 1949.

Curt Cardwell, *NSC 68 and the Political Economy of the Early Cold War*, Cambridge: Cambridge University Press, 2011.

D. Cameron Watt, *Succeeding John Bull: America in Britain's Place 1900-1975*, Cambridge: Cambridge University Press, 1984.

D. N. Worswick and P. H. Ady, *The British Economy, 1945-1950*, Oxford: The Clarendon Press, 1952.

D. R. Thorpe, *Selwyn Lloyd*, London: Jonathan Cape, 1989.

D. R. Thorpe, *Supermac: The Life of Harold Macmillan*, London: Pimlico, 2011.

Daniel S. Margolies, *A Companion to Harry S. Truman*, Walden: Wiley-Blackwell, 2012.

David M. Andrews (ed.), *International Monetary Power*, Ithaca: Cornell University Press, 2006.

David M. McCourt, *Britain and World Power since 1945: Constructing a Nation's Role in International Politics*, Ann Arbor: The University of Michigan Press, 2014.

Diane B. Kunz, *The Economic Diplomacy of the Suez Crisis*, Chapel Hill: The University of North Carolina Press, 1991.

Donald Neff, *Warriors at Suez: Eisenhower Takes America into the Middle East*, Brattleboro: Amana Books, 1988.

Douglas A. Irwin, Petros C. Mavroidis and Alan O. Sykes, *The Genesis of the GATT*, Cambridge: Cambridge University Press, 2008.

Duncan Watts, *Understanding US/UK Government and Politics: A Comparative Guide*, Manchester: Manchester University Press, 2003.

Eliot Sorel and Pier Carlo Padoan, *The Marshall Plan: Lessons Learned for the 21st Century*, Paris: OECD Publications, 2008.

Elisabeth Barker, *The British between the Superpowers, 1945-50*, Basingstoke: The Macmillan Press, 1983.

Elliot Zupnick, *Britain's Postwar Dollar Problem*, New York: Columbia University Press, 1957.

Erin E. Jacobsson and Erin Elver Jucker-Fleetwood, *A Life for Sound Money: Per Jacobsson: His Biography*, Oxford: Clarendon Press, 1979.

Filippo Cesarano, *Monetary Theory and Bretton Woods: The Construction of an International Monetary Order*, Cambridge: Cambridge University Press, 2006.

Forrest Capie and Geoffrey Wood, *Money Over Two Centuries: Selected Topics in British Monetary History*, London: Oxford University Press, 2012.

Francine McKenzie, *Redefining the Bonds of Commonwealth, 1939-1948: The Politics of Preference*, Basingstoke: Palgrave Macmillan, 2002.

Fred L. Block, *The Origins of International Economic Disorder: A Study of United States International Monetary Policy from World War II to the Present*, Berkeley: University of California Press, 1978.

Gabriel Kolko, *The Politics of War: The World and United States Foreign Policy, 1943-1945*, New York: Random House, 1968.

Geir Lundestad, *No End to Alliance: The United States and Western Europe: Past,*

Present and Future, Basingstoke: The Macmillan Press, 1998.

Geoffrey Ingham, *Capitalism Divided?: The City and Industry in British Social Development*, Basingstoke: Macmillan Education, 1984.

Geoffrey K. Fry, *The Politics of Decline: An Interpretation of British Politics from the 1940s to the 1970s*, Basingstoke: Palgrave Macmillan, 2005.

George Malcolm Thomson, *The Prime Ministers: From Robert Walpole to Margaret Thatcher*, New York: William Morrow and Company, Inc., 1981.

Gerold Krozewski, *Money and the End of Empire: British International Economic Policy and the Colonies, 1947-58*, Basingstoke: Palgrave, 2001.

Giovanni Arrighi, *The Long Twentieth Century: Money, Power, and the Origins of Our Times*, London: Verso, 2010.

H. C. Allen, *Great Britain and the United States: A History of Anglo-American Relations (1783-1952)*, New York: St. Martin's Press, 1955.

H. C. Allen, *The Anglo-American Relationship since 1783*, London: Adam & Charles Black, 1959.

Harley A. Notter, *Postwar Foreign Policy Preparation, 1939-1945*, Washington, D.C.: U.S. Government Printing Office, 1949.

Harold James, *International Monetary Cooperation since Bretton Woods*, Washington, D.C.: International Monetary Fund, 1996.

Henry Butterfield Ryan, *The Vision of Anglo-America: The US-UK Alliance and the Emerging Cold War, 1943-1946*, Cambridge: Cambridge University Press, 1987.

Henry Pelling, *Britain and the Marshall Plan*, London: The Macmillan Press, 1988.

Ian Jackson, *The Economic Cold War: America, Britain and East-West Trade, 1948-63*, Basingstoke: Palgrave, 2001.

International Monetary Fund, *IMF History Volume 2 (1945-1965): Twenty Years of International Monetary Cooperation, Volume II: Analysis*, Washington, D.C.: International Monetary Fund, 1996.

J. Bartlett, *British Foreign Policy in the Twentieth Century*, London: Macmillan Education, 1989.

J. Bartlett, *The Long Retreat: A Short History of British Defence Policy, 1945-70*, Basingstoke: Palgrave Macmillan, 1972.

J. C. McKercher, *Transition of Power: Britain's Loss of Global Pre-eminence to the United States, 1930-1945*, Cambridge: Cambridge University Press, 2004.

Jacob Abadi, *Britain's Withdrawal from the Middle East, 1947-1971: The Economic and Strategic Imperatives*, Princeton: Kingston Press, 1983.

James Arthur Salter, *Memoirs of a Public Servant*, London: Faber & Faber, 1961.

Jeremy Black, *Great Powers and the Quest for Hegemony: The World Order since 1500*, London: Routledge, 2008.

Jesse W. Markham, *The American Economy*, New York: George Braziller, Inc., 1963.

John Agnew and J. Nicholas Entrikin, *The Marshall Plan Today: Model and Metaphor*, London: Routledge, 2004.

John Baylis, *Anglo-American Relations since 1939: The Enduring Alliance*, Manchester: Manchester University Press, 1997.

John C. Campbell, *The United States in World Affairs, 1945-1947*, New York: Harper & Brothers, 1947.

John Darwin, *The Empire Project: The Rise and Fall of the British World-System, 1830-1970*, Cambridge: Cambridge University Press, 2009.

John Darwin, *Unfinished Empire: The Global Expansion of Britain*, New York: Bloomsbury Press, 2013.

John Dickie, *The New Mandarins: How British Foreign Policy Works*, London: I. B. Tauris & Co., Ltd, 2004.

John Dumbrell, *A Special Relationship: Anglo-American Relations in the Cold War and After*, New York: The Macmillan Press, 2001.

John Fforde, *The Bank of England and Public Policy, 1941-1958*, Cambridge: Cambridge University Press, 1992.

John H. Wood, *A History of Central Banking in Great Britain and the United States*, Cambridge: Cambridge University Press, 2008.

John Odell, *US International Monetary Policy*, Princeton: Princeton University Press, 1982.

Jonathan Hollowell, *Twentieth Century Anglo-American Relations*, New York: Palgrave Macmillan, 2001.

Jonathan Kirshner, *Currency and Coercion: The Political Economy of International Monetary Power*, Princeton: Princeton University Press, 1995.

Joyce Kolko and Gabriel Kolko, *The Limits of Power: The World and United States Foreign Policy, 1945-1954*, New York: Harper & Row, 1972.

June Flanders, *International Monetary Economics, 1870-1960: Between the Classical and the New Classical*, Cambridge: Cambridge University Press, 1989.

Kazuhiko Yago, Yoshio Asai and Masanao Itoh (eds.), *History of the IMF: Organization, Policy, and Market*, Tokyo: Springer, 2015.

Kees van der Pijl, *The Making of an Atlantic Ruling Class*, London: Verso Books, 2012.

Keith Hutchison, *Rival Partners: America and Britain in the Postwar World*, New York: The Macmillan Company, 1946.

Keith Kyle, *Suez: Britain's End of Empire in the Middle East*, London: I. B. Tauris, 2011.

Kenneth N. Waltz, *Theory of International Politics*, Reading, Massachusetts: Addison-Wesley Publishing Company, 1979.

L. S. Pressnell, *External Economic Policy since the War Volume I: The Post-War Financial Settlement*, London: Her Majesty's Stationery Office, 1986.

Lawrence James, *The Rise and Fall of the British Empire*, London: Little, Brown and Company, 1994.

Leland B. Yeager, *International Monetary Relations: Theory, History, and Policy*, New York: Harper & Row, 1966.

M. W. Kirby, *The Decline of British Economic Power since 1870*, London: Allen & Unwin, 1981.

M. Woodhouse, *British Foreign Policy since the Second World War*, London: Hutchinson, 1961.

Martin Schain, *The Marshall Plan: Fifty Years After*, New York: Palgrave, 2001.

Michael D. Bordo, Owen F. Humpage and Anna J. Schwartz, *Strained Relations: US Foreign-Exchange Operations and Monetary Policy in the Twentieth Century*, Chicago: The University of Chicago Press, 2015.

Michael F. Hopkins, Michael D. Kandiah and Gillian Staerck, *Cold War Britain, 1945-1964: New Perspectives*, Basingstoke: Palgrave Macmillan, 2003.

Michael Holm, *The Marshall Plan: A New Deal for Europe*, New York: Routledge, 2017.

Michael Hudson, *Super Imperialism: The Origin and Fundamentals of U.S. World Dominance*, London: Pluto Press, 2003.

Michael J. Hogan, *The Marshall Plan: American, Britain and the Reconstruction of Western Europe, 1947-1952*, Cambridge: Cambridge University Press, 1987.

Milton Friedman and Anna Jacobson Schwartz, *A Monetary History of the United States, 1867-1960*, Princeton: Princeton University Press, 1993.

N. Porter and A. J. Stockwell, *British Imperial Policy and Decolonization, 1938-64, Volume 2, 1951-64*, Basingstoke: Palgrave Macmillan, 1989.

Nathaniel R. Howard (ed.), *The Basic Papers of George M. Humphrey as Secretary of the Treasury, 1953-1957*, Cleveland: Western Reserve Historical Society, 1965.

Nelson Manfred Blake and Oscar Theodore Barck, Jr., *The United States in Its World Relations*, New York: McGraw-Hill Book Company, Inc., 1960.

Niall Ferguson, *Empire: The Rise and Demise of the British World Order and the Lessons for Global Power*, New York: Basic Books, 2003.

Niall Ferguson, *The Cash Nexus: Money and Power in the Modern World, 1700-2000*, New York: Basic Books, 2006.

Nigel John Ashton, *Kennedy, Macmillan, and the Cold War: The Irony of Interdependence*, New York: Palgrave Macmillan, 2002.

Orin Kirshner, *The Bretton Woods-GATT System: Retrospect and Prospect After Fifty Years*, Amonk, New York: M. E. Sharpe for the Institute for Agriculture and Trade Policy, 1996.

P. L. Cottrell and D. E. Moggridge, *Money and Power: Essays in Honour of L. S. Pressnell*, Basingstoke: The Macmillan Press, 1988.

P. Thirlwall, *Keynes and International Monetary Relations: The Second Keynes Seminar Held at the University of Kent at Canterbury, 1974*, London: Palgrave Macmillan, 1976.

Paul R. Krugman, *Currencies and Crises*, Cambridge: The MIT Press, 1992.

Peter Burnham, *Remaking the Postwar World Economy: Robot and British Policy in the 1950s*, Basingstoke: Palgrave Macmillan, 2003.

Peter Catterall (ed.), *The Macmillan Diaries: The Cabinet Years, 1950-1957*, London: Macmillan, 2003.

Peter G. Boyle, *The Eden-Eisenhower Correspondence, 1955-1957*, Chapel Hill:

University of North Carolina Press, 2005.

Peter J. Katzenstein, *Anglo-America and Its Discontents: Civilizational Identities Beyond West and East*, London: Routledge, 2012.

Philip Zelikow, Ernest R. May, *Suez Deconstructed: An Interactive Study in Crisis, War, and Peacemaking*, Washington, D. C.: Brookings Institution Press, 2018.

Piers Brendon, *Decline and Fall of the British Empire, 1781-1997*, New York: Alfred A. Knopf, 2008.

Shigeo Horie, *The International Monetary Fund: Retrospect and Prospect*, London: Palgrave Macmillan, 1964.

R. Conan, *The Sterling Area*, London: Macmillan & Co., Ltd, 1952.

R. Palme Dutt, *Britain's Crisis of Empire*, London: Lawrence & Wishart, 1950.

R. Palme Dutt, *The Crisis of Britain and the British Empire*, Basingstoke: Macmillan & Co., Ltd, 1957.

Rajesh Bansal and Somya Singh, *China's Digital Yuan: An Alternative to the Dollar-Dominated Financial System*, Washington, D.C.: Carnegie Endowment for International Peace, 2021.

Randall B. Woods, *A Changing of the Guard: Anglo-American Relations, 1941-1946*, Chapel Hill: The University of North Carolina Press, 1990.

Rhiannon Vickers, *Manipulating Hegemony: State Power, Labour and the Marshall Plan in Britain*, Houndmills: The Macmillan Press, 2000.

Richard Crowder, *Aftermath: The Makers of the Postwar World*, London: I. B. Tauris, 2015.

Richard Lamb, *The Failure of the Eden Government*, London: Sidgwick & Jackson, 1987.

Richard N. Gardner, *Sterling-Dollar Diplomacy in Current Perspective: The Origins and the Prospects of Our International Economic Order*, New York:

Columbia University Press, 1980.

Richard N. Gardner, *Sterling-Dollar Diplomacy: Anglo-American Collaboration in the Reconstruction of Multilateral Trade*, London: Oxford University Press, 1956.

Richard Wevill, *Diplomacy, Roger Makins and the Anglo-American Relationship*, New York: Routledge, 2016.

Richard Clarke, *Anglo-American Economic Collaboration in War and Peace, 1942-1949*, Oxford: Clarendon Press, 1982.

Ritchie Ovendale, *Anglo-American Relations in the Twentieth Century: The Policy and Diplomacy of Friendly Superpowers*, London: The Macmillan Press, 1998.

Robert A. Degen, *The American Monetary System: A Concise Survey of Its Evolution since 1896*, Lexington: Lexington Books, 1987.

Robert E. Wood, *From Marshall Plan to Debt Crisis: Foreign Aid and Development Choices in the World Economy*, Berkeley: University of California Press, 1986.

Robert McNamara, *Britain, Nasser and the Balance of Power in the Middle East, 1952-1967, From the Egyptian Revolution to the Six Day War*, London: Frank Cass Publishers, 2003.

Robert O. Keohane, *After Hegemony: Cooperation and Discord in the World Political Economy*, Princeton: Princeton University Press, 1984.

Robert Rhodes James, *Anthony Eden*, London: Weidenfeld and Nicolson, 1986.

Robert Tombs, *The English and Their History*, New York: Alfred A. Knopf, 2015.

Robin Renwick, *Fighting with Allies: America and Britain in Peace and War*, Basingstoke: Palgrave Macmillan, 1996.

Roger Middleton, *The British Economy since 1945: Engaging with the Debate*, London: The Macmillan Press, 2000.

Roy Douglas, *Liquidation of Empire: The Decline of the British Empire*, Basingstoke: Palgrave Macmillan, 2002.

Roy Harrod, *The British Economy*, Westport: Greenwood Press, 1977.

S. Northedge, *Descent from Power: British Foreign Policy, 1945-1973*, London: George Allen & Unwin, 1974.

S. Prentzas, *The Marshall Plan*, New York: Chelsea House, 2011.

S. Strange, *Sterling and British Policy: A Political Study of an International Currency in Decline*, London: Oxford University Press, 1971.

Seymour E. Harris, *Foreign Economic Policy for the United States*, Cambridge: Harvard University Press, 1948.

Stephen E. Ambrose, *Eisenhower: The President*, New York: Simon and Schuster, 1984.

Steve Marsh, *Anglo-American Relations and Cold War Oil: Crisis in Iran*, Basingstoke: Palgrave Macmillan, 2003.

Steve Weis, *Allies in Conflict: Anglo-American Strategic Negotiations, 1938-44*, Basingstoke: The Macmillan Press, 1996.

Steven Z. Freiberger, *Dawn over Suez: The Rise of American Power in the Middle East, 1953–1957*, Chicago: Ivan R. Dee, 1992.

Susan Howson (ed.), *The Collected Papers of James Meade, Volume III: International Economics*, London: Unwin Hyman, 1988.

Susan Howson and Donald Moggridge (eds.), *The Collected Papers of James Meade, Volume IV: The Cabinet Office Diary 1944-1946*, London: Unwin Hyman, 1990.

Susan Howson and Donald Moggridge (eds.), *The Wartime Diaries of Lionel Robbins and James Meade, 1943-45*, London: Palgrave Macmillan, 1990.

Sylvia Ellis, *Historical Statistics of the United States: Colonial Times to 1970*,

Lanham: Scarecrow Press, Inc., 2009.

Terry H. Anderson, *The United States, Great Britain, and the Cold War: 1944-1947*, Columbia: University of Missouri Pres, 1981.

Thomas W. Zeiler, *Free Trade, Free World: The Advent of GATT*, Chapel Hill: University of North Carolina Press, 1999.

Tore T. Petersen, *The Middle East between the Great Powers: Anglo-American Conflict and Cooperation, 1952-7*, Basingstoke: The Macmillan Press, 2000.

V. Meyer, *Britain, The Sterling Area and Europe*, Cambridge: Bowes & Bowes Publishers Limited, 1952.

Volker Rolf Berghahn, *American Big Business in Britain and Germany: A Comparative History of Two "Special Relationships" in the 20th Century*, Princeton: Princeton University Press, 2014.

W. David McIntyre, *British Decolonization, 1946-1997: When, Why and How Did the British Empire Fall*, Basingstoke: The Macmillan Press, 1998.

W. Scott Lucas, *Divided We Stand: Britain, the US, and the Suez Crisis*, London: Hodder & Stoughton, 1991.

William A. Allen, *Monetary Policy and Financial Repression in Britain, 1951-59*, Basingstoke: Palgrave Macmillan, 2014.

William G. Carlton, *The Revolution in American Foreign Policy 1945-1954*, Garden City: Doubleday & Company, Inc., 1954.

William Mulligan and Brendan Simms, *The Primacy of Foreign Policy in British History, 1660-2000: How Strategic Concerns Shaped Modern Britain*, Basingstoke: Palgrave Macmillan, 2010.

William Woodruff, *America's Impact on the World: A Study of the Role of the United States in the World Economy, 1750-1970*, London: The Macmillan Press, 1975.

Yakub Halabi, *US Foreign Policy in the Middle East: From Crisis to Change*, Burlington: Ashgate Publishing Limited, 2009.

Yonosuke Nagai and Akira Iriye (eds.), *The Origins of the Cold War in Asia*, New York: Columbia University Press, 1977.

五 英文论文

A. E. Hinds, "Sterling and Imperial Policy, 1945-51, " *The Journal of Imperial and Commonwealth History*, Vol. 15, No. 2, 1987, pp. 148-169.

A. P. Dobson, "Informally Special? The Churchill-Truman Talks of January 1952 and the State of Anglo-American Relations, " *Review of International Studies*, Vol. 23, No. 1, 1997, pp. 27-47

Aaron Dean Rietkerk, *Anglo-American Middle East Foreign Policy: The Special Relationship from 1951-1956*, M.A. Diss., California State University, 2006.

Abbot Low Moffat, "The Marshall Plan and British Africa," *African Affairs*, Vol. 49, No. 197, 1950, pp. 302-308.

Adam Klug and Gregor W. Smith, "Suez and Sterling, 1956," *Queen's Economics Department Working Paper*, No. 1256, 1999, pp. 1-36.

Alex Rosenson, "The Terms of the Anglo-American Financial Agreement," *The American Economic Review*, Vol. 37, No. 1, 1947, pp. 178-187.

Allister E. Hinds, "Sterling and Imperial Preference, 1945-51," *Journal of Imperial and Commonwealth History*, Vol. 15, No. 2, 1987, pp. 148-169.

Allister Hinds, "Sterling and Decolonization in the British Empire, 1945-1958," *Social and Economic Studies*, Vol. 48, No. 4, 1999, pp. 97-116.

Almont Lindsey, "The British Economic Crisis," *Social Science*, Vol. 26, No. 2, 1951, pp. 87-92.

Arthur Mclean Stillman, United Nations and the Suez Canal, Ph.D. Diss., American University, 1961.

Barry Eichengreen and Marc Flandreau, "The rise and fall of the dollar (or when did the dollar replace sterling as the leading reserve currency?)," *European Review of Economic History*, Vol. 13, No. 3, 2009, pp.163-188.

C. C. S. Newton, "The Sterling Crisis of 1947 and the British Response to the Marshall Plan," *Economic History Review*, Vol. 37, No. 3, 1984, pp. 391-408.

C. R. Schenk, "The Sterling Area and British Policy Alternatives in the 1950s," *Contemporary Record*, Vol. 6, No. 2, 1992, pp. 266-286.

Carla Norrlof, "Dollar Hegemony: A Power Analysis," *Review of International Political Economy*, Vol. 21, No. 5, 2014, pp. 1042-1070.

Catharine B. Grant, Anglo-Arnerican Relations, 1945-1949, the Manufacture of Atomic Weapons, and the Labour Governent of 1945, M.A. Diss., Dalhousie University, 1999.

Catherine R. Schenk, "Exchange Controls and Multinational Enterprise: The Sterling-Dollar Oil Controversy in the 1950s," *Business History*, Vol. 38, No. 4, 1996, pp. 21-40.

Catherine R. Schenk, "Finance and Empire: Confusions and Complexities: A Note," *The International History Review*, Vol. 18, No. 4, 1996, pp. 869-872.

Catherine R. Schenk, "The Sterling Area and Economic Disintegration," *Geschichte und Gesellschaft,* Vol. 39, No. 2, 2013, pp. 177-196.

Catherine Ruth Schenk, British Management of the Sterling Area, 1950-1958, Ph.D. Diss., London School of Economics University, 1991.

Cecil Weir, "Dollar Exports in the Marshall Plan Period," *International Affairs*, Vol. 28, No.1, 1952, pp. 9-14.

Charles A. Kupchan, "Grand Strategy and Power Transitions: What We Can Learn from Great Britain," *New America Foundation*, 2011, pp. 1-18.

Charles P. Kindleberger, "The Marshall Plan and the Cold War," *International Journal*, Vol. 23, No. 3, 1968, pp. 369-382.

David L. Glickman, "The British Imperial Preference System," *The Quarterly Journal of Economics*, Vol. 61, No. 3, 1947, pp. 439-470.

David Reynolds, "From World War to Cold War: The Wartime Alliance and Post-War Transitions, 1941-1947," *The Historical Journal*, Vol. 45, No. 1, 2002, pp. 211-227.

David S. Painter, "Oil and the Marshall Plan," *The Business History Review*, Vol. 58, No. 3, 1984, pp. 359-383.

E. C., "Sterling in 1947: The Problem of Convertibility," *The World Today*, Vol. 3, No. 2, 1947, pp. 63-72.

E. M. Bernstein, "A Practical International Monetary Policy," *The American Economic Review*, Vol. 34, No. 4, 1944, p. 781.

Elliot Zupnick, "The Sterling Area's Central Pooling System Re-Examined," *Quarterly Journal Of Economics*, Vol. 69, No. 1, 1955, pp. 71-84.

Ezekiel Gallegos Esqueda, Britain's Balance-of-Payments Problem and the Devaluation of 1949, M.A. Diss., The University of Texas, 1952.

Friedrich A. Lutz, "The Marshall Plan and European Economic Policy," *Essays in International Finance*, No. 9, 1948, Princeton: Princeton University, 1948, pp. 1-20.

G. C. Peden, "Suez and Britain's Decline as a World Power," *The Historical Journal*, Vol. 55, No. 4, 2012, pp. 1073-1096.

Gerold Krozewski, "Finance and Empire: The Dilemma Facing Great Britain in the 1950s, "*The International History Review*, Vol. 18, No. 1, 1996, pp. 48-69.

Gerold Krozewski, "Sterling, the 'Minor' Territories, and the End of Formal

Empire, 1939-1958," *The Economic History Review*, New Series, Vol. 46, No. 2, 1993, pp. 239-265.

Giora Goodman, "Who is Anti-American? ": The British Left and the United States, 1945-1956, Ph.D. Diss., University College London, 1996.

Ida Greaves, "The Colonial Sterling Balances," *Essays in International Finance*, No. 20, 1954, Princeton: Princeton University, 1954, pp. 1-21.

J. Meade, "Bretton Woods, Havana, and the UK Balance of Payments," *Lloyd's Bank Review*, No.7, 1948, pp. 1-18.

James M. Boughton, "Northwest of Suez: The 1956 Crisis and the IMF," *IMF Working Paper*, Vol. 48, No. 3, 2001, pp. 425-446.

James M. Boughton, "Was Suez in 1956 the First Financial Crisis of the Twenty-First Century?" *Finance & Development*, Vol. 38, No. 3, 2001, https://www.imf.org/external/pubs/ft/fandd/2001/09/boughton.htm.

Jeremy Fielding, "The Primacy of National Security? American Responses to the British Financial Crisis of 1949," *Diplomacy &c Statecraft*, Vol. 11, No. l, 2000, pp.163-188.

Jim Tomlinson, "Marshall Aid and the 'Shortage Economy' in Britain in the 1940s," *Contemporary European History*, Vol. 9, No. 1, 2000, pp. 137-155.

John H. Ferguson, "The Anglo-American Financial Agreement and Our Foreign Economic Policy," *The Yale Law Journal*, Vol. 55, No. 5, 1946, pp. 1140-1157.

John H. Williams, "End of the Marshall Plan," *Foreign Affairs*, Vol. 30, No. 4, 1952, pp. 593-611.

John H. Williams, "The Marshall Plan Halfway," *Foreign Affairs*, Vol. 28, No. 3, 1950, pp. 463-476.

John S. Hill, "American Efforts to Aid French Reconstruction between Lend-Lease and the Marshall Plan," *The Journal of Modern History*, Vol. 64, No.3, 1992, pp. 501-505.

Jonathan Kirshner, "Dollar Primacy and American Power: What's at Stake? " *Review of International Political Economy*, Vol. 15, No. 3, 2008, pp. 418-438.

Judd Polk and Gardner Patterson, "The British Loan," *Foreign Affairs*, Vol. 24, No. 3, 1946, pp. 429-440.

K. M., "Europe's Dollar Crisis: A Note on the Marshall Offer," *World Today*, Vol. 3, No. 8, 1947, pp. 346-353.

Kenneth M. Wright, "Dollar Pooling in the Sterling Area, 1939-1952," *American Economic Review*, Vol. 44, No. 4, 1954, pp. 559-576.

Kevin Ruane and James, "Ellison Managing the Americans: Anthony Eden, Harold Macmillan and the Pursuit of 'Power-by-Proxy' in the 1950," *Contemporary British History*, Vol. 18, No. 3, 2004, pp.147-167.

Lionel Robbins, "Inquest on the Crisis," *Lloyd's Bank Review*, No. 6, 1947, pp.1-27.

Livia Chiţu, Barry Eichengreen, and Arnaud Mehl, "When Did the Dollar Overtake Sterling as the Leading International Currency: Evidence from the Bond Markets," *Journal of Development Economics*, Vol. 111, 2014, pp. 225-245.

Major Jean-Marc Pierre, 1956 Suez Crisis and The United Nations, M.A. Diss., U.S. Army Command and General Staff College, 2004.

Martin Daunton, "Presidential Address: Britain and Globalisation since 1850: III. Creating the World of Bretton Woods, 1939-1958," *Transactions of the Royal Historical Society*, Sixth Series, Vol. 18, 2008, pp. 1-42.

Marvin E. Rozen, "Investment Control in Post-War Britain, 1945-1955," *The Canadian Journal of Economics and Political Science*, Vol. 29, No. 2, 1963, pp. 185-202.

Michel Aglietta, "World Capitalism in the Eighties," *New Left Review*, No. 136, 1982, pp.5-41.

Nathan Brodsky, Devaluation and the British Dollar Gap in the Postwar Period (1946-1955), Ph.D. Diss., American University, 1958.

P. B., "The Sterling Balances," *World Today*, Vol. 2, No. 8, 1946, pp. 353-362.

P. B., "The Sterling Crisis," *World Today*, Vol. 8, No. 4, 1952, pp. 140-148.

Peter G. Boyle, "The British Foreign Office and American Foreign Policy, 1947-48, "*Journal of American Studies*, Vol. 16, No. 3, 1982, pp. 373-389.

Peter J. Hugill, "The American Challenge to British Hegemony, 1861-1947," *Geographical Review*, Vol. 99, No. 3, 2009, pp. 403-425.

Peter Weiler, "British Labour and the Cold War: The Foreign Policy of the Labour Governments, 1945-1951," *Journal of British Studies*, Vol. 26, No. 1, 1987, pp. 54-82.

R. J. F. Holder, "The Commonwealth Finance Ministers' Conference," *The Australian Quarterly*, Vol. 26, No. 1, 1954, pp. 16-28.

Raymond F. Mikesell, "The Bretton Woods Debates: A Memoir," *International Finance*, No. 192, 1994, pp. 1-68.

Raymond F. Mikesell, "The Key Currency Proposal," *The Quarterly Journal of Economics*, Vol. 59, No. 4, 1945, pp. 563-576.

Richard Toye, "Churchill and Britain's 'Financial Dunkirk'," *Twentieth Century British History*, Vol. 15, No. 4, 2004, pp. 329-360.

Richard Toye, "Developing Multilateralism: The Havana Charter and the Fight for the International Trade Organization, 1947–1948," *The International History Review*, Vol. 25, No. 2, 2003, pp. 282-305.

Richard Toye, "The Attlee Government, the Imperial Preference System and the Creation of the Gatt, "*The English Historical Review*, Vol. 118, No. 478, 2003, pp. 912-939.

Robert A. Blecker, The Economic Consequences of Dollar Appreciation for U.S. Manufacturing Investment: A Time-Series Analysis, Ph.D. Diss., American University, 2006.

Rodney Grey, "The Sterling Area: And Its Future," *International Journal*, Vol. 7, No. 2, 1952, pp. 127-134.

Roy F. Harrod, "The Pound Sterling," *Essays in International Finance*, No. 13, 1952, pp.3-49.

Roy Harrod, "The Dollar-Sterling Problem," *International Affairs (Royal Institute of International Affairs, 1944-)*, Vol. 26, No.2, 1950, pp. 153-166.

Samuel I. Katz, "Sterling Instability and the Postwar Sterling System," *The Review of Economics and Statistics*, Vol. 36, No. 1, 1954, pp. 81-87.

Samuel I. Katz, "Sterling's Recurring Postwar Payments Crises," *Journal of Political Economy*, Vol. 63, No. 3, 1955, pp. 216-226.

Sandra D. Onslow, Backbench Debate within the Conservative Party and Its Influence Upon British Foreign Policy, 1948-1956, Ph.D. Diss., London School of Economics, 1994.

Scott James Kelly, Far From Consensual: The Politics of British Economic Policy, 1950-55, Ph.D. Diss., University of London, 2000.

Scott Newton, "Britain, the Sterling Area and European Integration, 1945-50," *Journal of Imperial and Commonwealth History*, Vol. 13, 1985, pp. 163-182.

Scott Newton, "The 1949 Sterling Crisis and British Policy towards European Integration," *Review of International Studies*, Vol. 11, No. 3, 1985, pp. 169-182.

Seymour E. Harris, "Cost of the Marshall Plan to the United States," *The Journal of Finance*, Vol. 3, No. 1, 1948, pp. 1-15.

Steven Gary Galpern, Britain, Middle East Oil, and the Struggle to Save Sterling,

1944-1971, Ph.D. Diss., The University of Texas, 2002.

Steven Z. Freiberger, The Dulles Mission to the Eisenhower Doctrine Anglo-American policy toward the Middle East, 1953-1956, Ph.D. Diss., The State University of New Jersey, 1990.

Sylvia Maria Schwaag, Monetary Cooperation and Exchange Rate Management in the 1950s: Britain, Germany and France in the Return to Currency convertibility, Ph.D. Diss., University of London, 1997.

T. Balogh, "The Dollar Crisis Revisited," *Oxford Economic Papers*, Vol. 6, No. 3, 1954, pp. 243-284.

Thomas Balogh, "The Crisis of the Marshall Plan," *FinanzArchiv/Public Finance Analysis*, Vol. 12, No. 2, 1950, pp. 216-244.

Thomas Chadefaux, "Bargaining over Power: When do Shifts in Power Lead to War？" *International Theory*, Vol. 3, No. 2, 2011, pp. 228-253.

Thomas W. Zeiler, "GATT Fifty Years Ago: U.S. Trade Policy and Imperial Tariff Preferences," *Business and Economic History*, Vol. 26, No. 2, 1997, pp. 709-717.

Timothy W. Wintour, The Buck Starts Here: The Federal Reserve and Monetary Politics from World War to Cold War, 1941-1951, Ph.D. Diss., Kent State University, 2013.

W. F. Crick, "Britain's Post-war Economic Policy, 1945-50," *The Canadian Journal of Economics and Political Science*, Vol. 17, No. 1, 1951, pp. 39-49.

W. Scott Lucas, Divided We Stand: The Suez Crisis of 1956 and the Anglo-American "Alliance", Ph.D. Diss., London School of Economics and Political Science, 1991.

Wayne Stone Knight, Nonfraternal Association: Anglo-American Relations and the Breakdown of the Grand Alliance, 1945-1947, Ph.D. Diss., American

University, 1979.

William Brown Burr, The Truman Administration and European Reconstruction, 1947-1950: Corporate Internationalism and Foreign Aid, Ph.D. Diss., Northern Illinois University, 1987.

William C. Cromwell, "The Marshall Plan, Britain and the Cold War," *Review of International Studies*, Vol. 8, No. 4, 1982, pp. 233-249.

William C. Mallalieu, "The Origin of the Marshall Plan: A Study in Policy Formation and National Leadership," *Political Science Quarterly*, Vol. 7, No. 4, 1958, pp. 481-504.

六　中文著作

〔德〕丹尼尔·艾克特:《钱的战争：这是一场关系着我们兜中钱的战争》，许文敏、李卡宁译，国际文化出版公司，2011。

〔德〕海奈尔·威克勒:《帝国主义争夺东南亚原料的斗争》，北京编译社译，世界知识出版社，1963。

〔德〕克劳塞维茨:《战争论》（第一卷），中国人民解放军军事科学院译，商务印书馆，1982。

〔法〕阿尔弗雷德格罗塞:《战后欧美关系》，刘其中等译，上海译文出版社，1986。

〔美〕巴里·艾肯格林:《全球失衡与布雷顿森林的教训》，张群群译，东北财经大学出版社，2013。

〔美〕巴里·埃森格林:《嚣张的特权：美元的兴衰和货币的未来》，陈召强译，中信出版社，2011。

〔美〕巴里·艾肯格林:《资本全球化——国际货币体系史（第二版）》，彭兴韵译，上海人民出版社，2009。

〔美〕保罗·肯尼迪：《大国的兴衰》，蒋葆英等译，中国经济出版社，1989。

〔美〕本·斯泰尔：《布雷顿森林货币战：美元如何统治世界》，符荆捷、陈盈译，机械工业出版社，2014。

〔美〕查尔斯·P. 金德尔伯格：《世界经济霸权：1500—1990》，高祖贵译，商务印书馆，2003。

〔美〕德瑞克·李波厄特：《五十年伤痕：美国的冷战历史观与世界》（上），郭学堂、潘忠岐、孙小林译，上海三联书店，2008。

〔美〕弗朗西斯·加文：《黄金、美元与权力：国际货币关系的政治（1958~1971）》，严荣译，社会科学文献出版社，2011。

〔美〕弗雷德里克·皮尔逊、〔美〕西蒙·巴亚斯里安：《国际政治经济学：全球体系中的冲突与合作》，杨毅、钟飞腾、苗苗译，北京大学出版社，2006。

〔美〕亨利·基辛格：《大外交》，顾淑馨、林添贵译，海南出版社，1998。

〔美〕华·惠·罗斯托：《美国在世界舞台上：近期历史试论》，北京编译社译，世界知识出版社，1964。

〔美〕克里斯·奥马利：《债市无疆——离岸债券市场：走过50年》，万泰雷等译，中国金融出版社，2016。

〔美〕肯尼思·N. 华尔兹：《人、国家与战争——一种力量分析》，倪世雄等译，上海译文出版社，1991。

〔美〕孔华润主编《剑桥美国对外关系史》（下），王琛等译，新华出版社，2004。

〔美〕理查德·加德纳：《英镑美元外交：当代国际经济秩序的起源与展望》，符荆捷、王琛译，江苏人民出版社，2014。

〔美〕廖子光：《金融战争：中国如何突破美元霸权》，林小芳等译，中央编译出版社，2008。

〔美〕罗伯特·基欧汉：《霸权之后——世界政治经济中的合作与纷争》，苏长和、信强、何曜译，上海人民出版社，2001。

〔美〕罗伯特·吉尔平:《全球政治经济学:解读国际经济秩序》，杨宇光、杨炯译，上海人民出版社，2006。

〔美〕罗伯特·特里芬:《黄金与美元危机——自由兑换的未来》，陈尚霖、雷达译，商务印书馆，1997。

〔美〕马丁·迈耶:《美元的命运》，钟良、赵卫群译，海南出版社、三环出版社，2000。

〔美〕迈克尔·赫德森:《金融帝国:美国金融霸权的来源和基础》，嵇飞、林小芳等译，中央编译出版社，2008。

〔美〕米尔顿·弗里德曼、〔美〕安娜·J. 施瓦茨:《美国货币史（1867—1960）》（上下），巴曙松、王劲松等译，北京大学出版社，2009。

〔美〕乔纳森·科什纳:《货币与强制——国际货币权力的政治经济学》，李巍译，上海人民出版社，2013。

〔美〕斯帕尼尔:《第二次世界大战后美国的外交政策》，段若石译，商务印书馆，1992。

〔美〕斯坦利·L. 恩格尔曼、〔美〕罗伯特·E. 高尔曼:《剑桥美国经济史（第3卷）:20世纪》，高德步等译，中国人民大学出版社，2008。

〔美〕唐纳德·怀特:《美国的兴盛与衰落》，徐朝友、胡雨谭译，江苏人民出版社，2002。

〔美〕威廉·恩道尔:《金融海啸:一场新鸦片战争》，顾秀林、陈建明译，知识产权出版社，2009。

〔美〕威廉·哈代·麦克尼尔:《美国、英国和俄国:它们的合作和冲突，1941—1946年》，叶佐译，上海译文出版社，2007。

〔美〕约翰·米尔斯海默:《大国政治的悲剧》，王义桅、唐小松译，上海人民出版社，2003。

〔日〕林直道:《战后国际通货危机与世界经济危机》，朱绍文译，商务印书馆，1976。

〔苏〕A. 基尔萨诺夫:《美国与西欧:第二次世界大战以后的经济关系》，朱
　决译，商务印书馆，1978。

〔苏〕Л·A. 德罗波金娜、〔苏〕O. B. 莫场斯柯夫:《英国财政与货币、信贷
　体系》，汪学谦、吴存寿译，财政部财政科学研究所、辽宁财经学院经济
　研究所，1982。

〔苏〕安德列耶夫:《美国资本输出——作为经济和政治扩张工具的美国资本
　输出史略》，晓今等译，世界知识出版社，1958。

〔苏〕鲍加恰夫斯基:《资本主义总危机时期的美英财政》，王传纶译，中国
　人民大学出版社，1957。

〔苏〕格列切夫:《第二次世界大战后的美国殖民政策》，何清新译，世界知
　识出版社，1960。

〔苏〕加里宁:《现阶段的英美矛盾》，吕式伦译，世界知识出版社，1960。

〔苏〕柯切特柯夫:《英美在西欧市场的竞争》，王济庚等译，世界知识社，
　1954。

〔苏〕列明:《第二次世界大战后的英美矛盾》，张扬等译，世界知识出版社，
　1956。

〔苏〕孟秦斯基、梭罗特金、雪尔什涅夫:《第二次世界大战后资本主义阵营
　的国际贸易》，寿琦、星海译，财政经济出版社，1955。

〔苏〕米哈列夫斯基:《第二次世界大战后资本主义体系中的黄金》，黄达等
　译，中国财政经济出版社，1965。

〔苏〕米列伊科夫斯基等:《第二次世界大战后的英国经济与政治》，叶林、
　方林译，世界知识出版社，1960。

〔苏〕山大洛夫:《帝国主义争夺原料产地的斗争》，石宝瑺等译，世界知识
　出版社，1958。

〔苏〕特鲁汗诺夫斯基:《第二次世界大战后的英国外交政策》，研西译，世

界知识出版社，1959。

〔苏〕瓦尔加：《帝国主义经济与政治基本问题》，王济庚等译，人民出版社，1954。

〔苏〕叶甫列伊斯科夫：《资本主义货币制度的危机》，刘德芳、韩奎章、陈庆颢译，金融出版社，1958。

〔英〕J. F. 佩克：《国际经济关系——1850 年以来国际经济体系的演变》，卢明华等译，贵州人民出版社，1990。

〔英〕J. L. 汉森：《货币理论与实践》，陈国庆译，中国金融出版社，1988。

〔英〕R. F. 哈罗德：《凯恩斯传》，刘精香译，商务印书馆，1995。

〔英〕阿伦·斯克德、〔英〕克里斯·库克：《战后英国政治史》，王子珍、秦新民译，世界知识出版社，1985。

〔英〕安东尼·艾登：《艾登回忆录（全译本）》，书报简讯社译，世界知识出版社，1965。

〔英〕布赖恩·拉平：《帝国斜阳》，钱乘旦、计秋枫、陈仲丹译，上海人民出版社，1996。

〔英〕杜德：《英国和英帝国危机》，苏仲彦等译，世界知识出版社，1954。

〔英〕林赛、〔英〕哈林顿：《英国保守党 1918—1970 年》，复旦大学世界经济研究所译，上海译文出版社，1979。

〔英〕罗伯特·斯基德尔斯基：《凯恩斯传》，相蓝欣、储英译，生活·读书·新知三联书店，2006。

〔英〕梅德利科特：《英国现代史（1914—1964）》，张毓文等译，商务印书馆，1990。

〔英〕乔治·皮博迪·古奇：《十九世纪历史学与历史学家》（上册），耿淡如译，商务印书馆，2009。

〔英〕苏珊·斯特兰奇：《国际政治经济学导论——国家与市场》，杨宇光等译，经济科学出版社，1990。

〔英〕伊顿:《英国经济问题的分析》,关梦觉译,世界知识社,1953。

《马克思恩格斯全集》(第三十一卷),人民出版社,1998。

《战后美国经济》编写组:《战后美国经济》,上海人民出版社,1974。

《战后世界历史长编》编委会:《战后世界历史长编》(1945.5—1958),上海
人民出版社,1975~2000。

陈国庆:《英国金融制度》,中国金融出版社,1992。

陈乐民:《战后西欧国际关系(1945—1990)附:东欧巨变和欧洲重建
(1989—1990)》,生活·读书·新知三联书店,2014。

陈乐民主编《战后英国外交史》,世界知识出版社,1994。

陈树生:《国际金融》,中南工业大学出版社,1994。

陈晓律等:《当代英国——需要新支点的夕阳帝国》,贵州人民出版社,
2000。

崔丕主编《冷战时期美国对外政策史探微》,中华书局,2002。

丁一凡、钮文新:《美元霸权》,四川人民出版社,2014。

东北计划委员会统计局辑译《资本主义国家的经济情况》,生活·读书·新
知三联书店,1951。

樊亢、宋则行主编《外国经济史(近代现代)》第三册,人民出版社,1991。

范跃进主编《世界经济概论》,山东人民出版社,2012。

方明:《全球货币战略:霸权博弈》,中国法制出版社,2013。

方兴起:《美国霸权衰落时期的全球金融失衡》,中国经济出版社,2009。

方长明:《同盟的背后:第二次世界大战及战后初期英美在埃及的博弈》,华
中科技大学出版社,2014。

洪邮生:《英国对西欧一体化政策的起源和演变(1945—1960)》,南京大学
出版社,2001。

计秋枫、冯梁等:《英国文化与外交》,世界知识出版社,2002。

李少军:《国际政治学概论(第三版)》,上海人民出版社,2009。

李巍:《制衡美元:政治领导与货币扩张》,上海人民出版社,2015。

连平主编《国际金融理论、体制与政策》,华东师范大学出版社,1999。

梁军:《联盟视野下的战后英美关系研究:不对称的特殊伙伴》,中国社会科学出版社,2011。

梁亚滨:《称霸密码:美国霸权的金融逻辑》,新华出版社,2012。

刘绪贻、杨生茂总主编《美国通史(第6卷):战后美国史(1945—2000)》,人民出版社,2002。

鲁世巍:《美元霸权与国际货币格局》,中国经济出版社,2006。

美国经济讨论会《论文集》编辑组编《美国经济讨论会论文集》,商务印书馆,1981。

南开大学政治经济学系写作小组编《美元霸权地位的垮台》,商务印书馆,1972。

舒建中:《多边贸易体系与美国霸权:关贸总协定制度研究》,南京大学出版社,2009。

宋泓均、高强:《货币变局:下一秒,谁将改变世界》,机械工业出版社,2009。

宋则行、樊亢主编《世界经济史》(下卷),经济科学出版社,1998。

苏联科学院经济研究所编《第二次世界大战后资本主义国家的经济》,徐可南、钱雪门译,立信会计图书用品社,1954。

谈谭:《国际贸易组织(ITO)的失败:国家与市场》,上海社会科学院出版社,2010。

谭毅:《国际货币合作研究——性质、意义与理论基础》,中山大学出版社,2005。

汪敏之:《怎样认识帝国主义集团的矛盾》,群联出版社,1951。

王立中主编《国际货币发展的趋势与对策——埃居与国际货币制度》,中国经济出版社,1995。

王烈望编著《世界金融中心》，中国对外经济贸易出版社，1998。

王绳祖总主编《国际关系史：第7卷（1945—1949）》，世界知识出版社，1995。

王绳祖总主编《国际关系史：第8卷（1949—1959）》，世界知识出版社，1995。

王湘穗：《币缘论：货币政治的演化》，中信出版集团股份有限公司，2017。

王在邦：《霸权稳定论批判——布雷顿森林体系的历史考察》，时事出版社，1994。

王振华：《英联邦兴衰》，中国社会科学出版社，1991。

吴纪先主编《战后美国加拿大经济周期与危机》，中国社会科学出版社，1991。

吴学成：《战后英国经济》，中国对外经济贸易出版社，1990。

向松祚：《新资本论：全球金融资本主义的兴起、危机和救赎》，中信出版社，2015。

徐以升、马鑫：《金融制裁：美国新型全球不对称权力》，中国经济出版社，2015。

杨冬燕：《苏伊士运河危机与英美关系》，南京大学出版社，2003。

杨生茂主编《美国外交政策史1775—1989》，人民出版社，1991。

杨永锋：《英美大战略及两国关系研究（1940—1949）》，科学出版社，2018。

杨湛林：《帝国主义国家争夺世界市场的斗争》，世界知识出版社，1957。

姚大庆：《国际货币——地位分析和体系改革》，上海社会科学院出版社，2016。

张青龙：《中国和平崛起背景下人民币国际化战略研究》，上海财经大学出版社，2014。

张士伟：《美国与世界经济秩序的变革（1916—1955）》，武汉大学出版社，2015。

张顺洪、孟庆龙、毕健康:《英美新殖民主义》,社会科学文献出版社,
　　2007。

张学斌:《经济外交》,北京大学出版社,2003。

张颖:《从"特殊关系"走向"自然关系":20世纪60年代美国对英国政策
　　研究》,黑龙江人民出版社,2006。

张振江:《从英镑到美元:国际经济霸权的转移(1933—1945)》,人民出版
　　社,2006。

张志前、喇绍华编著《欧债危机》,社会科学文献出版社,2012。

赵长峰:《国际金融合作:一种权力与利益的分析》,世界知识出版社,
　　2006。

周琪、王国明主编《战后西欧四大国外交(英、法、西德、意大利):1945
　　年—1980年》,中国人民公安大学出版社,1992。

周琪主编《美国外交决策过程》,中国社会科学出版社,2011。

朱庭光:《外国历史大事集:现代部分(第3分册)》,重庆出版社,1988。

资中筠主编《战后美国外交史——从杜鲁门到里根》(上、下),世界知识出
　　版社,1994。

七　中文论文

〔苏〕J. 威廉姆逊:《英美帝国主义的矛盾》,宏先摘译,《世界经济文汇》
　　1958年第9期。

〔苏〕M. 鲁宾斯坦:《独占资本——美国扩张的基础》,雷兮译,《世界知识》
　　1947年第Z1期。

〔苏〕M. 马尔科夫:《英美在远东的矛盾》,余炎译,《世界知识》1953年第
　　5期。

〔苏〕E. H. 席盖尔:《英美在资本输出上的矛盾》,树众译,《世界经济文汇》

1958 年第 6 期。

〔苏〕奥列霍夫:《美国资本对英国经济的渗入》,《人民日报》1955 年 7 月 5
　　日,第 4 版。

〔苏〕弗·依苏波夫:《英国当前的外汇情况——英镑危机》,宛因译,《世界
　　经济文汇》1958 年第 6 期。

〔苏〕留比莫夫:《帝国主义阵营各国的财政危机》,孟长麟译,《世界知识》
　　1952 年第 8 期。

〔苏〕麦金切夫:《资本主义世界市场的争夺战》,孟长麟译,《世界知识》
　　1952 年第 50 期。

〔苏〕瓦尔加:《英国经济在美国"友谊"的压制下》,王济庚译,《世界知识》
　　1952 年第 49 期。

〔苏〕维克托罗夫:《美元猛攻英镑:华盛顿金融谈判前夕美帝迫英无条件投
　　降》,《人民日报》1949 年 9 月 4 日,第 3 版。

〔英〕埃米尔·伯恩斯:《英国的经济形势》,《世界知识》1956 年第 5 期。

《美元和英镑》,《世界知识》1949 年第 6 期。

《美元如何击败英镑》,《商周刊》2009 年第 10 期。

《英国资本主义(1945—56)》,《世界知识》1958 年第 7 期。

白绪全:《论战后英国对欧洲领导权的争夺(1945—1958)》,硕士学位论文,
　　陕西师范大学,2007。

毕健康:《马歇尔计划对西欧经济的影响》,《美国研究》1992 年第 4 期。

陈平、管清友:《大国博弈的货币层面——20 世纪 60 年代法美货币对抗及其
　　历史启示》,《世界经济与政治》2011 年第 4 期。

陈平、赵昌平:《美元货币权力及其对中国的经济安全影响》,《上海交通大学
　　学报》(哲学社会科学版)2016 年第 6 期。

陈向阳:《1945—1955 年英国防务战略研究》,博士学位论文,首都师范大
　　学,2013。

陈仲丹:《英帝国解体原因探析》,《南京大学学报》(哲学·人文科学·社会科学版)1999 年第 4 期。

仇华飞:《战后美国海外投资研究》,《社会科学》2004 年第 1 期。

狄超白:《美元与英镑的斗争》,《世界知识》1947 年第 8 期。

丁川:《英镑和英镑区》,《世界知识》1965 年第 5 期。

丁祖煜、贺五一:《马歇尔计划与开放性国际经济秩序塑造》,《近现代国际关系史研究》2014 年第 2 期。

董君:《国际货币体系演进中的货币霸权转移》,《当代经济管理》2010 年第 10 期。

董彦良:《国际货币基金组织中的霸权政治》,博士学位论文,复旦大学,2012。

非昔:《英镑与美元的正面冲突》,《世界知识》1949 年第 6 期。

符荆捷:《国际经济关系的基本矛盾与中国的多边经济外交——从"英镑美元外交"谈起》,《复旦国际关系评论》2014 年第 1 期。

葛昕、宋新宁:《从国际货币博弈透视新型大国关系建构》,《国际论坛》2015 年第 5 期。

郭步超:《货币权力视角的人民币国际化研究》,博士学位论文,南开大学,2015。

杭聪:《麦克米伦政府的英属黑非洲政策研究》,博士学位论文,中国社会科学院研究生院,2010。

侯厚吉:《英美在货币领域中的矛盾》,《中南财经政法大学学报》1958 年第 2 期。

侯明:《冷战时期美国的对外援助政策(1947—1972)——以美元防卫为视角》,博士学位论文,东北师范大学,2011。

胡其安:《殖民地化的英国》,《世界知识》1951 年第 2 期。

胡天阳:《20 世纪 30 年代英国"帝国特惠制"探析》,硕士学位论文,苏州大学，2013。

黄贵荣：《1945 年美英贸易谈判和 GATT 的起源》，《思想战线》2002 年第 6 期。

黄素奄：《战后英镑同美元的斗争》，《国际问题研究》1963 年第 4 期。

黄正柏、梁军：《从冲突到和解：近代英美关系考察》，《史学集刊》2006 年第 5 期。

纪隆：《从美元荒到原料荒》，《世界知识》1951 年第 13 期。

金国基：《从英国国际收支的恶化看英镑危机》，《经济研究》1965 年第 10 期。

金卫星：《马歇尔计划与美元霸权的确立》，《史学集刊》2008 年第 6 期。

金越：《美元和英镑的矛盾与勾结》，《世界知识》1965 年第 19 期。

金资：《美元与美元区》，《世界知识》1965 年第 6 期。

金资：《什么是英镑区》，《中国金融》1965 年第 13 期。

康欣：《国家债权与霸权转移》，博士学位论文，复旦大学，2014。

李巍、孙忆：《理解中国经济外交》，《外交评论（外交学院学报）》2014 年第 4 期。

李巍：《货币竞争的政治基础——基于国际政治经济学的研究路径》，《外交评论》2011 年第 3 期。

李巍：《金融外交在中国的兴起》，《世界经济与政治》2013 年第 2 期。

李巍：《人民币崛起的国际制度基础》，《当代亚太》2014 年第 6 期。

李巍：《制衡美元的政治基础——经济崛起国应对美国货币霸权》，《世界经济与政治》2012 年第 5 期。

李巍：《中美金融外交中的国际制度竞争》，《世界经济与政治》2016 年第 4 期。

李巍：《制度变迁与美国国际经济政策》，博士学位论文，复旦大学，2009。

李永斌：《论二战时期英国的战时财政政策》，硕士学位论文，湖南师范大学，2009。

梁军、黄正柏：《冲突与合作：霸权转移视野下的现代英美关系考察

（1914—1947）》,《史学集刊》2011 年第 6 期。

刘纯木:《英美之间的原料争夺》,《世界知识》1951 年第 29 期。

卢丽丽:《从租借法案的终止到马歇尔计划的实施——战后英美关系的经济视角》,硕士学位论文,首都师范大学,2004。

鲁世巍:《美元霸权的历史考察》,《国际问题研究》2004 年第 4 期。

陆钢:《战后金融外交与美国金融霸权》,《华东师范大学学报》（哲学社会科学版）2000 年第 5 期。

罗志刚:《西欧联合运动中的美英关系》,《武汉大学学报》（社会科学版）2001 年第 2 期。

马晓京:《二战期间美英在殖民地问题上的矛盾和斗争》,《中南民族学院学报》（哲学社会科学版）1997 年第 2 期。

弭兵:《英联邦总理会议与"第三种经济势力"》,《世界知识》1956 年第 14 期。

宁父:《穷途末路的英国经济》,《世界知识》1951 年第 42 期。

潘兴明:《英美霸权转移的历史考察》,《北京大学学报》（哲学社会科学版）2015 年第 5 期。

起:《英联邦财政部长会议的结果》,《世界知识》1954 年第 3 期。

青禾:《日益分崩离析的英镑区》,《世界知识》1966 年第 5 期。

尚彦军:《经济援助的力量——评英帝国特惠制衰败过程中的一个外在因素》,《首都师范大学学报》（社会科学版）2007 年第 S1 期。

尚彦军:《从 1945—1947 年的英美贸易谈判来考察英帝国特惠制的初步瓦解》,硕士学位论文,首都师范大学,2008。

申晓若、杨一帆:《20 世纪 40—50 年代美英对于国际经济霸权的争夺》,《第六期中国现代化研究论坛论文集》,2008 年 9 月。

施箐:《货币权力研究——以美元为例》,博士学位论文,上海外国语大学,2014。

石景云:《战后美国垄断组织资本输出的新趋向》,《厦门大学学报》（哲学社会科学版）1981 年第 4 期。

史一涛：《论"科伦坡计划"》，《世界知识》1955 年第 22 期。

书林：《英国的经济危机——避开了金镑危机，但是前途仍旧暗淡》，《世界经济文汇》1957 年第 4 期。

舒建中：《美国与 1947 年日内瓦会议——兼论关贸总协定机制的建立与美国贸易霸权》，《解放军外国语学院学报》2005 年第 3 期。

水：《英镑与美元的斗争》，《世界知识》1952 年第 48 期。

思慕：《论美国的经济武器》，《世界知识》1946 年第 8 期。

孙宝珊：《试论大英帝国的衰落》，《中国民航学院学报》1990 年第 4 期。

藤茂桐：《英联邦总理会议的两个议题》，《世界知识》1957 年第 15 期。

藤茂桐：《战后的英镑》，《安徽大学学报》1979 年第 4 期。

藤淑娜：《论欧内斯特·贝文的对美外交（1945.7—1951.4）》，硕士学位论文，辽宁大学，2004。

汪芳：《论哈罗德·麦克米伦与苏伊士运河危机》，硕士学位论文，浙江大学，2007。

王怀远：《资本主义世界国际收支危机及西欧的货币战》，《世界知识》1957 年第 23 期。

王静然：《侵略朝鲜战争以来的美国经济》，《世界知识》1950 年第 15 期。

王立新：《踌躇的霸权：美国获得世界领导地位的曲折历程》，《美国研究》2015 年第 1 期。

王书人：《大英帝国的没落及其目前处境》，《国际问题研究》1959 年第 S3 期。

王书人：《英联邦现状和内部矛盾》，《国际问题研究》1960 年第 1 期。

王婷婷：《货币国际化进程的博弈分析——两国博弈模型及其对人民币国际化的启示》，《金融研究》2014 年第 5 期。

王在邦：《布雷顿森林体系的兴衰》，《历史研究》1994 年第 4 期。

魏琼：《英国的原料恐慌》，《世界知识》1951 年第 37 期。

文元:《略论英镑危机》,《国际问题研究》1965 年第 3 期。

武兴起:《货币霸权的国际政治经济学分析》,硕士学位论文,复旦大学,
2009。

肖德周:《战后美国与西欧国家间的投资战》,《学术论坛》1979 年第 Z1 期。

谢曜:《英国的对外贸易危机和英美矛盾的尖锐化》,《世界知识》1953 年第
12 期。

辛玫:《美元霸权的国际政治经济学探析》,博士学位论文,吉林大学,
2010。

雪梅:《美国对英国经济政策初探(1941—1951)》,硕士学位论文,西北师
范大学,2011。

杨永锋:《1945 年英美财政贷款谈判及档案材料分析》,《南华大学学报》(社
会科学版)2014 年第 4 期。

姚大庆:《货币权力和国际货币体系的美元霸权》,《商业研究》2010 年第 6 期。

叶荷、岳星:《货币合作还是货币战争?——中美在国际货币体系改革中的
利益导向和合作前景》,《国际经济评论》2015 年第 6 期。

于:《"英帝国"、"英联邦"、"英镑区"》,《世界知识》1955 年第 6 期。

张放:《英国对美国的顽强斗争——论英联邦总理会议》,《世界知识》1953
年第 1 期。

张放:《英美矛盾的新发展》,《世界知识》1952 年第 44 期。

张桂文:《货币国际化问题研究》,博士学位论文,西南财经大学,2012。

张鹏:《艾德礼工党政府外交政策的转变与英美特殊关系的形成》,硕士学位
论文,山东师范大学,2008。

张宇燕:《角逐货币霸权》,《商务周刊》2009 年第 1 期。

赵君:《英国艾德礼工党政府经济政策研究(1945—1951)》,硕士学位论文,
山东师范大学,2014。

赵柯:《试论大国经济外交的战略目标——美国经济外交与大英帝国的崩

溃》,《欧洲研究》2014 年第 4 期。

邹志明:《弛张有度, 和斗相兼——英美两国在"科伦坡计划"上的分歧与
协调》, 硕士学位论文, 华中师范大学, 2008。

八　互联网资源

"马歇尔计划演讲"文本, http://www.oecd.org/general/themarshallplanspeech
Atharvarduniversity5june1947.htm。

英国海外政策文件数据库, http: //dbpo.chadwyck.co.uk/home.do。

布鲁金斯学会网, https: //www.brookings.edu/research/normal-is-over/。

约翰·福斯特·杜勒斯文件网站, https://findingaids.princeton.edu/collections/
MC016。

杜鲁门总统图书馆网站, https: //www.trumanlibrary.org/library.htm。

国际货币基金组织网站, http: //www.elibrary.imf.org/browse?type_0= datedesc
ending&browsePage=newReleases。

美国解密文件参考系统数据库, http: //gdc.galegroup.com/gdc/artemis?p=
USDD&u=nju。

美国数字化国家安全档案数据库, https: //search.proquest.com/dnsa。

美国国家档案馆的档案数据库, http://aad.archives.gov/aad/。

世界贸易组织网站, https://www.wto.org/english/res_e/res_e.htm。

世界银行网站, http: //documents.worldbank.org/curated/en/docsearch/ document-
type/563778。

英国国家档案馆, http: //www.Nationalarchives.gov.uk/cabinetpapers。

英国下议院议会文件数据库, https: //parlipapers.proquest.com/profiles/hcpp/
search/ advanced/hcppadvanced?accountid=41288。

后　记

　　拙著是在我的博士学位论文的基础上修改而成的。拙著不仅凝聚着个人的学术追求与人生理想，其完成也离不开众多师友与亲人的谆谆教诲、勉励提携与温暖关怀。此时此刻，许多往事在脑海中起起伏伏。每念于此，感恩和惭愧之余莫不感怀至深。

　　借拙著付梓之际，深切缅怀恩师计秋枫教授。天资愚钝的我能师从计秋枫教授是我莫大的荣幸。恩师一直用他细致入微的治学精神和谦虚谨慎的治学风范指导着我的学习，打开了我的学术视野。从论文的选题、提纲的无数次修改至确定、整体构思到撰写，恩师都给予了我许多有益的指导和建议。天有不测风云，恩师经历重大手术，身体每况愈下，但仍旧发短信鼓励我坚持把论文做好。恩师在病情稍微稳定时，利用我们每一次见面的机会指导我的论文写作。恩师严谨求实的治学态度、乐观豁达的性情是我一生学之不尽的宝贵财富。我的论文凝结了恩师莫大的心血。

　　高山流水虽难续，计师恩情永难忘。打开记忆的闸门，件件往事，不觉从泪眼前飞驰而过。还记得和恩师、同门第一次吃饭时的局促，是恩师的谈笑风生让我们之间没有了距离感；还记得恩师受镇江市委宣传部之邀来镇江图书馆做讲座，还是我从镇江图书馆的一位朋友那里得知恩师要来镇江，在车站接到恩师时不免埋怨，恩师却说我工作忙不愿打扰我；还记得在论文选题犹豫不决时，恩师的谆谆教导使学生幡然醒悟；还记得在恩师指导下翻译英文书籍和资料时，恩师的谆谆教诲犹然在耳，"翻译不是一件容易的事，并不是学过外语就能做的，要达到'信、雅、达'的境界，谈何容易"；还记得在开题遇到困难时，恩师把论文的每个章节比作一座楼房，说搭好框架后就要用一块一块的史料去充实；更记得在病床前，恩师弥留之际仍然为学生着想，不忘鼓励和惦念我论文的写作。恩师的宽容和高风亮节让学生深深自责和惭愧不已。恩师之教，受益终身，再次感恩泣拜。

在感慨良多之余，回想南京大学求学之路，感谢多年来对我提供过帮助的老师、学友、同事和亲人。感谢朱锋教授和谭树林教授，在学生最困难和孤立无助时收留了我，指导我最终完成论文。学生对两位恩师的真知灼见、点拨和帮助终生难忘，二位恩师儒雅博学和精益求精的敬业精神，无时无刻不感染和激励着我。感谢洪邮生教授、蔡佳禾教授、朱瀛泉教授的授课使我开阔了视野、锻炼了思维。特别是与洪邮生教授、蔡佳禾教授每次的通话是鼓励更是鞭策。二位先生参加了我的论文开题报告会和预答辩，对我论文的写作提出了很多有益的建议。感谢郑先武教授在开题报告会上提出的建设性指导意见，感谢海军指挥学院战略指挥系冯梁教授在预答辩时提出的中肯建议。感谢太和智库高级研究员、中国现代国际关系研究院前副院长王在邦先生对晚辈的关怀和提携。感谢李英姿副教授为拙著进行的部分资料的收集和英文资料的翻译工作，以及承担的第四章、第五章的写作以及本书的统稿工作。感谢师母尹群教授一直以来对我的鼓励，使我能够满怀信心，继续前进。各位老师提出的指导性意见使我的论文更趋完善，使我在领略诸位老师学术风采的同时，切身感受到"学高为师，身正为范"的人格魅力。

感谢王帅、张心雨、马朝林、严骁骁、张建红、李敏等学友的陪伴和帮助，怀念我们一起度过的充实而快乐的时光；感谢师兄丁新、石志宏，师弟高建芝，师妹蒲婧新等同门的帮助。

感谢山东省示范马克思主义学院——山东中医药大学马克思主义学院学术著作出版基金的资助，感谢马克思主义学院崔瑞兰院长的大力支持和鼓励，拙著因此得以顺利出版。特别感谢社会科学文献出版社编辑在编校过程中的辛劳付出，她们的严谨和细致弥补了拙著的很多疏漏，使拙著文字、结构更加通顺合理，在此表示崇高的敬意。

最后，家人的关爱、理解和宽容是我永远的力量源泉。感谢我的妻子和女儿，是你们给了我前进的动力。贤妻在工作之余，承担了照料、辅导女儿的大部分工作，使我每天下班后晚上得以安心写作。没有她的付出和鼓励，我不可能顺利完成我的学业，拙著的出版尚不知拖延到何时。拙著的出版有她的一份功劳和辛苦，谨以此书献给她！感谢年迈的岳父岳母对我学习的理解和支持，在我们最困难之时，总是毫不犹豫地从老家赶来支援。感谢父母对我的养育与教育，双亲在世时含辛茹苦拉扯我一直求学，他们的善良和不向挫折困难屈服以及对知识的渴望，教导我并烙印在我灵魂的深处，成为我永远的财富。每忆此时，深为愧疚，自己能做的只能是以今后的越来越好告慰远行的双亲，希冀没有辜负二老当年的殷切期望。

拙著的撰写也离不开前人的丰硕成果，在此谨向诸位前辈与同人致以诚挚的谢意！由于本人才学疏浅，书中定有诸多不尽如人意甚至是谬误之处，敬请各位专家学者批评指正！

王小强

2023 年 3 月 20 日于济南

图书在版编目（CIP）数据

二战后初期英美货币关系研究 / 王小强 , 李英姿著 .
北京 : 社会科学文献出版社 , 2024. 12. -- ISBN 978-7-
5228-4585-2

Ⅰ . F821.1

中国国家版本馆 CIP 数据核字第 2024SJ2124 号

二战后初期英美货币关系研究

著　　者 / 王小强　李英姿

出 版 人 / 冀祥德
责任编辑 / 叶　娟
文稿编辑 / 邹丹妮
责任印制 / 王京美

出　　版 / 社会科学文献出版社·区域国别学分社（010）59367078
　　　　　　地址：北京市北三环中路甲29号院华龙大厦　邮编：100029
　　　　　　网址：www.ssap.com.cn
发　　行 / 社会科学文献出版社（010）59367028
印　　装 / 三河市龙林印务有限公司

规　　格 / 开　本：787mm×1092mm　1/16
　　　　　　印　张：19.25　字　数：276 千字
版　　次 / 2024年12月第1版　2024年12月第1次印刷
书　　号 / ISBN 978-7-5228-4585-2
定　　价 / 98.00元

读者服务电话：4008918866